Industrieversicherungsmakler in Deutschland

Europäische Hochschulschriften

Publications Universitaires Européennes
European University Studies

Reihe V
Volks- und Betriebswirtschaft

Série V Series V
Sciences économiques, gestion d'entreprise
Economics and Management

Bd./Vol. 2887

PETER LANG
Frankfurt am Main · Berlin · Bern · Bruxelles · New York · Oxford · Wien

Philipp R. Seul

Industrieversicherungsmakler in Deutschland

Leistungsangebot, Vergütungssystem und Organisationsstruktur im Wandel

PETER LANG
Europäischer Verlag der Wissenschaften

Die Deutsche Bibliothek - CIP-Einheitsaufnahme

Seul, Philipp R.:

Industrieversicherungsmakler in Deutschland : Leistungsangebot, Vergütungssystem und Organisationsstruktur im Wandel / Philipp R. Seul. - Frankfurt am Main ; Berlin ; Bern ; Bruxelles ; New York ; Oxford ; Wien : Lang, 2002

(Europäische Hochschulschriften : Reihe 5, Volks- und Betriebswirtschaft ; Bd. 2887)
Zugl.: Karlsruhe, Univ., Diss., 2001
ISBN 3-631-39351-2

D 90
ISSN 0531-7339
ISBN 3-631-39351-2

www.peterlang.de

VORWORT

Diese Abhandlung lag der Fakultät für Wirtschaftswissenschaften der Universität Karlsruhe (TH) im Mai 2001 als Dissertation vor. Entwicklungstendenzen auf den Versicherungs- und Finanzmärkten und deren Auswirkungen auf den Berufsstand des deutschen Industrieversicherungsmaklers sind bis zu diesem Zeitpunkt berücksichtigt.

Betreut wurde die Arbeit von Herrn Professor Dr. Christian Hipp, dem ich für wertvolle Hinweise und Anregungen zu ganz besonderem Dank verpflichtet bin.

Karlsruhe, im Dezember 2001

Philipp Seul

INHALTSÜBERSICHT

INHALTSVERZEICHNIS

ABBILDUNGSVERZEICHNIS

TABELLENVERZEICHNIS

ABKÜRZUNGSVERZEICHNIS

Abb.	Abbildung
Abs.	Absatz
AG	Aktiengesellschaft
AktG	Aktiengesetz
Ang.	Angestellter
Anm.	Anmerkung
ARF	Alternative Risikofinanzierung
Art.	Artikel
ART	Alternativer Risikotransfer
Aufl.	Auflage
AUS	Australische Dollar
BAV	Bundesaufsichtsamt für das Versicherungswesen
BCOE	Bermuda Commodity Exchange
Bd.	Band
BDVM	Bundesverband deutscher Versicherungsmakler
BfV	Bundesverband firmenverbundener Versicherungsvermittler
BGB	Bürgerliches Gesetzbuch
BGBl	Bundesgesetzblatt
BGH	Bundesgerichtshof
BGHZ	Entscheidungen des Bundesgerichtshofs in Zivilsachen
BT-Drs.	Bundestag-Drucksache
bum	(Zeitschrift): bank und markt
BuW	(Zeitschrift): Betrieb und Wirtschaft
bzgl.	bezüglich
bzw.	beziehungsweise
C	Celsius
ca.	circa
CAT-Bonds	Catastrophe Bonds
CBOT	Chicago Board of Trade
CM	Controller Magazin
Co.	Company

Cos.	Companies
CPO(s)	Cross Purchase Option(s)
D	Deutschland
DB	(Zeitschrift): Der Betrieb
DBW	(Zeitschrift): Die Betriebswirtschaft
ders.	derselbe Autor
d.h.	das heißt
DIC	Difference in Conditions
DIL	Difference in Limits
DM	Deutsche Mark
D&O	Directors' and Officers' Liability
DVS	Deutscher Versicherungs-Schutzverband e.V.
EGV	Vertrag zur Gründung der Europäischen Gemeinschaft
EL	Employers' Liability
EU	Europäische Union
EuGH	Europäischer Gerichtshof
e.V.	eingetragener Verein
EV	Erstversicherer
EVA	Economic Value Added
evtl.	eventuell(-e/-en)
EWGV	Vertrag zur Gründung der Europäischen Wirtschaftsgemeinschaft
f.	folgende
F	Frankreich
FAZ	Frankfurter Allgemeine Zeitung
F&E	Forschung und Entwicklung
ff.	fortfolgende
FN	Fußnote
GBP	Britisches Pfund
ggf.	gegebenenfalls
GmbH	Gesellschaft mit beschränkter Haftung
GmbH & Co. KG	KG mit einer GmbH als Gesellschafter
GmbHG	Gesetz betreffend die Gesellschaften mit beschränkter Haftung
GoB	Grundsätze ordnungsmäßiger Buchführung
HB	Handelsblatt

HBM	Harvard Business Manager
HGB	Handelsgesetzbuch
hrsg./Hrsg.	herausgegeben / Herausgeber
i.d.R.	in der Regel
i.H.v.	in Höhe von
Inc.	Incorporated
incl.	including
inkl.	inklusive
insb.	insbesondere
insg.	insgesamt
i.S.	im Sinne
i.S.d.	im Sinne des
i.S.v.	im Sinne von
IT	Information Technology
ivm	Institut der Versicherungsmakler
IVM	Industrieversicherungsmakler(-n,-s)
JWA	Jaspers Wuppesahl Industrie Assekuranz
KG	Kommanditgesellschaft
KGaA	Kommanditgesellschaft auf Aktien
KonTraG	Gesetz zur Kontrolle und Transparenz im Unternehmensbereich
KuK	Kredit und Kapital
Ltd.	Limited
max.	maximal
mbH	mit beschränkter Haftung
Min.	Minuten
Mio.	Millionen
M&M	Marsh & McLennan
Mrd.	Milliarden
NBER	National Bureau of Economic Research, Inc.
NJW	Neue Juristische Wochenschrift
NL	Niederlande
No.	Number
NPW	Net Premiums Written
Nr.	Nummer
NZ	New Zealand
OLG	Oberlandesgericht

o.S.	ohne Seite
o.V.	ohne Verfasser
p.a.	per annum
PbS	Projektgruppe für betriebswirtschaftliche Studien
PHS	Policy Holders' Surplus
PLC	Public Limited Company
PML	Possible Maximum Loss
PR	Public Relations
QJE	Quartely Journal of Economics
RBerG	Rechtsberatungsgesetz
Rn.	Randnummer
RR	(Zeitschrift): Rechtsprechungsreport
r+s	(Zeitschrift): recht und schaden
s.	siehe
S.	Seite
s.a.	siehe auch
SAIC	Science Applications International Corporation
SB	Selbstbehalt
sog.	sogenannte(-r)
soz.	sozusagen
Sp.	Spalte
SPV	Special Purpose Vehicle
Std.	Stunde
SZ	Süddeutsche Zeitung
Tab.	Tabelle
TCOR	Total Cost of Risk
Temp.	Temperatur
TQM	Total Quality Management
TRG	Transportrechtsreformgesetz
Tsd.	Tausend
TVM	Time Valuation Method
u.a.	unter anderem
UK	United Kingdom
US	United States
USA	United States of America

USD	US-Dollar
usw.	und so weiter
v.	vom
VAG	Versicherungsaufsichtsgesetz
VerAfP	Veröffentlichungen des Reichsaufsichtsamts für Privatversicherungen
Verf.	Verfasser
VersR	Versicherungsrecht
VersSt	Versicherungsteuer
VersVerm	(Zeitschrift): Versicherungs Vermittlung
vgl.	vergleiche
VK	(Zeitschrift): Versicherungskaufmann
VM	Versicherungsmakler(n)
VMV	Versicherungs-Makler-Verbund
VN	Versicherungsnehmer(n)
Vol.	Volume
VP	(Zeitschrift): Die Versicherungspraxis
VP	Versicherungsprämie
vs.	versus
VU	Versicherungsunternehmen
VvaG	Versicherungsverein auf Gegenseitigkeit
VW	(Zeitschrift): Versicherungswirtschaft
VW AG	Volkswagen AG
WC	Workers' Compensation
z.B.	zum Beispiel
ZfB	Zeitschrift für Betriebswirtschaft
ZfgK	Zeitschrift für das gesamte Kreditwesen
ZfV	Zeitschrift für Versicherungswesen
ZGR	Zeitschrift für Unternehmens- und Gesellschaftsrecht
z.T.	zum Teil
ZVersWiss	Zeitschrift für die gesamte Versicherungswissenschaft
z.Zt.	zur Zeit

A PROBLEMSTELLUNG UND VORGEHENSWEISE

Der Berufsstand des Industrieversicherungsmaklers (IVM) in Deutschland befindet sich in einem massiven Umbruch. Dieser Veränderungsprozess ist als Folge veränderter Marktrahmenbedingungen zu sehen: Zum einen hat die Liberalisierung des Versicherungsmarktes innerhalb der EU und die zunehmende Globalisierung der Wirtschaft zu stark intensiviertem Wettbewerbsdruck geführt.[1] Zum anderen haben veränderte Bedürfnisse und Erwartungen der Marktteilnehmer eine Erhöhung der Anforderungen an den IVM mit sich gebracht.[2]

Zielsetzung vorliegender Arbeit ist es, das Berufsbild des deutschen IVM aktualisiert darzulegen. Zu diesem Zwecke ist die Abhandlung in drei Hauptteile gegliedert. Teil B dient einer grundlegenden Erläuterung der Verhältnisse des deutschen Versicherungsmaklermarktes. Um Verständnis für Art und Umfang der betrieblichen Veränderungen beim IVM zu entwickeln, erfolgt in Teil C eine Untersuchung ihrer Ursachen. Die Darstellung des dadurch bedingten Wandels selbst ist Gegenstand von Teil D, der sich mit den drei zentralen Themenkomplexen im Kontext des Veränderungsprozesses auseinandersetzt, mit denen sich IVM in Deutschland gegenwärtig beschäftigen (müssen): ihrem Leistungsangebot, ihrem Vergütungssystem und ihrer Organisationsstruktur.

Zu den Erörterungsschritten im Einzelnen: In Abschnitt B.I wird der Versicherungsmakler (VM) grundlegend von anderen Versicherungsvermittlern abgegrenzt. Wichtig ist dabei die Erkenntnis, dass der VM zwar grundsätzlich in einem Doppelrechtsverhältnis zwischen dem Versicherungsnehmer und dem Versicherer steht, jedoch in erster Linie Interessenvertreter seiner Kunden ist, die ihn über die Versiche-

---

1 Vgl. Farny (1993a), S. 353; Herold o.V. (1999f), S. 570; o.V (1999i), S. 1874; Teichler (1994), S. 449-551.

2 Vgl. Herold/Paetzmann (1997), S. 671; o.V, (1997a), S. 749.

rungsprämie, mit der darin enthaltenen Provision, (letztlich) auch entlohnen.

Die Abgrenzung des IVM vom „normalen" VM und eine Darstellung der IVM-Marktanteile erfolgen in Abschnitt B.II. Die IVM-Marktmachtverhältnisse sind maßgeblich durch die Fusionswelle in den vergangenen Jahren geprägt. Im Zuge dieses Zusammenschlussprozesses haben sich auch alle heute führenden deutschen IVM[3] mit einem international tätigen Insurance Broker[4] beteiligungsmäßig - entweder ganz oder zumindest teilweise - verflochten.[5]

Im Mittelpunkt der Diskussion in Teil C über die Ursachen für den Wandel stehen erstens die veränderten Bedürfnisse industrieller und großgewerblicher Kunden (Abschnitt C.I). Diese sind ihrerseits auf veränderte wirtschaftliche Rahmenbedingungen und auf veränderte gesetzliche Vorschriften, nicht zuletzt durch das Inkrafttreten des Gesetzes zur Kontrolle und Transparenz im Unternehmensbereich (KonTraG), zurückzuführen. IVM-Kunden verlangen im Zuge ihrer eigenen Internationalisierung möglichst umfassende, kostengünstige und grenzüberschreitende Absicherungslösungen.

Für den IVM ist zweitens die gleichermaßen rasante wie bedeutsame Entwicklung von alternativen Risikoabsicherungsmethoden (ART), an deren Konzeption er maßgeblich beteiligt ist, als eine treibende Kraft im IVM-Veränderungsprozess zu sehen (Abschnitt C.II). Zu unterscheiden ist hier zwischen integrativen Produkten (ART im weiteren Sinn), die finanz-

---

3 Die drei bedeutendsten deutschen IVM sind Gradmann & Holler, heute als Marsh GmbH Teil von Marsh Inc., New York, (wiederum Tochtergesellschaft von Marsh & McLennan Cos. Inc.), Jauch & Hübener KGaA, heute als Aon Deutschland GmbH Teil von Aon Inc., Chicago und (wesentlich kleiner) Jaspers Wuppesahl Industrie Assekuranz (JWA) GmbH & Co. KG, heute mit der Willis Group PLC., London, anteilsmäßig verflochten.

4 Wird nachfolgend von „Insurance Brokers" gesprochen, so sind die global tätigen Maklerhäuser - nicht nationale IVM und auch nicht (ausschließlich) die jeweiligen deutschen Töchter dieser Konzerne - gemeint.

5 Vgl. Stürz/Birkental/Wissmann (1998), S. 396.

wirtschaftliche Elemente mit traditionellem Risikotransfer vereinen, und reinen Finanzmarkt-Produkten (ART im engeren Sinn), bei denen die Finanzierung und/oder der Transfer von Risiken in den Kapitalmarkt im Vordergrund steht.

Die deutlich erkennbare und für den Wandel des IVM mitursächliche Konvergenz von Versicherungs- und Kapitalmärkten, deren Darstellung sich über weite Teile dieser Arbeit erstreckt, führt zu einer zunehmenden Überlappung der Leistungsspektren von IVM, Finanzberatungsgesellschaften, Banken und Versicherungsgesellschaften und erschwert eine klare Abgrenzung der jeweiligen Aufgabengebiete. Das Leistungsangebot des IVM muss sich aber den veränderten Nachfrageverhältnissen anpassen. Beides wird in Abschnitt D.I zum Anlass genommen, die Leistungspalette des IVM inhaltlich zu präzisieren und ein Anforderungsprofil für seine zukünftige Dienstleistung zu erstellen.

Zunächst werden die traditionellen Funktionen und daraus abgeleiteten Aufgaben des IVM den heutigen gegenübergestellt. Die traditionelle Hauptaufgabe des IVM bestand in der Versicherungsvermittlung, d.h. in der Zusammenstellung des Versicherungspaketes für den Kunden unter fachkundiger Auswahl geeigneter Anbieter am Markt. Mit steigender Tendenz erfährt dieser frühere Leistungsschwerpunkt aber eine Verlagerung und Ausdehnung in Richtung Risk Management-Beratung. Im Mittelpunkt der Diskussion in Abschnitt D.I steht daher die Darstellung des IVM als Risikospezialist, dessen Wertschöpfung in zunehmendem Maße aus beratenden Dienstleistungselementen besteht. Im Anschluss daran werden Wettbewerbsfaktoren bestimmt, die für den zukünftigen erfolgreichen Fortbestand des IVM entscheidend sind.

Einer Darstellung der praktischen Relevanz gewonnener Erkenntnisse in Bezug auf das neue Leistungsangebot des IVM dienen exemplarisch Praxisfälle in Abschnitt D.I.4. Allen

Fällen ist gemein, dass eine erhöhte Wertschöpfung beim Kunden durch die Anwendung - vom IVM entworfener - innovativer Risikoabsicherungsmethoden erzielt wird.

Neue Dienstleistungselemente als Ergebnis neuartiger Aufgabenstellungen beim deutschen IVM führen jedoch nicht nur zu einem veränderten Produktangebot und Berufsbild, sondern in direkter Konsequenz auch zu einer Auseinandersetzung mit dem altgewohnten Vergütungssystem - eine Diskussion, die in der Praxis in vollem Gange ist,[6] aus theoretischer Sicht bislang jedoch unzureichende Beachtung fand.

Die vorherrschende Vergütungsform der Courtage[7] wird in Abschnitt D.II kritisch durchleuchtet und auf Konformität mit den in Abschnitt D.II.1 formulierten Zielanforderungen geprüft. Ziel der Untersuchung ist darzulegen, dass vor allem unter dem Aspekt der Leistungsbezogenheit eine Vergütung auf der Grundlage von Honorarvereinbarungen, sowohl aus Sicht des IVM als auch des Kunden, der Courtage als Vergütungsbasis vorzuziehen ist. Mit Hilfe angeführter Beispiele soll gezeigt werden, dass die Courtagevergütung zu Wettbewerbsnachteilen deutscher IVM im internationalen Vergleich führt.

Die Erörterung der Gründe für eine Umstellung auf die mögliche Vergütungs-Alternative „Honorar" sowie die kritische Beurteilung eines bereits praktizierten Honorarvergütungsmodells, des sog. „Nettoprämienmodells", erfolgen in Abschnitten D.II.3.1 und D.II.3.2. Danach wird auf Berechnungsmethoden eingegangen, die zur Bestimmung der Höhe von Jahreshonoraren herangezogen werden können (Abschnitt D.II.3.4). Denkbar ist hier entweder die Berechnung auf der Grundlage erzielter Prämienersparnisse

6 Vgl. Meyer (1999), S. 24.

7 Die vom Makler bezogene Geldleistung wird Courtage, in binnenländischer Praxis oft auch Provision, genannt. Sie berechnet sich als fixer Prozentsatz der (vermittelten) Versicherungsprämie. Vgl. Bruck/Möller (1961), vor § 43, Anm. 102.

beim Kunden oder eine auf Zeiterfassung basierende Berechnungsmethode, die sog. „Time Valuation Method"[8].

In Abschnitt D.II.4 wird erörtert, ob das Vergütungssystem unter informationsökonomischen Gesichtspunkten zur Reduzierung der bestehenden asymmetrischen Informationsverteilung zwischen VM und Versicherungsnehmer geeignet ist. Courtage- und Honorarvergütung werden jeweils daraufhin untersucht, ob sie als Entlohnungsart ein geeignetes Anreizsystem darstellen, um Qualitäts- und damit auch Verhaltensunsicherheiten der Versicherungsnehmer zu reduzieren. Im Anschluss an die informationsökonomische Analyse wird ein Qualitätsmodell vorgeschlagen (Abschnitt D.II.5), mit dem sich Qualitäts- und Verhaltensunsicherheiten wirksam minimieren lassen und das gleichzeitig als Beurteilungs- und Entlohnungsgrundlage für die IVM-Dienstleistung dienen kann.

Auf rechtliche Schwierigkeiten der Honorarvergütung wird in Abschnitt D.II.6 eingegangen. Probleme bestehen in Bezug auf das Rechtsberatungsgesetz (RberG), in Bezug auf das nach wie vor gültige sog. Provisionsabgabeverbot und hinsichtlich der steuerlichen Behandlung von Honorarvergütungen.

Abschnitt D.III widmet sich der Organisationsstruktur. Zunächst werden die Organisationsstrukturen dargelegt, die sich als Resultat der IVM-Konzentrationstendenzen vergangener Jahre ergaben. Hier haben die Praxiserfahrungen gezeigt, dass lose Verbindungen in Form von internationalen Korrespondenzmakler-Netzwerken scheiterten. Außerdem wurde der zunehmende Druck durch kapitalstarke (bereits international tätige) angelsächsische Broker und die damit einhergehende Gefahr von Marktanteilsverlusten an mögliche Auslandsniederlassungen dieser Makler spürbar. Nur durch

---

8 Kahn (1997), S. 4.

direkte Kapitalverflechtungen und die Formierung sog. Broker-Netzwerke konnten einheitliche Unternehmensstrategien und -ziele erstellt, schwerwiegende Interessenkonflikte vermieden und letztendlich der Fortbestand nationaler IVM gesichert werden.

Ein kurzer Exkurs (Abschnitt D.III.1.4) befasst sich mit Captive Brokern (firmeneigenen Versicherungsvermittlern) und Joint Ventures, einer Sonderform des Captive Brokers, bei der der IVM eine Minderheits-Beteiligung am Captive Broker hält und an dessen Management beteiligt ist. Im Vergleich des Captive Brokers mit dem IVM sollen dann deren Vor- und Nachteile als Maklerform aufgezeigt werden.

Die Erörterung struktureller Entwicklungsmöglichkeiten für IVM bildet den zweiten Teil des Abschnitts D.III. Im Vordergrund stehen die Fragestellungen bzgl. geeigneter Organisationsformen für das internationale Geschäft und dafür geeignete Marktpartner sowie die Art der organisatorischen Integration bzw. Zusammenarbeit mit diesen Marktpartnern. Zukunftsfähig erscheint ein Modell, das den IVM wie auch andere Marktpartner (insbesondere Finanzberater und Investmentbanken) in ein transnational organisiertes Finanzkonglomerat einbindet.

Da sich die angesprochenen Entwicklungen vor allem im Marktsegment des großindustriellen, aber auch des großgewerblichen Geschäftes vollziehen, beschränkt sich die Abhandlung weitestgehend auf Industrieversicherungsmakler - in Abgrenzung zum „normalen" VM.[9]

Es existiert kaum Literatur, die sich mit dem Berufsfeld des deutschen Industrieversicherungsmaklers befasst, oder sie ist - insoweit sie existiert - längst überholt. Zielsetzung vorliegender Arbeit ist es, einen umfassenden

---

9 Zu der begrifflichen Abgrenzung s. Abschnitt B.II.1.

Überblick über aktuelle Verschiebungen im Beruf des IVM zu geben. Es werden die Probleme analysiert, mit denen sich der IVM gegenwärtig konfrontiert sieht und jeweilige Lösungsmöglichkeiten aufgezeigt. Darüber hinaus soll die Abhandlung, durch systematische Darstellung des Wandels, seiner Ursachen und Konsequenzen in Bezug auf Leistungsangebot, Vergütungssystem und Organisationsstruktur, einen Beitrag zur Neuordnung und -positionierung des sich im Umbruch befindenden Berufsstandes leisten.

B INDUSTRIEVERSICHERUNGSMAKLER IN DEUTSCHLAND

B.I Rechtliche Stellung

B.I.1 Handelsrechtliche Grundlage

Der VM unterliegt als Musskaufmann (§ 1 Abs. 2 Nr. 7 HGB) den Vorschriften des Handelsgesetzbuchs und ist i.S.v. § 93 HGB Handelsmakler. § 93 HGB erfasst alle Personen, die Versicherungsverträge für andere „gewerbsmäßig" vermitteln, sofern eine „ständige Betrauung" nicht vorliegt.[10] Die Art der Vertragsgegenstände („Gegenstände des Handelsverkehrs", u.a. auch Versicherungsschutz), die Tatsache, dass der Gesetzestext nicht nur den bloßen Nachweis, sondern die Vermittlung des Vertrags verlangt und die Möglichkeit, für beide Vertragsparteien tätig zu werden, unterscheiden den Handelsmakler vom Zivilmakler (§§ 652ff. BGB).[11] Ein Handelsmakler hat, obwohl er zunächst nur von einer Vertragsseite beauftragt wird, eine „Stellung strenger Unparteilichkeit" einzunehmen, aus der heraus er die beiderseitigen Interessen gleichmäßig wahrnehmen muss.[12]

Grundsätzlich wird in der einschlägigen Literatur zwar davon ausgegangen, dass die Regeln über den Handelsmakler auf den VM anwendbar sind, dennoch wird betont, dass VM sich durch Handelsbrauch, der den Besonderheiten des Versicherungsmarkts und -rechts Rechnung trägt, vom Handelsmakler-Typus entfernt hat.[13] Als Abweichung vom gesetzlichen Vorbild sind vor allem die andersgearteten Rechtsbeziehungen zu nennen, die der VM zum Versicherer und Versicherungsnehmer unterhält[14] (s. Abschnitt B.I.2).

---

[10] Vgl. Baumbach/Hopt (1995), § 93; Werber (1988), S. 1160.
[11] Traub (1995), S. 22f.
[12] Vgl. Baumbach/Hopt (1995), § 93, Anm. 4 C.
[13] Vgl. Trinkhaus (1955), S. 130f.; Voß/Höft/Müller-Stein (1991), S. 680, 775; Werber (1993), S. 190f.

Der VM unterscheidet sich vom Versicherungsvertreter/Versicherungsagent vor allem durch seine Unabhängigkeit von einem oder mehreren Versicherungsunternehmen und die damit verbundene Möglichkeit, objektiv im Markt den für das zu versichernde Risiko seiner Kunden unter allen relevanten Gesichtspunkten jeweils am besten geeigneten Versicherungsschutz unabhängig zu vermitteln. Die Kehrseite dieser Unabhängigkeit ist u.a., dass der Kunde dem VM - im Gegensatz zum Versicherungsunternehmen und dessen Agenten - jederzeit kündigen, d.h. die Geschäftsbeziehung fristlos lösen kann.

Der Versicherungsvertreter ist also vertraglich an einen (Einfirmenvertreter) oder mehrere Versicherer (Mehrfirmenvertreter/Mehrfachagent) gebunden.[15] Auf Grund dieser Vertragsbeziehung ist der Versicherungsvertreter organisatorisch in das Vertriebssystem des Versicherers eingebunden,[16] wodurch sein geschäftspolitischer Spielraum als Unternehmer deutlich eingeschränkt ist.[17] Dieser zwangsläufig eingeschränkte geschäftspolitische Spielraum (auf Grund des berufsinhärenten Mangels an Alternativen, abschlussbezogene Produktvergleiche und -angebote vornehmen zu können) spiegelt sich auch in den Haftungsregeln für Versicherungsagenten wider[18]: Ein Versicherungsagent, der bei der Anbahnung von Vertragsverhandlungen nicht erkennen lässt, dass er (nur) Einfirmenvertreter oder Mehrfachagent ist und als solcher tätig werden will, sondern dem Kunden als „Versicherungsfachmann" gegenübertritt, der ein „Fachgeschäft für preiswerten Versicherungsschutz" betreibt und „Versicherungen aller Art" vermittelt, haftet bei Nichtzustandekommen des gewünschten Versicherungsvertrages dem Kunden persönlich wie ein Versicherungsmakler für Schadensersatz.[19]

---

14 Vgl. Traub (1995), S. 24f.
15 Vgl. Bruck/Möller (1961), vor §§ 43-48 Anm. 13, 128; Grieß/Zinnert (1992), S. 22; Lukarsch (1993), S. 36ff.
16 Vgl. Traub (1995), S. 27-28.
17 Vgl. Farny (1995), S. 628.
18 Vgl. Well (1994), S. 25f.
19 O.V. (1999c), S. 411; vgl. auch Abram (2000), S. 37.

Im Gegensatz zu den Bestimmungen in anderen europäischen Ländern wie z.B. in Großbritannien oder in Frankreich[20], ist der Beruf des VM - und damit auch des IVM - in Deutschland nicht geschützt, d.h. es gibt keine gesetzlichen Berufzugangs- oder Berufzulassungsvoraussetzungen.[21]

B.I.2 Rechtsverhältnis des VM zum Versicherer und Versicherungsnehmer

Als Versicherungsvermittler steht der VM grundsätzlich in einem „Doppelrechtsverhältnis"[22] zwischen Versicherer und Versicherungsnehmer. Dies allein schon auf Grund der Tatsache, dass er nach § 98 HGB jeder der beiden Parteien für den durch sein Verschulden entstandenen Schaden haftet.[23] In erster Linie ist der VM trotz Doppelrechtsverhältnisses jedoch Interessenvertreter seines Auftraggebers, des Versicherungsnehmers.[24, 25] Das Rechtsverhältnis zwischen den beiden Parteien ergibt sich aus dem Maklervertrag,[26] der aus Gründen der Haftungsbeschränkung grundsätzlich schriftlich abzuschließen ist[27], in dem die vom VM zu tragenden Aufgaben und Pflichten dem Kunden gegenüber bestimmt sind.[28] In der Literatur spricht man

---

20 Zu einer detaillierten Durchleuchtung der Zulassungsvoraussetzungen für Versicherungsmakler in Großbritannien und Frankreich vgl. die rechtsvergleichende Untersuchung von Hunsdorfer (1992).

21 Vgl. Spielberger (1984), S. 1013; Keil (1990), S. 311.

22 Vgl. Matusche (1993), S. 37-39.

23 Vgl. § 98 HGB.

24 Vgl. Grieß/Zinnert (1992), S. 53; Schmid (1994), S. 98; Traub (1995), S. 32; Werber (1993), S. 190.

25 Dass als Maklerkunde immer der Versicherungsnehmer zu betrachten ist ergibt sich auch aus den in der Praxis für den VM erarbeiteten Haftungsregeln. Vgl. das „Sachwalterurteil," BGHZ 94, S.356 f.

26 Im Allgemeinen ist der Maklervertrag ein Geschäftsbesorgungsvertrag i.S.v. § 675 BGB, der überwiegend Werkvertragselemente i.S. der §§ 631 f. BGB enthält. Vgl. Bruck/Möller (1961), vor §§ 43-48, Anm. 38.

27 Dem hohen Haftungsrisiko kann der VM entgegenwirken, indem er seine Haftung durch das Abfassen einzelner vertraglicher Positionen beschränkt. Da dies in der Praxis nicht „unerhebliche Probleme" bereitet, ist der genaue Wortlaut der Maklerverträge im Streitfall mit dem Kunden von entscheidender Bedeutung. Vgl. hierzu Baumann (1999), S. 512-514.

28 Vgl. Matusche (1993), S. 28; Grieß/Zinnert (1992), S. 457-459.

auch vom „treuhändischen Sachwalter[29]," „Bundesgenossen[30]," und „Vertrauensmann [31] " des Kunden. Diese besondere Rechtsstellung des VM dient zur Begründung seiner Tätigkeitspflichten gegenüber dem VN und - gegebenenfalls - auch der Abschlusspflicht.[32]

Obgleich ein tatsächliches Vertragsverhältnis zwischen Makler und Versicherer nicht besteht, erwachsen dem VM gegenüber dem Versicherer gewisse Pflichten, wie z.B. Interessenwahrnehmungs-, Auskunfts-, Erkundigungs- und Schweigepflichten.[33] Die Unabhängigkeit des VM soll trotz der aus seiner Funktion als Handelsmakler resultierenden Beziehung zu dem Versicherer dadurch gewahrt bleiben, dass er für diesen nach eigenem Ermessen nur „von Fall zu Fall" tätig wird, d.h. er hat im Gegensatz zu anderen Versicherungsvermittlern keine Andienungspflicht.[34] Dennoch ist die Beziehung zwischen VM und Versicherer häufig auf langfristige Zusammenarbeit ausgelegt und von ihr geprägt, beispielsweise, um ohne großen Verhandlungsaufwand Vertragsanpassungen zu erreichen. Aus wirtschaftlicher Sicht ist eine gewisse „vertragsähnliche" Dauerbeziehung - auch zum Versicherer - daher oftmals nicht zu leugnen.[35]

B.II Marktüberblick

In Deutschland gibt es insgesamt ca. 5.500 [36], [37] Versicherungsmakler,[38] davon sind die wesentlichsten (größ-

---

29 Vgl. Trinkhaus (1955), S. 132.
30 Vgl. Möller (1970), S. 1004; Bruck/Möller (1961), vor §§ 43-48, Anm. 13.
31 Vgl. Sieg (1982), S. 160.
32 Vgl. Matusche (1993), S. 51ff., S. 81ff.; Trinkhaus (1955), S. 131; Voß/Höft/Müller-Stein (1991), S. 779.
33 Zu den verschiedenen Pflichten gegenüber dem Versicherer vgl. insb. Matusche (1993), S. 132-145.
34 Vgl. Spielberger (1984), S. 1013f.; Traub (1995), S. 24f; Werber (1990), S. 22.
35 Vgl. Traub (1995), S. 25f.
36 Vgl. o.V. (1998a), o.S.
37 Verlässliche Angaben über die genaue Anzahl an Versicherungsmaklern sind nicht zu erhalten, Schätzungen (auch vom BDVM selbst) belaufen

ten) im Bundesverband der deutschen Versicherungsmakler (BDVM), der ca. 260 Mitgliedsfirmen hat,[39] organisiert, während kleinere Makler oftmals im Versicherungs-Makler-Verbund e.V. (VMV) vertreten sind.[40,41] Die meisten Captive Brokers (firmeneigene Versicherungsvermittler) deutscher Großunternehmen haben sich im Bundesverband firmenverbundener Versicherungsvermittler (BfV) zusammengeschlossen. Die Mehrzahl aller kleineren Makler ist nicht in einer Berufsvereinigung organisiert und entzieht sich als Einzelkämpfer weitgehend der Öffentlichkeit - über ihr Wirken gibt es keine Statistiken.[42]

Die Maklerverbände sind Interessengemeinschaften, die das Ziel verfolgen, auf freiwilliger Basis die Belange ihrer Mitglieder gegenüber den Marktpartnern zu wahren und die berufliche Lage der Mitglieder zu fördern, indem sie unlauteren Wettbewerb auf den Versicherungsmärkten bekämpfen. Zu ihren Aufgaben zählen u.a. die Stärkung der Rechtsstellung der VM, die Wahrung der Rechte an gewonnenen Versicherungsvertragsbeständen, die Wahrnehmung der Chancen aus der bestehenden Niederlassungs- und Dienstleistungsfreiheit und die Vermittlung von Versicherungsschutz für die aus den Vermittlungsverträgen resultierenden Gefahren.[43] Insofern dienen sie in erster Linie ihren Mitgliedern, nicht zuletzt aber auch den Kunden durch eine entsprechende berufsständische Selbstkontrolle und Selbstüberwachung.[44]

---

sich auf 3000 bis 10000 (telefonische Auskunft der Geschäftsstelle des BDVM in Hamburg).

38 Unter diesen Umständen erscheint es fragwürdig, überhaupt von einem „deutschen Maklermarkt" zu sprechen. Vgl. o.V. (1997a), S. 748.

39 Vgl. o.V. (1997a), S. 748; o.V. (1998c), S. 65.

40 Vgl. o.V. (1998c), S. 65.

41 Über eine stärkere Zusammenarbeit der beiden Maklerverbände wird noch diskutiert. Vgl. Clemens (1999a), S. 1874.

42 Vgl. o.V. (1997a), S. 748.

43 Vgl. Lukarsch (1993), S. 48. Einer Konjunkturumfrage des Instituts der Versicherungsmakler (ivm) zufolge wurden rund zwei Drittel aller VM nach 1990 gegründet. Durchschnittlich beschäftigt jedes Maklerbüro 5,21 Mitarbeiter. Vgl. o.V. (2000h), S. 434.

44 Vgl. Lukarsch (1993), S. 48.

B.II.1 Abgrenzung des IVM vom „normalen" VM

Der IVM, auch als „technischer VM"[45] bezeichnet, unterscheidet sich vom „normalen", im Massengeschäft tätigen, VM[46] durch seine Professionalität, Art und Umfang seiner Leistungsschwerpunkte sowie durch seine internationale Ausrichtung, Größe und Ausstattung.[47] Er ist in der Lage, dem Versicherer „schrankfertiges Geschäft" zu liefern.[48] Der Großteil aller Kunden des IVM ist im großgewerblichen und großindustriellen - und nur in Ausnahmefällen im kleingewerblichen - Geschäft tätig. Weiterhin unterscheidet er sich durch sein geschultes Personal verschiedenster Fachrichtungen: Der Mitarbeiterstamm besteht u.a. aus nationalen und internationalen Versicherungsexperten, Juristen, Wirtschaftswissenschaftlern, Ingenieuren, Mathematikern und Umweltspezialisten. Schätzungen zufolge beschäftigen 60% der VM in Deutschland weniger als drei Mitarbeiter, weitere 33% beschäftigen weniger als zehn Mitarbeiter.[49] Dies steht im starken Gegensatz zu den Beschäftigungszahlen der IVM, die in Deutschland ca. 1.500 (Aon Jauch & Hübener), 1.100 (Marsh), bzw. ca. 500 (Jaspers Wuppesahl Industrie Assekuranz) Mitarbeiter beschäftigen.

Im Jahre 1992 gab es weltweit 19 Maklerfirmen,[50] die mit einem Umsatz größer als US $ 100 Mio. (5 davon mit einem Umsatz größer US $ 1 Mrd.) als IVM bezeichnet werden konnten.[51] Als Folge eines beispiellosen internationalen

---

45 Vgl. Matusche (1993), S. 14; Farny (1995), S. 630; Traub (1995), S. 30.

46 Wird im Nachfolgenden vom VM gesprochen, so bezieht sich die Bezeichnung auf alle VM in Deutschland, einschließlich IVM. Ist hingegen vom IVM die Rede, so ist explizit dieser - in Abgrenzung zum „normalen" VM - gemeint.

47 Vgl. Vogel (1978), S. 312-314.

48 Vgl. Farny (1995), S. 630.

49 Vgl. Sandkühler (2000), S. 668.

50 Mit der Ausnahme von Jauch & Hübener KGaA (D), ABM AMRO Verzekeringen (NL) und Gras Savoye SA (F), stammten zu diesem Zeitpunkt alle anderen Maklerhäuser entweder aus den USA (8) oder aus Großbritannien (9). Deutschlands größter IVM, Gradmann & Holler, wurde bereits 1990 in den Weltmarktführer Marsh Inc. eingebracht.

51 Vgl. Traub (1995), S. 17.

Konzentrationsprozesses, der mit der im März 1999 erfolgten Übernahme der Sedgwick Group PLC, London, durch Marsh & McLennan Cos. Inc., New York, als weitgehend abgeschlossen angesehen werden kann, sind nur noch drei große Maklerhäuser - Marsh Inc., New York, (wiederum Tochtergesellschaft von Marsh & McLennan Cos.), Aon Inc., Chicago, und Willis Group Ltd, London - führend übrig geblieben.[52,53] Diese drei haben einen weltweiten Marktanteil von 80%, die fünf größten erreichen sogar 90%.[54] In Abbildung 1 sind die Umsätze und Gewinne der drei größten Insurance Brokers dargestellt. Es handelt sich dabei um konsolidierte Konzernzahlen, da nationale Kennzahlen nicht (mehr) zugänglich sind. Besonders hervorzuheben sind Marsh und Aon, die sich mit Jahresumsätzen (einem Jahresgewinn vor Steuern) von US $ 10,2 Mrd. (US $ 2,2 Mrd.) bzw. US $ 7,4 Mrd. (US $ 1,1 Mrd.) deutlich von Willis mit US $ 2 Mrd. (US $ 300 Mio.)[55] und allen anderen Insurance Brokers abheben.

---

52 Vgl. Banham (1999), S. 13; o.V. (1997c), S. 690; o.V. (2000c), S. 675; Herold spricht gar von einer „Duopolisierung" der Broker. Vgl. Herold (1999), S. 519; Für einen Überblick über die weltweit herrschende Dynamik auf dem Markt für Versicherungsmaklerdienstleistungen mit Vorstellung der 10 größten Insurance Broker vgl. Lenckus (1997), o.S.

53 Sieben der 19 Maklerhäuser von 1992 (vgl. Traub (1995), S. 17) haben sich nicht einem größeren angeschlossen. Sie bestehen als unabhängige, im Vergleich zu den „Top Three" allerdings als wesentlich kleinere IVM fort: Jardine Insurance Brokers Group PLC (UK), C.E. Heath PLC (UK), Arthur J. Gallagher & Co. (USA), Acordia Inc. (USA), ABM AMRO Verzekering bv (Niederlande), American Business Insurance Inc. (USA), Hilb, Rogal & Hamilton Co. (USA).
Bei ihnen sind weitere Zusammenschlüsse zu erwarten, die jedoch nicht die Größe der beiden führenden „Mega-Broker", Marsh und Aon, erreichen werden. Vgl. Banham (1999), S. 15; o.V. (1998f), S. 21.

54 Vgl. Doman/Duchen/Markus (1999), S. 27; Pernicky (1999), S. 1646.

55 Die Zahlen von Willis sind Schätzungen, da der Jahresabschluss für das Geschäftsjahr 2000 bislang noch nicht veröffentlicht wurde. (Stand: 15.05.2001).

Abbildung 1: Die drei größten Insurance Brokers

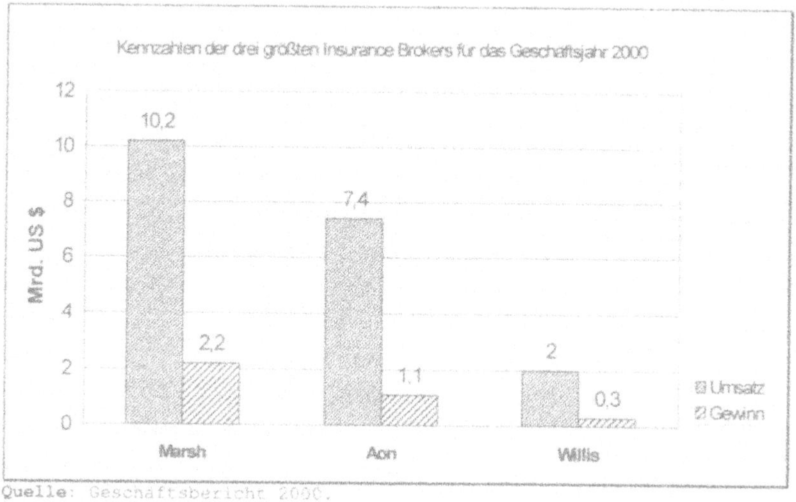

Quelle: Geschäftsbericht 2000.

B.II.2 Marktanteile im Industrieversicherungsgeschäft

Das gesamte deutsche Nicht-Leben-Versicherungsprämienvolumen lag 1998 bei DM 102 Mrd. [56] Da es keine offiziellen Angaben zu dem Anteil der Industrieversicherung an diesem Prämienvolumen gibt, müssen Marktteilnehmer sich mit Schätzungen begnügen, die leider weit auseinander fallen: sie reichen von 12% bis 30% des gesamten Nicht-Leben-Prämienvolumens. [57] Das Nicht-Leben-*Industrie*versicherungsprämienvolumen liegt demnach im Bereich zwischen DM 12,2 Mrd. und DM 30,6 Mrd.

In Deutschland haben IVM einen geschätzten Marktanteil von 30% [58] (s. Abbildung 2) des Prämienvolumens der

[56] Vgl. BAV (1999), S. A 16.
[57] Vgl. z.B. Bräuchle (1996), S. B 11; Doenecke (1994), S. 62.
[58] Die Marktanteile sind das Ergebnis aktualisierter Entwicklungseinschätzungen, die drei unabhängige, von McKinsey & Company, Inc., Roland Berger & Partner GmbH und Transconnect Unternehmensberatungs- und Beteiligungsgesellschaft mbH durchgeführte Marktstudien als Bezugspunkt haben. Vgl. McKinsey & Company (1988); Roland Berger (1992); Transconnect (1996), o.S.; Vgl. auch o.V. (1998c), S. 65.

Industrieversicherung. Im Vergleich dazu haben die in Abschnitt C.II.3 behandelten Captive Brokers, einen Marktanteil von ca. 20%, der Direktvertrieb (Verkauf der eigenen Produkte ohne Einschaltung eines VM) der Versicherungsgesellschaften beläuft sich auf ca. 50% (Einfirmenvertreter, Mehrfachagenturen, Teilzeitagenten). Der Marktanteil US-amerikanischer IVM am industriellen Prämienvolumen beträgt hingegen ca. 75%, Captive Brokers haben lediglich 5%, dem Direktvertrieb sind ca. 20% zuzuschreiben. [59] Dieser Vergleich der deutschen Marktmachtverhältnisse mit dem amerikanischen Markt ist deshalb von großem Interesse, weil Entwicklungstendenzen deutscher IVM stark durch ihre heutigen Muttergesellschaften in den USA beeinflusst werden.

Abbildung 2: Vertriebskanäle in der Industrieversicherung

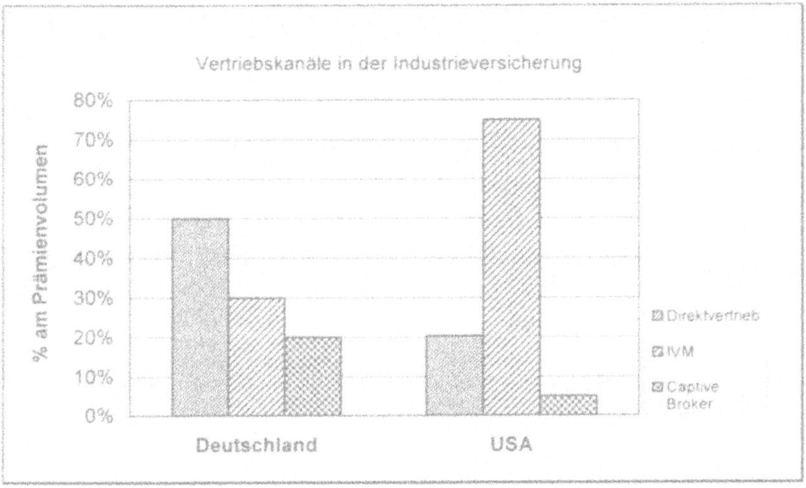

Quelle: Schätzungen, beruhend auf Marktstudien von McKinsey & Company, Inc., Roland Berger & Partner GmbH und Transconnect Unternehmensberatungs- und Beteiligungsgesellschaft mbH.[60]

---

[59] Vgl. Fongemie (1999), S. 3, 41; Howard (2000), S. 31f.

[60] Vgl. McKinsey & Company (1988); Roland Berger (1992); Transconnect (1996). Zu den Vertriebskanälen in den USA vgl. Fongemie (1999), S. 3,41; Howard (2000), S. 31f.

Im vergangenen Jahrzehnt waren in Deutschland deutliche Marktanteilsverluste von Ausschließlichkeitsorganisationen zugunsten von IVM feststellbar.[61] Der Wettbewerb begünstigt somit zunehmend den IVM, da letzterer auf Grund seiner rechtlichen Stellung frei unter den Anbietern wählen kann.[62]

Auch aus Sicht der Versicherer ist zukünftig zu erwarten, dass trotz der Konkurrenz neuer Vertriebsformen wie E-Commerce und Banken, der IVM weiter an Stellenwert gewinnen wird.[63] Dies liegt zum einen daran, dass sich IVM in den vergangenen Jahren große Kompetenzen im Bereich Risk Management und Risikogestaltung (Risk Engineering) aufgebaut haben, um dem wachsenden Bedarf an Fachkenntnis und Kreativität in diesen Bereichen Rechnung zu tragen.[64] Zum anderen ist die Entwicklung auch darauf zurückzuführen, dass es nur noch wenige professionelle, international tätige Industrieversicherer gibt, die als Dienstleister für innovative Lösungen in Frage kommen.[65] Im stark anwachsenden internationalen Geschäft ist der IVM zudem häufig der einzige Vertriebkanal.[66] Insbesondere ausländische Versicherungsgesellschaften, die selten über eigene Ausschließlichkeitsorganisationen in Deutschland verfügen bzw. keine Zeit und keine Kapitalreserven haben, diese aufzubauen, verschaffen sich daher über IVM internationale Marktzugänge.[67]

61 Vgl. o.V. (1998c), S. 65.
62 Vgl. Keil (1990), S. 311.
63 Vgl. Berger/Schmidt (2000), S. 1156.
64 Vgl. Brühwiler/Stahlmann (1999), S. 96.
65 Vgl. Brühwiler/Stahlmann (1999), S. 96.
66 Vgl. Berger/Schmidt (2000), S. 1156.
67 Vgl. Schmid (1994), S. 91.

C URSACHEN FÜR DEN WANDEL BEIM IVM

Hauptgründe für die veränderten Kundenbedürfnisse und das daraus resultierende Anpassungsbedürfnis beim IVM sind veränderte Marktrahmenbedingungen, gesetzliche Bestimmungen und die Entwicklung von Produktinnovationen im alternativen Risikofinanzierungsbereich (s. Abbildung 3).

Abbildung 3: Ursachen des Wandels

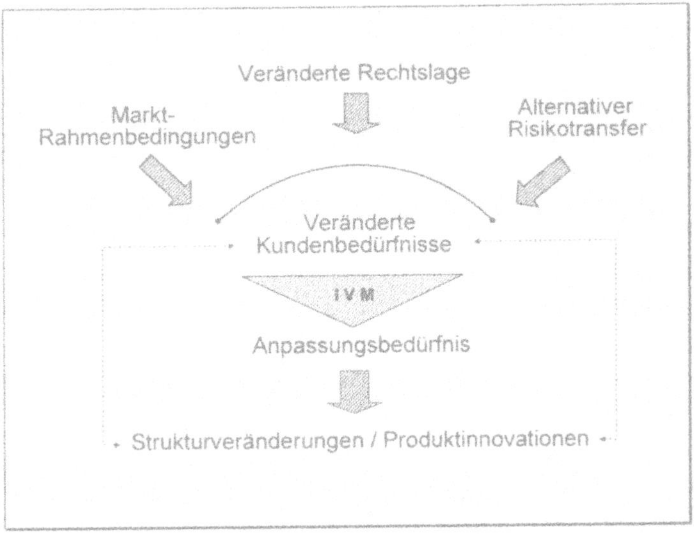

Zwischen Bedürfnis- und Produktentwicklung ist hierbei eine Wechselwirkung festzustellen. So wird auf der einen Seite nach Finanzierungsmöglichkeiten gesucht, die neue Risikopotentiale absicherbar machen. Auf der anderen Seite beflügeln die sich ergebenden Produktneuerungen wiederum die Nachfrage nach weiteren innovativen Absicherungslösungen. Nachfolgend wird auf beide Entwicklungstendenzen - veränderte Kundenbedürfnisse (Abschnitt C.I) und die Entwicklung von alternativem Risikotransfer (Abschnitt C.II) - getrennt eingegangen.

C.I Veränderte Kundenbedürfnisse

C.I.1 Bedürfnisse auf Grund veränderter Marktrahmenbedingungen

C.I.1.1 Entwicklungstendenzen im Industrieversicherungsgeschäft

Ständig wachsende, sich permanent verändernde Risiko- und Schadenpotentiale bei Industrieunternehmen [68] und die zunehmende Komplexität industrieller Risiken nähren den Kundenwunsch nach möglichst umfassenden, kostengünstigen und grenzüberschreitenden Risikoabsicherungskonzepten.[69]

Die Hauptveränderungen im Industrieversicherungsgeschäft sind in folgenden Entwicklungen zu sehen:[70]

- höherer Kapazitätsbedarf, nicht nur in der Produkthaftpflichtversicherung sondern in fast allen herkömmlichen Sparten. Gleichzeitig und infolgedessen werden kapazitätsbedingte Grenzen der Versicherbarkeit immer häufiger erreicht,
- neue Absicherungsprodukte, die eine integrierte Abdeckung mehrerer Risikoklassen - auch über die Landesgrenzen hinweg - erbringen sollen,
- variable, mehrjährige Vertragslaufzeiten, um eine weitgehende Stabilisierung von Ergebnis und Liquidität des Unternehmens („Bilanzschutz") zu erreichen,
- Abdeckung neuer, bisher als „nicht versicherbar" geltenden Risiken,
- Transfer von Risiken auch auf die Kapitalmärkte,
- verstärkte Tendenz zur Eigenfinanzierung von Risiken,

68 Vgl. Benz/Görgen (1999), S. 289.

69 Vgl. Stürz/Birkental/Wissmann (1998), S. 396; ähnlich Doman/Duchen/Markus (1999), S. 30.

70 Vgl. hierzu z.B. Brühwiler/Stahlmann (1999), S. 13-23; Herold/Paetzmann (1999); S. 13-20 Herold/Paetzmann (1997), S. 671.

- immer größere Selbstbehalte[71], u.a. wegen des Trends zu größeren Unternehmenseinheiten[72] und vor dem Hintergrund reduzierter Kosteneffizienz der Versicherungsprämie[73] infolge gestiegener Versicherungsteuer,
- Nachfrage nach Dienstleistungen, sowohl als „Ersatz für Versicherungen" (z.B. Schadenbearbeitung für den Selbstbehalt) als auch in Ergänzung (z.B. Risikomanagement im Umweltbereich),[74]
- tendenzielle Desolidarisierung bisheriger Risikogemeinschaften,[75]
- höhere Professionalität im Nachfrageverhalten industrieller und großgewerblicher Kunden,[76]
- höhere Produktentwicklungsgeschwindigkeiten.[77]

Dem Trend zur Konzentration auf eigenes Kerngeschäft folgend und die damit einhergehende Volumenkontraktion haben in den vergangenen Jahren in der Industrie zu Auflösungen ganzer Risk Management-Abteilungen geführt, deren Aufgaben dann auf dem Wege des „Outsourcing"[78] an professionelle, international tätige IVM übertragen wurden.[79] Dies stellt eine große Herausforderung für die IVM dar und wird innerhalb der Abschnitte C.I.1.3 (ganzheitliches Risk Management) und C.I.2.1 (Veränderungen auf Grund des KonTraG) zum Anlass genommen, die Aufgaben eines betrieblichen Risk Managements im Einzelnen zu präzisieren.

Die ständig wachsenden Risiko- und Schadenpotentiale der Kunden und der Wunsch nach möglichst hoher Kosteneffizienz führten beim IVM in der Vergangenheit oftmals zu Verspre-

---

71 Vgl. o.V. (2000d), S. 136.
72 Vgl. Grothaus (1998), S. 477f.
73 Vgl. Brühwiler/Stahlmann (1999), S. 17f.; Romeike (2000), S. 606.
74 Vgl. Illner (1998b), S. 29.
75 Vgl. Grothaus (1998), S. 477; Renggli (2000), S. 214.
76 Vgl. Sartorius/Vick (1998), S. 325.
77 Vgl. Herold/Paetzmann (1997), S. 678.
78 Vgl. Kromschröder (1997), S. 76.
79 Vgl. Brühwiler/Stahlmann (1999), S. 15f., 96; Howard (1994), S. 62-63.

chungen, Prämienvolumen zu reduzieren und Deckungen für sämtliche Risikoarten zu günstigen Konditionen zu beschaffen. Die Versicherer sahen sich dann gezwungen, die Makler mit Rücksicht auf weiteres Geschäft nicht im Stich zu lassen, und die Versprechungen, unter Inkaufnahme von Einkommensverlusten, zu erfüllen. Je größer ein durch ein IVM vertretenes Portefeuille, desto leichter ist die Durchsetzung von günstigen Vertragsbedingungen und Tariffierungskonditionen.[80] Im Hinblick auf die Einnahmen entwickeln sich so eine „Spirale nach unten"[81] und die Tendenz zur - aus Wettbewerbsgründen nicht unproblematischen - verstärkten Ausprägung eines Käufermarktes, bei dem sich die Marktmachtverhältnisse weg vom Versicherer zugunsten der IVM entwickelt haben.[82]

C.I.1.2 Neuartige und „nicht versicherbare" Risiken

Ausmaß und Komplexitätsgrad betrieblicher Risiken industrieller Kunden haben sich erheblich erhöht. Mit dem technologischen Fortschritt und als Folge der Entstehung von über die ganze Welt vernetzten Produktionszentren sind einerseits neuartige Risiken - wie z.B. Abhängigkeitsrisiken in der Automobilindustrie - und höhere Schadenpotentiale entstanden, die es zu bewältigen gilt. Andererseits führen Weiter- und Neuentwicklungen im Produktbereich zu einer Infragestellung der traditionellen Trennung des Anwendungsbereiches von Risk Management auf versicherbare, streng nach Sparten getrennte,[83,84] und auf als „nicht versicherbar" geltende Risiken.

[80] Vgl. Herold/Luttmer/Winkler (1993), S. 42.

[81] Vgl. zu diesem Absatz o.V. (1999a), S. 27; vgl. ähnlich auch Scherzer/Usher (1999), S. 11.

[82] Vgl. Mundy/Wheeler (1999); Nakada/Stevens/Berre (2000), S. 307; vgl. ähnlich auch Doman/Duchen/Markus (1999), die eine bessere Performance der Aktienkurse amerikanischer Insurance Brokers im Vergleich zu amerikanischen Versicherern als (einen) Ausdruck der veränderten Marktmacht zugunsten der IVM sehen: Die durchschnittliche Kurssteigerung der Insurance Brokers lag in den vergangenen Jahren um 65% höher als bei den Versicherern. Vgl. ebenda, S. 27.

[83] Vgl. Brühwiler/Stahlmann (1999), S. 16.

Da die versicherbaren Risiken im Vergleich zu anderen Geschäftsrisiken relativ gering sind, wird das Denken und Handeln innerhalb der Grenzen der Versicherbarkeit als zu eng und einseitig empfunden, weil es die Einbeziehung derjenigen Unternehmensrisiken in ein umfassendes Risk Management vernachlässigt, welche außerhalb der traditionellen Versicherbarkeit liegen. Hierzu gehören Imageschäden, Garantieverpflichtungen, Misserfolg bei Produkte-Neulancierungen, Streik-Folgeschäden und der Abgang oder das Fehlverhalten von Managern in Schlüsselpositionen.[85,86] Mit diesen Risiken müssen sich die Unternehmen aber vermehrt befassen, da der dauerhafte Fortbestand eines Unternehmens gerade durch sie am meisten gefährdet ist.[87] Diesen „dogmatischen Dualismus in der Versicherungswirtschaft"[88] zu überwinden ist die Zielsetzung innovativer Risikofinanzierung, sie dient der Erschließung und Überwindung ohnehin fließender Grenzen zwischen versicherbaren und nicht versicherbaren Risiken.[89]

Zu den traditionell als „nicht versicherbar" geltenden Risikoklassen zählen die sog. unternehmerischen Risiken[90] und Finanzrisiken, z.B. das Zinsänderungsrisiko, das Delkredererisiko und Wechselkursrisiken - alles Risiken, die sich innerhalb der vorherrschenden einjährigen Rechnungslegung nicht versichern ließen, heutzutage hingegen mit in alternative Risikofinanzierungslösungen eingebunden und somit

84 Herold/Paetzmann bezeichnen diese „Segregation" zwischen den einzelnen Sparten „im Zeitalter breitflächig propagierter Konzepte einer Nachfrage- und Kundenorientierung" - nicht ganz unnachvollziehbar - als „Phänomen". Die Gründe sind historisch bedingt, jedoch vielfältig, und reichen von aufsichtsrechtlichen Bestimmungen und spezifischen Rechnungslegungsvorschriften über die interne Organisation eines Versicherers bis hin zu dessen Vertriebsstruktur. Vgl. Herold/Paetzmann (1997), S. 671.

85 Vgl. Baur/Schanz (1999), S. 13.

86 Eine Befragung durch McKinsey & Company der Risk Manager amerikanischer Fortune 500 Unternehmen ergab, dass diese vier von fünf evidenten Risiken als „unversicherbar" einstufen, vgl. Herold/Paetzmann (1997), S. 671.

87 Vgl. Brühwiler/Stahlmann (1999), S. 16.

88 Vgl. Brühwiler/Stahlmann (1999), S. 27,91.

89 Die Tatsache, dass diese Grenzen fließend sind, beweist schon die große Diskussion um schwer oder nur teilweise versicherbare Risiken.

abgesichert werden können.[91] Futures, Optionen und Swaps gehören mittlerweile zu Standardinstrumenten der Risikoabsicherung von Kapitalanlagerisiken, und dies zunehmend auch in der Versicherungswirtschaft.[92] Jedwedes Zinsänderungs-, Delkredere- oder Wechselkursrisiko kann mit Hilfe moderner Hedgingstrategien reduziert oder sogar ganz ausgeschaltet werden, was allerdings zusätzliche Kosten verursacht.

Allgemein bewirkt Risk Management durch Hedging eine Reduktion der Volatilität der Zahlungsströme von Unternehmen, die in einer verminderten Varianz des Unternehmenswertes resultiert.[93] Nicht nur werden durch finanzielles Hedging Schwankungen des Unternehmenswertes kleiner, es sinkt auch die Wahrscheinlichkeit, mit der der Unternehmenswert gering oder auch zu hoch ausfällt.[94] Positive Theorien zur ökonomischen Relevanz unternehmerischen Risk Managements argumentieren weitergehend, dass die Funktion des Unternehmenswertes konkav ist und daher die Reduktion der Cashflow-Volatilität zugleich eine Vergrößerung der Zahlungsströme an die Eigentümer zur Folge hat, die sich in einer Erhöhung des erwarteten Unternehmenswertes manifestiert.[95]

C.I.1.3 Ganzheitliches Risk Management

Der Begriff des Risk Management, traditionell auf die Analyse und Handhabung der reinen, grundsätzlich versicherbaren Schadengefahren beschränkt, hat in den vergangenen Jahren eine Ausweitung auf die Überwachung und Steuerung aller

90 Vgl. Brühwiler/Stahlmann (1999), S. 91.
91 Vgl. Scherzer/Usher (1999), S. 11; s. auch Abschnitt C.II.1.3.
92 Zu der historischen Entwicklung und Anwendung von Kapitalmarktderivaten in der Versicherungswirtschaft vgl. Schwebler (1993).
93 Vgl. Bartram (1999), S. 32.
94 Vgl. Bartram (1999), S. 32.
95 Vgl. z.B. Sanatmero (1995), S. 2. Die Erklärungsansätze bestehen in der Steigerung des Unternehmenswertes auf Grund der Reduktion von Transaktionskosten, Agency-Kosten, der betrieblichen Steuerlast sowie der Finanzierungskosten. Zu einer detaillierten Erklärung vgl. Bartram (1999), S. 32ff.

reinen wie spekulativen Unternehmensrisiken bis hin zur risikobezogenen Unternehmenspolitik erfahren.[96]

Zeitgemäßes, erfolgreiches und effizientes Risk Management aus Unternehmenssicht, das die konzeptionelle Handlungsgrundlage für den IVM darstellt und daher an dieser Stelle nähere Beachtung findet, erfordert weitaus mehr als die bloße Einbeziehung „nicht versicherbarer" Risikoklassen in ein Absicherungsprogramm. Vielmehr kann nur ein ganzheitlicher Ansatz den dauerhaften Fortbestand eines Unternehmens sichern. Dies erscheint insbesondere vor dem Hintergrund der Tatsache bedeutsam, dass die sog. „Soft Risks", wie z.B. Fehlentscheidungen der Führungskräfte[97], einen Großteil der Risiken eines Unternehmens ausmachen können.

In diesem Abschnitt erfolgt zunächst eine Darstellung der idealtypischen Ziele eines ganzheitlichen Risk Managements. Danach wird auf die Durchsetzbarkeit in der Praxis eingegangen und ein Bilanzschutz-System vorgeschlagen, das sich an der praktischen Durchführbarkeit und nicht an der Idealvorstellung eines allumfassenden Bilanzschutzes orientiert.

Das Betreiben eines (idealtypischen) ganzheitlichen, oder „holistischen" Risk Managements nach Knebel[98] hat (all-)umfassenden Bilanzschutz als Zielsetzung. Es bedingt zunächst die Auflösung der vorherrschenden Segmentierung des Risk Managements auf vertikaler und horizontaler Ebene.

- Vertikal: Auf den Führungs- und operativen Ebenen eines Unternehmens.
- Horizontal: Auf den regionalen Ebenen eines Unternehmens.

---

96 Vgl. u.a. Gleißner/Meier/Lienhard (2000), S. 316; Geppert/Heinrich (2000), S. 75; Kiep (2000), S.314-316.
97 Vgl. Knebel (2000), S. 15.
98 Vgl. Knebel (2000), S. 15.

Nimmt man alle Unternehmensrisiken, inkl. der Soft Risks, auf der Führungs- und operativen Ebene zusammen, hat das Controlling dafür zu sorgen, sämtliche Risiken in ihrer strukturell vertikalen und geographisch horizontalen Verzweigung in einem einheitlichen Berichtssystem zusammenzuführen. Bestandteil eines solchen Berichtssystems sollte sein[99]:

- Eine holistische Risikobewertung und -darstellung,
- eine holistische Risikozusammenfassung und
- die hierarchischen Risikobearbeitungsoptionen.

Erst die integrale, erschöpfende Erfassung aller Risikoarten auf der vertikalen und der horizontalen Ebene und deren anschließende vollständige Bewältigung würde den Ansprüchen des ganzheitlichen Ansatzes genügen.[100]

Im Gegensatz zu Knebels Auffassung, der die Umsetzung eines solchen holistischen Risikomanagements in der Praxis noch als „Fernziel", grundsätzlich aber als machbar ansieht,[101] wird hier die Ansicht vertreten, dass auch mit den besten Konzepten des innovativen Risikomanagements keine Möglichkeit besteht, das unternehmerische Risiko komplett zu eliminieren und einen wirklich allumfassenden Bilanzschutz zu erreichen. Abgesehen davon, dass keine Methode der Risikoerkennung eine erschöpfende Erfassung aller Risiken gewährleistet, widerspricht das Streben nach vollständiger Risikobewältigung dem Grundsatz der Wirtschaftlichkeit.[102] Allumfassender Bilanzschutz ist demnach Wunsch und Illusion und könnte lediglich mit der „Aufgabe der unternehmerischen Tätigkeit"[103], d.h. mit deren Nicht-Ausübung, erreicht werden. Wenn im Nachfolgenden von Bilanzschutz gesprochen

[99] Vgl. hierzu Knebel (2000), S. 16f.
[100] Vgl. Knebel (2000), S. 16.
[101] Knebel weist darauf hin, dass holistisches Risk Management in derart umfassender Form weltweit (noch) von keinem Unternehmen betrieben wird. Vgl. Knebel (2000), S. 15.
[102] Vgl. Kromschröder/Lück (1998), S. 1573.

wird, so ist hierunter vielmehr die Zielsetzung eines Risk Managements gemeint, das sich auf der Grundlage erkannter Risiken und deren Einfluss auf das Unternehmen an der Bilanz und nicht - wie in der Vergangenheit häufig praktiziert - an der Versicherbarkeit von Risiken orientiert.[104] Unzureichend ist das Erkennen des bloßen versicherungstechnischen Risikos, vielmehr muss eine kombinierte Betrachtung von Unternehmensrisiken der Risikosteuerung und -kontrolle - im englischen Sinn des Wortes - zugrunde liegen.

Durch Orientierung am Unternehmensziel kommt dem Risk Management die Aufgabe zu, diejenigen Risiken zu kontrollieren, welche das Erreichen oder Überschreiten gesetzter Ziele gefährden könnten. Zu Zwecken der Unternehmenssteuerung ist es dabei sinnvoll, zwischen Risiken in einem finalen Sinne, also der Risikowirkung, und Risiken in einem kausalen Sinne, also Risikoursachen, zu unterscheiden.[105] Nicht der häufig angestrebte „all risk"-Bilanzschutz ist umsetzbar, sondern vielmehr ein „named peril"-Bilanzschutz, bei dem das Management eine Vorstellung darüber besitzt, was die Auslöser von negativen Auswirkungen auf die Bilanz sein können. Er umfasst im Einzelnen auch vorbeugende Maßnahmen zum Schutz des Unternehmens. Unternehmenspolitisch muss dazu vor dem Hintergrund einer bestehenden und klar definierten Risikophilosophie unter Abwägung der verfolgten Unternehmensziele und der daraus abgeleiteten Grundsätze sowie der als Ergebnis der Risikoanalyse ermittelten aktuellen und prospektiven Risikosituation des Unternehmens die unternehmensindividuelle Verlustgrenze (in Geldeinheiten, grob oder größenordnungsmäßig) festgelegt werden. Daraus müssen die Entscheidungen über selbst zu tragende oder hinzunehmende Risiken einerseits und der Einsatz des risikopolitischen Instrumentariums (inkl. Maßnahmen zur Risiko-

[103] Brühwiler/Stahlmann (1999), S. 39.
[104] Vgl. Brühwiler/Stahlmann (1999), S. 39.
[105] Vgl. Albrecht (1999), S. 1404.

minderung und Risikovermeidung) andererseits abgeleitet werden.[106]

Ganzheitliches Risk Management kann somit als Gesamtheit aller Maßnahmen einer Wirtschaftseinheit gesehen werden, die zur Steuerung und Kontrolle der erkannten, das (die) Unternehmensziel(e) gefährdenden, Risiken dienen.[107] Da Risiko eine entscheidende Determinante des Unternehmenswertes ist, muss diese umfangreiche Tätigkeit zu den zentralen Aufgaben der Unternehmensführung gehören und darf nicht mehr nur eine Angelegenheit untergeordneter Fachabteilungen sein.[108] Um dabei fachkundige Unterstützung zu erhalten, sucht der Kunde im IVM einen Risiko- und nicht allein einen Versicherungsspezialisten.[109] Das Beschließen und die Durchführung von Maßnahmen erfolgen dann in Abstimmung mit dem IVM.

C.I.2 Bedürfnisse auf Grund veränderter gesetzlicher Vorschriften

C.I.2.1 Das Gesetz zur Kontrolle und Transparenz im Unternehmensbereich (KonTraG)

Mit dem „Gesetz zur Kontrolle und Transparenz im Unternehmensbereich" (KonTraG) reagierte der Gesetzgeber auf eine Reihe von Entwicklungen, die eine Reform des deutschen Systems der Unternehmensüberwachung notwendig gemacht hatte.[110] Auslöser für diese Reformbestrebungen waren eine Reihe spektakulärer Krisen und Konkurse deutscher

---

106 Vgl. Kromschröder/Lück (1998), S. 1575.
107 Vgl. Albrecht (1999), S. 1404.
108 Vgl. Albrecht (1999), S. 1404; Conley (1999), S. 16; Gleißner/Meier/Lienhard (2000), S. 316; Kromschröder/Lück (1998), S. 1573.
109 Vgl. Schmid (1994), S. 92.
110 Vgl. Lück (1998), S. 8.

Unternehmen im Laufe der 90er Jahre[111], infolgedessen sich die Unternehmensüberwachung in Deutschland (insb. durch Aufsichtsrat und Jahresabschlussprüfer[112]) dem Vorwurf mangelnder Wirksamkeit ausgesetzt sah.[113]

Seit Inkrafttreten des KonTraG[114] zum 01.05.1998 muss dem betrieblichen Risk Management eine weitaus größere Bedeutung beigemessen werden, da aus einer (bloßen) wirtschaftlichen Notwendigkeit nun eine gesetzlich festgeschriebene Pflicht wurde, die Vermögens-, Finanz- und Ertragslage des Unternehmens gegen Entwicklungen zu schützen, die den Fortbestand der Gesellschaft gefährden könnten.[115] Streng genommen gab es die unternehmensexterne Kontrolle vorher bereits durch die in §§ 93 AktG, 43 GmbHG und § 76 AktG festgelegten Sorgfaltspflichten und die allgemeinen Leitungsaufgaben von Vorstand bzw. Geschäftsführung, wenn auch in wesentlich weniger präziser Form. Allgemeine Fachmeinung ist daher, dass bestehende gesetzliche Regelungen einerseits nur spezifiziert wurden, andererseits das Risk Management dennoch eine deutlich hervorgehobene Stellung im Unternehmensprozess bekommen hat.[116]

---

111 Beispielhaft seien die Krisen der Metallgesellschaft AG sowie die Unternehmenszusammenbrüche der Schneider AG und der Balsam AG genannt. Vgl. z.B. Forster (1995), S. 1.

112 Kritisiert wurde hinsichtlich der Überwachung der Geschäftsführung durch den Aufsichtsrat insb. die hohe Zahl von Aufsichtsratsmandaten, die eine einzelne Person innehaben konnte, die (zu) geringe Haftung, zu deren Übernahme die Aufsichtsratsmitglieder verpflichtet waren, die geringe Frequenz der Aufsichtsratssitzungen sowie die mangelnde Zusammenarbeit zwischen Aufsichtsrat und Jahresabschlussprüfer. In Bezug auf den Jahresabschlussprüfer wurden vor allem eine zu große Abhängigkeit der Prüfer von dem zu prüfenden Unternehmen bemängelt, eine zu enge Verbindung zum Vorstand sowie eine nicht ausreichend problemorientierte Vorgehensweise. Vgl. Neumann (1998), S. 482f.

113 Vgl. Bea/Scheurer (1994), S. 2145; Holzer/Makowski (1997), S. 688.

114 Zu nachfolgenden Erläuterungen des KonTraG vgl. ähnlich Fischer (1999), S. 292ff. Vgl. zum KonTraG außerdem die ausführliche Analyse von Hasenburg/Büchin (1998), die eine umfassende Erläuterung der - weit über den im Rahmen dieser Arbeit vorrangig interessierenden Aspekte der gesetzlich vorgeschriebenen Risikokontrolle - Gesetzesneuerungen durch das KonTraG darstellt.

115 Vgl. Albrecht (1999), S. 1407; Funk (2000), S. 823; Geppert/Heinrich (2000), S. 75; Kiep (2000), S. 314; Kromschröder/Lück (1998), S. 1573.

116 Vgl. Fischer (1999), S. 293f.

Neben dem Aufsichtsrat werden durch das KonTraG vor allem die Vorstände von Aktiengesellschaften und die Geschäftsführer von großen GmbHs dazu angehalten, eine strenge Kontrolle der Geschäftspolitik und der Unternehmensplanung sowie ein Überwachungs- und Früherkennungssystem in die Unternehmensorganisation zu integrieren.[117] Einer allgemeinen Darstellung des Zusammenhangs zwischen den Neuregelungen des KonTraG und dem zu schaffenden Risk Management-System dient Abbildung 4.

Abbildung 4: KonTraG und Risk Management

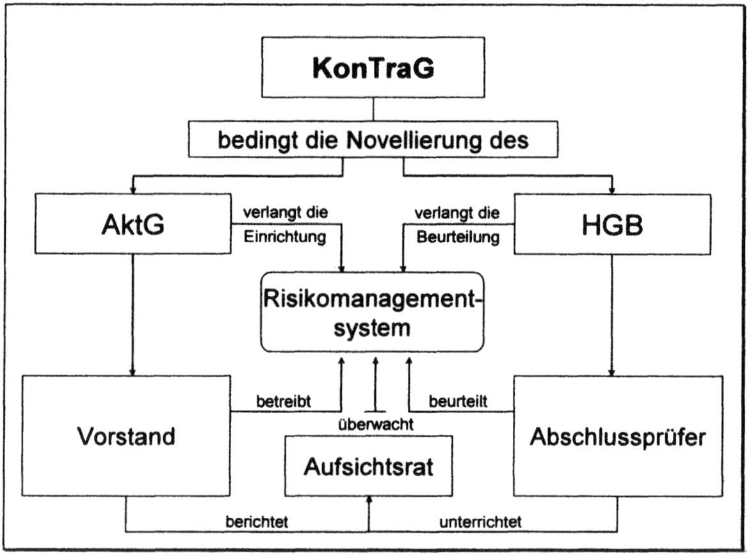

Quelle: Eigene Darstellung in Anlehnung an Seidel (1998), S. 364.

Wesentliche Rechtsgrundlage für die Notwendigkeit und organisatorische Ausgestaltung des betrieblichen Risk Managements bilden innerhalb des Artikelgesetzes die zum Teil deutlich geänderten §§ 90 (Abs. 1 Nr. 1), 91 (Abs. 2) und 322 (Abs. 3) AktG sowie die §§ 289 und 315 (Abs. 1) HGB (deklaratorischer Charakter der Neuregelung zu §§ 90 und 91

[117] Vgl. Kromschröder/Lück (1998), S. 1573.

AktG gemäß Gesetzesbegründung).[118] In § 91 (Abs. 2) AktG heißt es:

„Der Vorstand hat geeignete Maßnahmen zu treffen, insbesondere ein Überwachungssystem einzurichten, damit den Fortbestand der Gesellschaft gefährdende Entwicklungen früh erkannt werden."

Durch Verwendung des Begriffes „erkennen" schreibt § 91 Abs. 2 AktG lediglich die Erfassung (Identifikation und Analyse) und nicht konkrete Maßnahmen zur Vermeidung, Reduktion und/oder zum Transfer von Unternehmensrisiken vor.[119] Hierzu wird für börsennotierte Gesellschaften in § 322 (Abs. 3) AktG formuliert:

„Im Bestätigungsvermerk ist auch darauf zu achten, ob der Lagebericht und der Konzernanlagebericht insgesamt nach der Beurteilung des Abschlussprüfers eine zutreffende Vorstellung von der Lage des Unternehmens oder des Konzerns vermittelt. Dabei ist auch darauf einzugehen, ob die Risiken der zukünftigen Entwicklung zutreffend dargestellt sind."

Dennoch impliziert die Erkennung bestandsgefährdender Risiken eine Maßnahmenergreifung, deren Umsetzung bei börsennotierten Gesellschaften im Rahmen der Abschlussprüfung kontrolliert wird. Die Pflicht zur Maßnahmenergreifung beschränkt sich hier keineswegs auf Aktiengesellschaften und große GmbHs, auch die Tochtergesellschaften eines Konzernverbundes sind davon betroffen, da der Gesetzgeber die Überwachungs- und Organisationspflicht i.S.d. § 290 HGB explizit auch auf die Tochterunternehmen ausdehnt.[120] Unter der Voraussetzung, dass von einer Tochter bestandsgefährdende Risiken ausgehen können, ist die Geschäftsleitung der Mutter somit unabhängig von der Rechtsform der Tochter dazu

118 Fischer (1999), S. 293.
119 Vgl. Hasenburg/Büchin (1998), S. 9.
120 Vgl. BT-Drs. (1998), S. 15.

verpflichtet, konzernweit für ein angemessenes Risk Management i.S.d. § 91 Abs. 2 AktG zu sorgen.[121] Risiken müssen transparent gemacht, überwacht und spätestens in dem Zeitpunkt, in dem sie sich negativ auf die wirtschaftliche Lage auswirken, abgewehrt werden. Für das Unternehmen hat dies zur Konsequenz, dass wirksame Kontrollmechanismen aufgebaut bzw. ausgeweitet werden müssen. Dazu gehören permanente Risikoanalysen, ein überschaubares Kennzahlensystem und die Durchführung turnusgemäßer Audits.[122]

Entscheidend für die Risikoidentifikation ist eine unternehmenseinheitliche Risikophilosophie. Das individuelle Risikobewusstsein von Entscheidungsträgern ist sehr unterschiedlich ausgeprägt. Hier ist es daher Aufgabe des Vorstands, eine Risikokultur durch das Vorgeben und Vorleben klarer risikopolitischer Grundsätze zu schaffen, die sich auf das Unternehmen als Ganzes beziehen und darauf ausgerichtet sind, das akzeptierte Risikoniveau bei allen strategischen und operativen Unternehmensentscheidungen durchgängig zu berücksichtigen.[123]

Als Ergebnis einer mehrjährigen Reformdiskussion ist das KonTraG, wenn auch nicht als Revolution, so doch als eine grundlegende Erneuerung des Gesetzes anzusehen, durch die ein umfassendes Risikobewusstsein geschaffen werden soll und durch die Risk Management zu einer rechtlich vorgeschriebenen Kernaufgabe der Unternehmensführung wurde.[124] Der Risk Manager ist somit als Management-Partner zu sehen, der in regelmäßigem Kontakt mit der Unternehmensleitung steht oder der in Form von Personalunion als Chief Risk Officer (CRO)[125] gleichzeitig Vorstandsmitglied und oberster

---

121 Vgl. Altmeppen (1999), S. 302f.; Scharpf (1997), S. 743.
122 Vgl. Brühwiler/Stahlmann (1999), S. 93.
123 Vgl. Kromschröder/Lück (1998), S. 1573.
124 Vgl. Hasenburg/Büchin (1998), S. 43.
125 Vgl. Conley (1999), S. 16.

Risk Manager ist.[126] Denkbar ist hier auch die Einrichtung eines Risikobeirates, der sich sowohl als Kontaktbrücke zwischen Risk Manager und Vorstand als auch als Kommunikationsglied zwischen Risk Manager und IVM versteht.

C.I.2.2 Steuerlicher Aspekt

Die Erhöhung der Versicherungsteuer (VersSt) stellt ein wesentliches Motiv für die Nachfrage nach neuartigen Absicherungslösungen dar. Bis 1988 war die VersSt ein kostenmäßig zu vernachlässigendes, allenfalls lästiges Anhängsel der Versicherungsprämie. Im Zeitraum von 1988 bis 1995 erhöhte der Gesetzgeber jedoch den seit 1944 geltenden Regelsatz von 5% auf 15%. Dies geschah in vier Stufen: 1989 stieg der Satz auf 7%, 1991 auf 10%, 1993 auf 12% und 1995 schließlich auf 15%. Das Versicherungsteueraufkommen verfünffachte sich in diesem Zeitraum von DM 2,9 Mrd. auf DM 15 Mrd.[127] Berücksichtigt man die zusätzlich in das Produkt „Versicherung" mit einfließende Umsatzsteuer i.H.v. 16%, so beträgt die steuerliche Gesamtbelastung 33,4%.[128] In der Feuer- und Feuer-Betriebsunterbrechungsversicherung beträgt die VersSt „nur" 10%, hier kommt jedoch jeweils die Feuerschutzsteuer hinzu, die in den Jahren 1988-1994 von 5% auf 8% erhöht wurde.[129] Sie wird steuerrechtlich als Bestandteil der Versicherungsprämie angesehen und erhöht somit die Bemessungsgrundlage der VersSt.[130]

---

126 Zu detaillierten Umsetzungsvorschlägen eines umfassenden Risk Managements und der dadurch bedingten Aufgabenverteilung im Sinne des KonTraG vgl. Brühwiler/Stahlmann (1999), S. 96ff.

127 Vgl. Pohlmann (1996), S. 2359.

128 Auf eine Nettoprämie von DM 100.- ist DM 16.- Umsatzsteuer zu entrichten, zuzüglich 15% VersSt (= insg. DM 133,40). Vgl. Pohlmann (1996), S. 2360.

129 Berücksichtigt man auch hier die Umsatzsteuer i.H.v. 16%, so beträgt die steuerliche Gesamtbelastung in der Feuer- und Feuer-Betriebsunterbrechungs-Versicherung bei analoger Berechnung sogar 38,7%. Vgl. Pohlmann (1996), S. 2359f.

130 Vgl. Posny (1998), S. 25.

EU-weit ist die landesspezifische Belastung mit Versicherungsteuer sehr uneinheitlich geregelt. In Deutschland fällt sie wie gezeigt relativ hoch aus, in Italien mit einem Steuersatz von 21,25% sogar noch höher, in Großbritannien hingegen mit 2,5% beispielsweise extrem gering.[131] Bei der Frage nach dem Besteuerungsland ist zum einen zu unterscheiden, ob die Versicherungsgesellschaft inner- oder außerhalb der EU ansässig ist; zum anderen ist die örtliche Belegenheit des Risikos für die Entstehung der Versicherungsteuerpflicht maßgebend.[132]

Im Ergebnis der VersSt-Erhöhung in Deutschland und der europaweiten Uneinheitlichkeit der Steuersätze steht ein Bedeutungszuwachs der IVM, da diese über hauseigene, internationale Steuerexperten verfügen und den Kunden hinsichtlich möglicher Steuerersparnisse bei jeweilig angedachten Versicherungslösungen bestmöglich beraten können. Für weltweit vertretene Konzerne ist es - aus rein steuerlichen Gesichtspunkten - sinnvoll Versicherungsschutz durch einen außereuropäischen Versicherer einzuholen, da bei dieser Konstellation i.d.R. keine deutsche VersSt anfällt. Ergebnisse der Entwicklungen sind aber auch eine verstärkte Vergütung des IVM auf Honorarbasis[133] und der verstärkte Einsatz alternativer Risikofinanzierungsprogramme um Prämienvolumen - und damit auch die VersSt - zu reduzieren. Um Steuerzahlungen zu vermeiden wird bspw. bei „Finite Risk"-Programmen[134] ein im Rahmen dieser Absicherungslösung eingerichteter Risikofonds bei einem Versicherer - und nicht etwa beim betroffenen Unternehmen selbst - gegründet.

Das Argument von Michaels,[135] die VersSt wirke aus volkswirtschaftlicher Sicht kontraproduktiv, da sie Unter-

---

131 Vgl. Pohlmann (1996), S. 2361.
132 Vgl. Pohlmann (1996), S. 2361-2363.
133 S. weiterhin Abschnitt D.II.6.3 zum Aspekt der Vergütung des IVM unter steuerlichen Gesichtspunkten.
134 Zu Finite Risk-Programmen und der damit einhergehenden Einrichtung eines Fonds beim Versicherer s. Abschnitt C.II.1.3.
135 Vgl. Michaels (1996), S. 9.

nehmen aus dem Versicherungsschutz treibe, ist nicht ganz von der Hand zu weisen. Beispielsweise betrug der durchschnittliche Anstieg des jährlichen Feuerschutzsteueraufkommens im Zeitraum von 1988 bis 1994 ca. 19%. Trotz der bereits erwähnten 3%igen Feuerschutzsteuererhöhung in diesem Zeitraum (von 5% auf 8%) betrug der Aufkommensanstieg in den Folgejahren durchschnittlich lediglich ca. 4%.[136] Der vergleichsweise geringe Anstieg ist dem ebengenannten Sachverhalt zuzurechnen: Einerseits bekräftigt also diese „Vermeidung" von Versicherungsschutz auf Grund einer Steuererhöhung das Argument von Michaels. Andererseits ist ihm aber entgegenzuhalten, dass adäquater Risikoschutzersatz durch Produktinnovationen erzeugt wird, die durch höhere Selbsttragungsgrenzen und dem Risikotransfer in den Kapitalmarkt gekennzeichnet sind.[137] Insofern treiben VersSt-Erhöhungen bei Vorhandensein von alternativen Absicherungsmöglichkeiten den Produktentwicklungsprozess (zusätzlich) an und sind auch nicht als „Strafsteuer auf eigenverantwortliche Risikovorsorge"[138] zu sehen.

C.II Alternativer Risikotransfer (ART)

Von zunehmender Bedeutung ist beim IVM die Entwicklung von innovativen, zeitgerechten Absicherungslösungen, mit deren Hilfe versucht wird, den geänderten Kundenbedürfnissen Rechnung zu tragen. Auch Versicherer und Rückversicherer sind gefordert, individuelle - in der Vergangenheit überwiegend einzelspartendominierte - Produktangebote zu entwickeln.[139] Bei dieser Aufgabe sind sie auf die Initiative und

---

136 Das Feuerschutzsteueraufkommen stieg im Zeitraum von 1988 bis 1994 von DM 0,4 Mrd. auf DM 0,7 Mrd. 1994 bis 1997 stieg es nur von DM 0,7 Mrd. auf DM 0,8 Mrd. Vgl. zu den Zahlen Pohlmann (1996), S. 2359f.; Posny (1998), S. 25.

137 Trotz dieser Auffassung der VersSt als einer Art "Innovationsmotor für Produktinnovationen im Risikomanagement" ist sie als finanzwirtschaftlich allokativ ineffizient anzusehen, da sie nicht zu einer allgemeinen Wohlstandmehrung, im Sinne einer Besserstellung aller, führt.

138 Posny (1998), S. 25.

139 Vgl. o.V. (1999i), S. 1875.

Hilfestellung der Makler angewiesen.[140] Da der IVM der Interessenssphäre des Versicherungsnehmers und nicht der des Versicherungsunternehmens zugerechnet wird,[141] ist die Bereitschaft zur Entwicklung von Produktinnovationen im Vergleich zu Erstversicherern größer[142] und bildet bei ihm einen entscheidenden Leistungsschwerpunkt. Die Anwendungsgebiete, Gestaltungsformen und Vorteile verschiedener Ergänzungen und Alternativen zum traditionellen Versicherungsschutz finden an dieser Stelle nähere Erläuterung: In Europa (in Abgrenzung zu Nordamerika) versteht man unter dem Oberbegriff „ART"[143] Absicherungslösungen die entweder,

- traditionellen Risikotransfer mehrerer, verschiedener „versicherbarer" Risikoklassen bündeln, teilweise auch unter Einbezug „nicht versicherbarer" Risikoklassen, und mit einer mehrjährigen Laufzeit versehen,
- „versicherbare" und „nicht versicherbare" Risikoklassen in mehrjährige Programme transferieren, die sowohl einer begrenzten Risikotragung als auch einer finanzmathematisch fundierten Risikofinanzierung dienen, oder
- einen direkten Transfer des Risikos in den Kapitalmarkt herstellen, ggf. in Verbindung mit einem der vorhergehenden Absicherungsprogramme, sofern sich das Risiko nur teilweise (wirtschaftlich) in den Kapitalmarkt transferieren lässt, z.B. auf Grund zu geringer verfügbarer Kapazität.

Obgleich der Begriff „Alternative Risiko*finanzierung*" auf die Mehrzahl der in den nachfolgenden Abschnitten C.II.1 und C.II.2 beschriebenen Produkte besser zutrifft, die tatsächlichen Risikotransfer nur teilweise oder gar nicht beinhalten, hat sich im allgemeinen Sprachgebrauch der Begriff „Alternativer Risiko*transfer*" stärker durchgesetzt.

---

140 Vgl. o.V. (1999i), S. 1875.
141 Vgl. Farny (1971), S. 81; Farny (1986), S.430.
142 Vgl. Lahno (1987), S. 434.
143 Zu der Begriffsabgrenzung von ART in Europa vgl. Herold/Paetzmann (1999), S. 29.

Grund ist nicht zuletzt die - aus Marketingaspekten interessantere - Abkürzung „ART" und deren Assoziationsmöglichkeit mit dem englischen Wort für Kunst.[144]

Klassischer Risikotransfer bedeutet den tatsächlichen und effektiven Übertrag eines Risikos von einer Rechtsperson auf eine andere.[145] Demgegenüber steht Alternativer Risikotransfer als Oberbegriff vieler unterschiedlicher Formen der Risikoselbsttragung.[146] Mit ART können die Grenzen traditioneller[147] Versicherungsprodukte überwunden werden.[148] Diese Grenzen liegen in den folgenden vier Bereichen:[149]

- Im Hochrisikobereich („High Severity")

Permanent steigende Katastrophenrisiken wie Rohstoffverknappung, Produkthaftpflichtansprüche oder Naturkatastrophen[150] können nur bedingt durch traditionelle Produkte abgesichert werden. Zudem existieren im (Rück-)Versicherungsmarkt erhebliche Kapazitätsengpässe.[151]

- Im Schadenhäufigkeitsbereich („High Frequency")

Da dieser Bereich keine Gefahr für Ergebnis und Liquidität darstellt, sehen Unternehmen immer weniger die Notwendigkeit einer Deckung des High Frequency Bereiches durch traditionelle Produkte.[152]

---

144 Vgl. Eickstädt (2001), S. 2.
145 Vgl. z.B. Bauer (1998), S. 556; Farny (1989), S. 25.
146 Vgl. o.V. (1998d), S. 66.
147 Unter „traditionell" wird hier eine isolierte (einjährige) Versicherung in einer der klassischen Industriesparten Sach-, Transport-, Haftpflicht-, Feuer-, Betriebsunterbrechungs- oder Kreditversicherung verstanden.
148 Vgl. o.V. (1998d), S. 66.
149 Vgl. Herold/Paetzmann (1999), S. 27-28; Herold/Paetzmann (1997), S. 672.
150 Zu den Möglichkeiten und Grenzen traditioneller Versicherungsprodukte in bezug auf Naturkatastrophen vgl. Herold (1993), S. 43ff.
151 Vgl. Baur/Schanz (1999), S. 13.
152 Vgl. Nakada/Stevens/Berre (2000), S. 310.

- Bei neuartigen und „nicht versicherbaren" Risiken.[153]

Die Entwicklung sog. „D&O-Absicherungen"[154] (Absicherung der Haftungsrisiken von Führungskräften), Lösegeld-Versicherungen[155] oder Deckungen für die Abwälzung von Risiken durch unerlaubten Wertpapierhandel von Firmenmitarbeitern[156] sind Beispiele für Risikobereiche, denen früher wenig Beachtung geschenkt wurde. Heute ist die Entwicklung von Absicherungslösungen für solche Risiken integraler Bestandteil des Risk Managements durch IVM.[157]

- Bei der Befriedigung des Bedürfnisses nach effizienter Risikokontrolle und nach Bilanzabsicherung im Gegensatz zur Einzelrisikoabdeckung.

Traditionelle Versicherungsprodukte sind häufig zu teuer und daher ineffizient im Vergleich zu anderen, „alternativen" Risikofinanzierungsinstrumenten oder unternehmerischen Risikosteuerungsmöglichkeiten (z.B. durch die Beschäftigung einer international führenden Expertengruppe zur Beherrschung und Minderung bestimmter Risikopotentiale). Ferner können Versicherungsprodukte dem Kundenbedürfnis nach integrierter, bilanzschützender Abdeckung nur unzureichend gerecht werden. Dies wird deutlich, wenn man als Effizienzmaß das Verhältnis zwischen Versicherungskosten (als Input) und erlangter Sicherheit (als Output) betrachtet: nur 20%-30% der Prämienaufwendungen in der Schadenversicherung führen hier zu tatsächlichem Bilanzschutz.[158]

---

153 S. Abschnitt C.I.1.2.

154 Vgl. Fehling (2000), S. 715f.; Schimming (1997), S. 238; o.V. (1999m), S. 1183.

155 Vgl. Grothaus (1998), S. 478.

156 Die Nachfrage ist in diesem Bereich erheblich gestiegen, ausgelöst - nicht zuletzt - durch die Krise der Barings Bank („Nick Leeson"-Affäre) aus dem Jahre 1995. Vgl. Currie (1998), S. 12.

157 Vgl. Fehling (2000), S. 715.

158 Vgl. Brühwiler/Stahlmann (1999), S. 17f., die nach detaillierter Effizienzanalyse zu diesem Ergebnis kommen. Gegenübergestellt werden hier der erzielte Bilanzschutz im Sinne eines erzielten Katastrophenschutzes einerseits und Transaktionskosten andererseits, die aus Versicherungsprämien, Versicherungssteuern, Beratungs- und

Mit alternativen Risikofinanzierungsinstrumenten werden bereits vorhandene Instrumente ergänzt, um die Effizienz des Risikotransfers zu erhöhen. Überversicherungen und ein durch Prämienzahlung verursachter erhöhter Cashflow-Abgang[159] und Versicherungsteuer[160] werden so vermieden, Liquiditätsschwankungen werden reduziert. Die Beteiligung am eigenen Schadenverlauf ermöglicht weiterhin eine Ausweitung des Spektrums versicherbarer Risiken, was eine Diversifikation über Portefeuille und Zeit erlaubt. Über Finanzmärkte werden Kapazitäten geschaffen, die es den Kapitalgebern ermöglichen, einen höheren Diversifikationsgrad ihrer Anlage zu erzielen.[161]

Die in der Vergangenheit gebildeten ART-Lösungen reichen von reinem Risikotransfer bis zur vollkommenen Selbstfinanzierung eines Risikos - dazwischen liegt ein breites Spektrum („Risk Transfer Continuum"[162]) von Versicherungs- und Rückversicherungsformen mit bedeutendem, aber limitiertem Risikotransfer.

Verschiedene Absicherungsprodukte und die Abgrenzung zwischen ART im weiteren Sinn (integrative Produkte) und ART im engeren Sinn („echte" Finanzmarkt-Produkte) sind in Abbildung 5 graphisch dargestellt. Es wird in den nachfolgenden Abschnitten nur eine Übersicht über bestehende ART-Produkte gegeben, detaillierte Analysen und Bewertungen entfallen um den thematischen Rahmen dieser Arbeit nicht zu sprengen.[163]

Vermittlungskosten und aus Frequenzkosten für kleinere Risiken bestehen.

159 Vgl. o.V. (1998d), S. 66.

160 Vgl. o.V. (1998d), S. 66.

161 Vgl. zu diesem Absatz Baur/Schanz (1999), S. 6.

162 Vgl. Bauer (1998), S. 559.

163 Einen weitergehenden Überblick geben die Werke von Brühwiler/Stahlmann (1999), Herold/Paetzmann (1999) sowie - wesentlich detaillierter - insbesondere die umfassende Studie von Eickstädt (2001).

Abbildung 5: Abgrenzung alternativer Risikoabsicherungsprodukte.

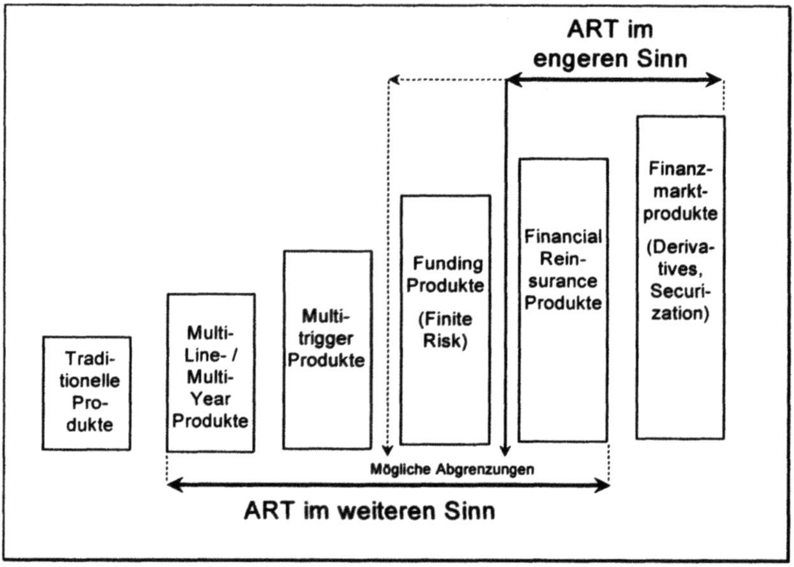

Quelle: Eigene Darstellung in Anlehnung an Herold/Paetzmann (1999), S. 30.

Integrative Produkte, bei denen die integrierte Abdeckung von Industrierisiken im Vordergrund steht, unterscheiden sich von Finanzmarkt-Produkten darin, dass letztere substantiell rein durch finanzwirtschaftliche Motive und finanzwirtschaftliches Know-how getragen werden. Sie vereinen finanzwirtschaftliche Elemente mit traditionellem Risikotransfer.

C.II.1 ART im weiteren Sinn

C.II.1.1 Multiline-/Multiyear-Produkte

Die klassische Abdeckung einer isolierten Risikoklasse über ein Jahr und für ein einzelnes (Konzern-)Unternehmen ist als unattraktiv und zunehmend weniger bedürfnisorientiert anzusehen.[164] Eine der in der Industrieversicherung am meisten verbreiteten ART-Innovationen ist daher das Multiline-/Multiyear-Produkt.[165] Dieser Konzeption liegt der Gedanke zugrunde, dass die Versicherungsnehmer in der Regel zuviel Deckung einkaufen, wenn sie jede Sparte separat versichern. Traditionelle Versicherungsrisiken wie Haftpflicht-, Sach-, Feuer- oder Betriebsunterbrechungsrisiken werden, zum Teil unter Einbeziehung traditionell „nicht versicherbarer" Risiken, kombiniert und integriert tarifiert.[166] Es wird davon ausgegangen, dass sowohl der mehrfache Eintritt eines Katastrophenschadens innerhalb eines Zeitraumes von 3-10 Jahren, als auch Katastrophenschäden, die mehrere Sparten betreffen, selten vorkommen. Vereinbart wird daher eine Gesamtdeckungssumme über mehrere Sparten für einen einjährigen oder mehrjährigen Versicherungszeitraum (s. Abbildung 6), die betragsmäßig weit unter der additiven Deckungssumme der einzelnen Sparten liegt. Entsprechend geringer fällt bei der integrierten Tarifierung die Versicherungsprämie aus.

Im Allgemeinen ist eine Wiederauffüllungsoption ebenfalls Gegenstand der Police, für den Fall, dass die Deckung durch einen oder mehrere Schäden aufgebraucht ist. Die Wiederauffüllungsoption stellt es dem Kunden entweder frei oder zwingt ihn, ab einer bestimmten Schadenquote die Option zur vereinbarten Prämie wahrzunehmen.[167] Aggregiert wird auch der Selbstbehalt des Versicherungsnehmers über alle Sparten und über die Vertragsdauer. Die unterschiedlichen Selbstbehalte werden „in einen Korb" geworfen (Basket Retention

---

164 Vgl. Herold/Paetzmann (1997), S. 671.

165 Vgl. Baur/Schanz (1999), S. 23-25; Eickstädt (2001), S. 123ff; Herold/Paetzmann (1999), S. 46-55; Maskos/Schüler (1999), o.S.

166 Marsh & McLennan hat zahlreiche Programme, die die „Professional Liability" Deckungen wie Directors and Officers, Fiduciary Liability, Crime, Errors and Omissions und Employment Practices Liability kombinieren, installiert. Auch Haftpflicht-Sach-Kombinationen, zum Teil unter Einbezug von Währungsschwankungsrisiken, werden vermehrt platziert. Auf dem deutschen Markt werden derartige Absicherungslösungen von folgenden Versicherern angeboten: AIG, Allianz, HDI, Winterthur, Zürich. Weitere Versicherer sind noch am Überlegen. Vgl. Maskos/Schüler (1999), o.S.

Protection), für den dann ein Höchstselbstbehalt über alle Sparten (Aggregate Stopp Loss) vereinbart wird.[168] Auch andere Formen des innovativen Risikotransfers wie „Captives" (firmeneigene Versicherungsgesellschaften) oder „Insurance-Linked Bonds"[169] (katastrophenschadenindex-gebundene Wertpapiere) können in ein Multiline-/Multiyear-Produkt mit einbezogen werden, woraus sich ein nahezu uneingeschränktes Produkt-Gestaltungspotential ergibt.

Abbildung 6: Entwicklungspfad bei Multiline-/Multiyear-Produkten

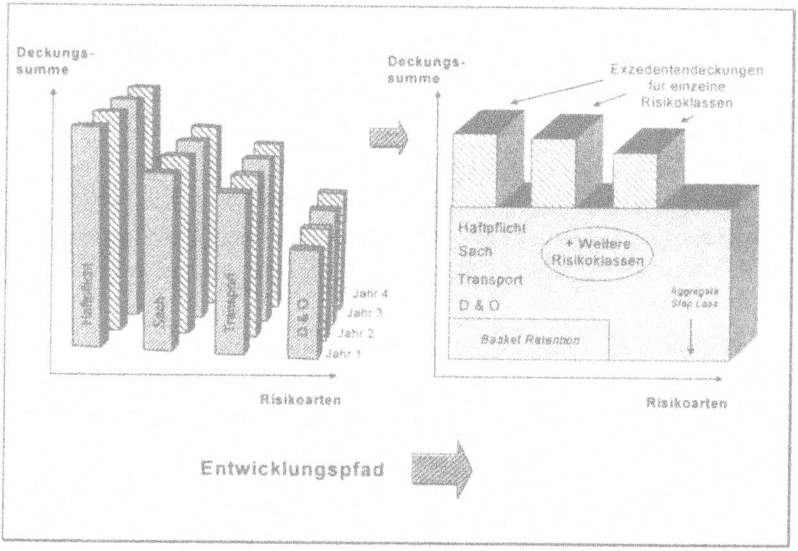

Quelle: Eigene Darstellung in Anlehnung an Paetzmann/Weiler (2000), S. 208.

Multiline-/Multiyear-Produkte stellen für die Versicherer ein geeignetes Instrument dar, Deckungen kostengünstig anzubieten.[170] Dies ist vor dem Hintergrund des vorherrschenden Konkurrenzdrucks unter den Versicherungs- und Rückversicherungsgesellschaften von großem Vorteil in

167 Vgl. Maskos/Schüler (1999), o.S.
168 Maskos/Schüler (1999), o.S.
169 Vgl. dazu Brühwiler/Stahlmann (1999), S. 86.
170 Vgl. Meulbroek (2000), S. 2-5.

Zeiten, in denen der Shareholder Value-Gedanke unternehmensbereichsübergreifend - so auch im Risikobereich - Kostenreduktionen und -effizienz verlangt.

Vor allem auch der Kunde profitiert in vielfältiger Weise von Multiline-/Multiyear-Konzeptionen. Die Vorteile sind im Einzelnen:[171]

- Geringere Preise für Multiline-Produkte, da der Schadenerwartungswert hier regelmäßig niedriger ist als die Summe der Erwartungswerte der einzelnen Klassen.[172,173]
- Geringere Preise für Multiyear-Produkte, da mit steigender Versicherungsdauer die relative Streuung abnimmt.
- Die Möglichkeit des Kunden, am Schadenverlauf der Police zu partizipieren, da Multiline-/Multiyear-Produkte oft eine Gewinnbeteiligung in erheblicher Höhe beinhalten. Hierdurch eröffnet sich auch die Möglichkeit, weitere in Bezug auf den Schadenerwartungswert schwieriger zu beurteilende Risikoklassen zu integrieren.
- Eine Stabilisierung der Risikokosten während der mehrjährigen Vertragslaufzeit. Durch den vereinbarten Höchstselbstbehalt über alle Sparten kennt der Kunde seine maximalen Aufwendungen und kann diese kalkulatorisch berücksichtigen.[174]

---

171 Vgl. Herold/Paetzmann (1999), S. 54f.

172 Vgl. auch Meulbroek (2000), S. 2-5 sowie das dort angeführte Beispiel der Firma Honeywell (S. 4), die 1997 als einer der ersten ihr ‚Total Cost of Risk' durch ein Integrated Risk Produkt erheblich verringern konnte.

173 Diese Aussage kann allerdings nicht kritiklos stehen bleiben: Tesarczyk/Schröder (2001) argumentieren überzeugend, dass geringe Preise für Multiline-Produkte gegenwärtig eher Konsequenz einer Orientierung an der „Marktgängigkeit" und nicht der Risikoadäquanz der Versicherungsprämien sind. Nicht nur könnten durch kombinierten Abschluss entsprechender Spartenprodukte dieselben Kundenwünsche befriedigt werden, bei risikoadäquater Tarifkalkulation sei dieser sogar preisgünstiger. Insofern sind derzeitige, geringe Preise kein Beweis für angebliche Kostenvorteile von Multiline-Produkten. Vgl. ebenda, S. 311-313.

174 Vgl. Maskos/Schüler (1999), o.S.

- Administrative Kostenvorteile. Durch Bündelung von Sparten und mehrjährigen Laufzeiten verringert sich der Verwaltungsaufwand.
- Die Möglichkeit trotz reduzierter Komplexität eine flexible und individuelle Ausgestaltung des Absicherungsproduktes zu erreichen.
- Eine Freisetzung des Diversifikationspotentials für eine Erhöhung des Selbstbehalts durch Bündelung negativ korrelierter oder unkorrelierter Risiken. Das Problem der Überversicherung wird somit verringert.[175]
- Weniger Erneuerungsverhandlungen.[176]

Multiline-/Multiyear-Produkte, aus theoretischer Sicht bestechend, stoßen in der Praxis dennoch auf verschiedene Hindernisse. Zwar ist der von Herold/Paetzmann[177] genannte Nachteil einer - infolge der Mehrjährigkeit der Verträge - intensiveren Beziehung zu einem Versicherer, nicht von der Hand zu weisen, doch sollen Prämienersparnisse gerade dadurch erzielt werden, dass die Deckungen betragsmäßig unter einer tatsächlich für notwendig erachteten Deckungssumme für einen mehrjährigen Zeitraum zusammengefasst werden. Problematisch hinsichtlich der Gefahr einer Abhängigkeit von wenigen oder nur einem Versicherer(n) ist dennoch das Kreditrisiko, sofern die Bonität des Versicherers nicht über jeden Zweifel erhaben ist.[178] Ebenfalls als problematisch erweist sich der Zeitpunkt der Wahrnehmung der Wiederauffüllungsoption, die direkte Auswirkungen auf die nachfolgenden Exzedentendeckungen hat.[179]

Eine eingeschränkte Transparenz der Kosten einzelner Risikoklassen[180] erfordert beim Versicherer weitergehende

---

175 Vgl. Baur/Schanz (1999), S. 3.
176 Vgl. Maskos/Schüler (1999), o.S.
177 Vgl. Herold/Paetzmann (1999), S. 55.
178 Vgl. Baur/Schanz (1999), S. 25.
179 Vgl. Maskos/Schüler (1999), o.S.
180 Vgl. Herold/Paetzmann (1999), S. 55.

Berechnungen und die Erstellung entsprechender Statistiken. Für den Kunden ist der spartenabhängige Prämienanteil hingegen unerheblich - entscheidend sind für ihn lediglich die Risikogesamtkosten.[181]

Als zusätzliche Erschwernis erweist sich im praktischen Umgang mit Multiline-/Multiyear-Produkten die der angebotsseitigen Trennung von Bank- und Versicherungsdienstleistungen entsprechende organisatorische Aufteilung der Verantwortungsbereiche im Risikomanagement der Unternehmen[182]: Die Finanzabteilung ist für die Absicherung von Zins-, Wechselkurs- und Preisänderungsrisiken zuständig; der Risikomanager übernimmt die Verantwortung für „klassische" Sparten wie Feuer-, Haftpflicht-, Sach-, Transport- oder Betriebsunterbrechungsrisiken und die Personalabteilung, die Verantwortung für die Kranken-, Unfall- und Lebensversicherung der Arbeitnehmer.

C.II.1.2 Multitrigger-Produkte

Die Idee eines Multitrigger-Produktes[183] entsprang ursprünglich dem Bedarf von Mineralölkonzernen, deren wirtschaftlicher Erfolg in hohem Maße von Rohstoffpreisen und Wechselkursänderungen beeinflusst wird. Eine Schadenzahlung wird hier nur dann geleistet, wenn mindestens zwei Auslöser gleichzeitig eintreten: neben dem sog. First Trigger, dem Versicherungsschaden (z.B. einem Sachschaden) muss auch der sog. Second Trigger, ein Nicht-Versicherungsereignis (z.B. eine Grenzüberschreitung des Rohstoff-Marktpreises), eintreten, um die Schadenzahlung auszulösen.

Durch die Kopplung zweier (Double-) oder mehrerer (Multitrigger) Schadeneintrittsvoraussetzungen, die kaum

---

181 S. auch Abschnitt D.I.2.2.

182 Vgl. Baur/Schanz (1999), S. 25.

183 Vgl. hierzu z.B. Baur/Schanz (1999), S. 25f.; Eickstädt (2001), S. 130ff; Herold/Paetzmann (1999), S. 47f.; o.V. (1998d), S. 67.

miteinander korrelieren, können alptraumartige Szenarien vermieden und Versicherungsprämien erheblich reduziert werden. Meist liegt der Preisfindung eine Multiplikation beider (aller) Schadeneintrittswahrscheinlichkeiten zugrunde. Allerdings ist zu beachten, dass damit oft gleichzeitig Deckungseinschränkungen einhergehen. Nutzbringend können Doubletrigger Produkte nur von ausreichend kapitalisierten Unternehmen realisiert werden, da nur diese voneinander unabhängig auftretende Versicherungs- und Nichtversicherungsschäden problemlos bewältigen können.

C.II.1.3 Funding-Produkte

Bei der traditionellen, auf dem „Gesetz der großen Zahl" beruhenden Versicherung erfolgt der Risikotransfer in Form eines Ausgleichs von Schäden, die in einem großen Kollektiv ähnlicher Risiken anfallen, wobei aber nur ein Teil dieser Risiken tatsächlich zu Schäden führt.[184] Im Gegensatz dazu steht bei Funding-Produkten[185] - die häufigste Erscheinungsform sind Finite Risk-Produkte - der Risikoausgleich in der *Zeit* im Vordergrund und dies meist für Risiken, die nicht von traditionellen Versicherungen gedeckt werden.

Der Transfer des Timing-Risikos geschieht bei Finite Risk dadurch, dass für einen mehrjährigen Zeitraum die insgesamt zu erwartenden Kosten kalkuliert werden und die resultierende Summe gleichmäßig auf die betrachteten Jahre verteilt wird. Mit dem so errechneten Jahresbetrag wird über einen Versicherer ein Fonds[186] gegründet, in den der

---

184 Vgl. z.B. Farny/Helten/Koch (1988), S. 867-870; Sieg (1991), S. 315.

185 Vgl. Baur/Schanz (1999), S. 18-23; Herold/Paetzmann (1999), S. 56-60; o.V. (1998d), S. 66f.

186 Es sei darauf hingewiesen, dass die Einrichtung des Fonds einzig und allein aus steuerlichen Gründen (steuerliche Absetzbarkeit durch Ausweisen des in den Fonds eingezahlten Betrages als Versicherungsprämie) beim Versicherer erfolgt. Von steuerlichen Beweggründen abgesehen, wäre es genauso denkbar, den Fonds im eigenen Unternehmen einzurichten.

Versicherungsnehmer jährlich einen bestimmten Betrag einzahlt. Die selbstfinanzierte Gesamt-Deckungssumme steht ab dem ersten Tag der Laufzeit in voller Höhe zur Deckung von Risiken des Versicherungsnehmers zur Verfügung. Eine den Fonds übersteigende Risikoabsicherung erfolgt über konventionelle Exzedentendeckungen. Je nach Ausgestaltung ist der Risikotransfer vom Versicherungsnehmer zum Versicherer somit unterschiedlich stark begrenzt („Finite"), und es werden sowohl Timing- als auch Underwriting-Risiko transferiert.[187] Das Ergebnis einer positiven Bilanz zwischen Prämie und Fondszahlungen, Zinserträgen und Schadenzahlungen wird an den Versicherungsnehmer erstattet. Ist die Bilanz negativ, muss der Versicherungsnehmer einen Nachschuss leisten, der vorher festgelegt wurde und jährlich - je nach Inanspruchnahme in dem/in den vorangegangenen Jahr/vorangegangenen Jahren - angepasst wird. Auch die Nachschusspflicht ist ihrer Höhe nach begrenzt, so dass die jährlichen (maximalen) Aufwendungen im Voraus bekannt sind.

Unsicherheiten im Umgang mit Funding-Produkten bestehen vor allem in Bezug auf die Rechnungslegung und steuerliche Abzugsfähigkeit der Aufwendungen für derartige Produkte.[188] Die USA ist hier eines der wenigen Länder, in denen sich diesbezüglich bereits allgemeine Buchführungsgrundsätze - insb. durch die Erklärungen/Richtlinien Nr. 60, 113 und 133 des US Financial Accounting Standard Board (FASB) - herausgebildet haben.[189] Die Vorteile eines individuell strukturierten Funding-Produktes sind jedoch vielfältig:[190]

---

187 Um als Versicherungsvertrag qualifiziert werden zu können, reicht je nach regulatorischem Umfeld der alleinige Transfer des Timing-Risikos nicht aus, sondern der jeweilige Vertrag muss auch einen Transfer von Underwriting-Risiko enthalten. Einen Überblick geben Treuberg/Angermayer (1995), S.641ff.

188 Vgl. Renggli (2000), S. 215; Romeike (2000), S. 608.

189 Vgl. Baur/Schanz (1999), S. 22.

190 Vgl. Baur/Schanz (1999), S. 18-23; Herold/Paetzmann (1999), S. 56-60.

- Die Eignung für traditionell „nicht versicherbare“ unternehmerische Risikoklassen, die sich innerhalb der vorherrschenden einjährigen Rechnungslegung nicht versichern ließen. Dazu zählen z.B. das Zinsänderungsrisiko (Nichterreichen der dem Finite-Risk-Vertrag zugrunde gelegten Anlagenrendite), das Delkredererisiko (Uneinbringlichkeit von Forderungen bei Insolvenz des Versicherungsnehmers) und Wechselkursrisiken (Verteuerung von in ausländischer Währung zu leistenden Schadenzahlungen).
- Die Partizipation des Versicherungsnehmers am Schadenverlauf. Besonders bei solchen Risiken, deren Schadenerwartungswert niedriger eingeschätzt wird als vom (traditionellen) Versicherungsmarkt, kann dies zu hohen Prämienrückerstattungen führen.
- Die bilanzschützende Wirkung, die dadurch erzielt wird, dass die Schadenaufwendungen des Versicherungsnehmers über die jeweilige Laufzeit stabilisiert werden.
- Die explizite Berücksichtigung von Zinserträgen, die während der Vertragsdauer anfallen, so dass der Zeitwert des Geldes genutzt wird, um die Kosteneffizienz der Policen zu erhöhen.
- Das beim Versicherer liegende Kredit- und Investmentrisiko. Im Falle eines Ausgleichs von Schäden zu einem Zeitpunkt, zu dem der Versicherungsnehmer den Betrag für die selbstfinanzierte Gesamt-Deckungssumme noch nicht in voller Höhe in den Fonds eingezahlt hat, muss diese bereits im Zeitpunkt des Schadeneintritts vom Versicherer bereitgestellt werden.

C.II.2 ART im engeren Sinn

Bei den ART Produkten im engeren Sinn[191] lassen sich Financial Reinsurance-Produkte und Finanzmarkt-Produkte unterscheiden. Während bei Financial Reinsurance-Produkten ausschließlich Timing- und kein Underwriting-Risiko übertragen wird, steht bei Finanzmarkt-Produkten der komplette Transfer des Risikos vom Versicherungs- auf den Kapitalmarkt im Vordergrund.[192]

C.II.2.1 Financial Reinsurance-Produkte

Bei Financial Reinsurance-Produkten, die überwiegend in der Rückversicherung Anwendung finden, geht es ausschließlich um den Transfer des Timing-Risikos. Zu unterscheiden sind retroaktive Verträge von prospektiven Verträgen.[193] Bei ersteren sind die rückversicherten Schäden bereits eingetreten. Im Nachhinein werden beim sog. Loss Portfolio Transfer Schadensrückstellungen von Erstversicherern gegen Zahlung einer Ablösesumme, die dem Barwert der erwarteten Schadenzahlungen (unter Berücksichtigung einer Marge) entspricht, sozusagen „verkauft". Bei bestehendem Diskontierungsverbot bewirkt dies beim Zedenten eine Erhöhung des Jahresüberschusses in Höhe der Differenz zwischen der an den Rückversicherer zu zahlenden Prämie und der Höhe der transferierten Schadensrückstellungen.[194] Der Abzinsungseffekt ist bei long tail-Sparten mit entsprechend langer Abwicklungsdauer besonders groß.[195]

---

191 Zu den ART Produkten im engeren Sinn vgl. auch den Artikel von Albrecht/Schradin (1998), S. 573-607, die unter der Bezeichnung Alternativer Risikotransfer nur ART Produkte i.e.S. verstehen: „Zentrales Merkmal (...) ist, dass der versicherungswirtschaftliche Risikotransfer nicht mehr innerhalb der Märkte der Erst- und Rückversicherung erfolgt, sondern auf den Finanzmärkten." Vgl. Albrecht/Schradin (1998), S. 574.

192 Vgl. Herold/Paetzmann (1999), S. 61.

193 Vgl. auch Eickstädt (2001), S. 149ff.

194 Vgl. Herold/Paetzmann (1999), S. 62.

195 Vgl. Thiemermann (1993), S. 255.

Bei prospektiven Verträgen, z.B. „Financial Quota Share", wird das Ziel verfolgt, die Schadenquote des Rückversicherers unabhängig vom Schadenverlauf durch Vereinbarung antizyklischer Prämienquoten unter 100% zu halten. Beim zedierenden Erstversicherer bewirkt dies eine Stärkung der Eigenkapitalrelation sowie der Solvabilitätsspanne, was wiederum seine Zeichnungskapazität erhöht.[196]

C.II.2.2 Finanzmarkt-Produkte

C.II.2.2.1 Formen von Finanzmarkt-Produkten

Bei Finanzmarkt-Produkten lassen sich drei Hauptkategorien von Instrumenten unterscheiden[197]:

Die erste Form ist die Bereitstellung von bedingtem Kapital. Sog. „Equity Put Options" zeichnen sich beispielsweise dadurch aus, dass sie im Schadenfall zu einem ex ante vereinbarten Preis eine temporäre Grundkapitalzuführung bewirken.[198] Dies wird i.d.R. unter Ausschluss der Bezugsrechte der bisherigen Aktionäre durchgeführt, in Form von stimmrechtlosem Kapital und kommt so einer Kapitalverwässerung gleich.[199] Sog. „Debt Put Options" stellen ein zweitrangiges Darlehen zur Verfügung: Bei einer evtl. Liquidation des Unternehmens hat der Kreditgeber - nach allen anderen Gläubigern - nur „nachrangige" Ansprüche auf Rückzahlung des eingesetzten Kapitals.[200] Equity und Debt Put Options sind als Instrumente des Kapitalmanagements ex post einzuordnen, da der Zufluss von Kapital nach Eintritt des Schadens erfolgt.[201] Dies hat den entscheidenden Vorteil, dass überhöhte Kapitalkosten durch das Vermeiden

196 Vgl. Herold/Paetzmann (1999), S. 61f.
197 Vgl. auch Albrecht (1999), S. 1407; Brühwiler/Stahlmann (1999), S. 70-73, 79-90; Eickstädt (2001), S. 86-91, 162-216.
198 Vgl. Albrecht (1999), S. 1407.
199 Vgl. Brühwiler/Stahlmann (1999), S. 70.
200 Vgl. Brühwiler/Stahlmann (1999), S. 71.
201 Vgl. Albrecht (1999), S. 1407.

einer hohen Kapitalbindung vor Schadeneintritt vermieden werden können.[202]

Die zweite Kategorie bilden Versicherungsderivate in Form von Futures, Optionen und Insurance Swaps. Die Wertentwicklung der Derivate hängt von dem Verlauf eines versicherungstechnischen Index als „Underlying" ab.[203] Sie entstanden in den USA auf Grund extremer Kapazitätsengpässe für Katastrophendeckungen[204] und werden seit Ende 1992 am Chicago Board of Trade (CBOT) mit bisher relativ geringen Umsätzen gehandelt.[205] An der Catastrophic Risk Exchange (CATEX), einer elektronischen Risiko-Tauschbörse in New York, werden Insurance Swaps gehandelt, bei denen die Cashflows von Katastrophenrisiken - nicht die Policen oder Policenportefeuilles selbst - getauscht werden.[206] Entgegen dem ursprünglich ausschließlich angedachten Reziprozitätshandel werden Risiken nicht nur direkt gegen andere Risiken getauscht (inzwischen eine eher seltene Transaktion), sondern gegen Prämienzahlung abgegeben. Mit Versicherungsrisiken als handelbares Börsenprodukt sind so auch Ringtäusche mit anonymen Vertragsparteien möglich.[207]

Derivative Risikofinanzierungsinstrumente dienen vorrangig der Schließung von Deckungslücken und der Diversifizierung des Kumulrisikos im Katastrophenbereich,[208] aber auch andere Sparten, versicherte Gefahren und Vertragsarten werden gehandelt.[209] Dadurch wird die Schaffung neuartiger, durch bloße Diversifikation originärer Titel nicht erreichbare, Rendite-/Risikopositionen ermöglicht.[210] Der Handel mit

202 Vgl. Albrecht (1999), S. 1407.
203 Vgl. Frey (1996), S. 1192.
204 Hervorzuheben sind besonders die Erdbebenrisiken in Kalifornien und Sturmrisiken in Florida.
205 Vgl. Baur/Schanz (1999), S. 31; Brühwiler/Stahlmann (1999), S. 87; Hess (1999), S. B7; Müller (2000), S. 216.
206 Vgl. Brühwiler/Stahlmann (1999), S. 88; Sclafane (1995), S. 1; Wagner (1997), S. 516f.
207 Vgl. Eickstädt (2001), S. 176; Frey (1996), S. 1194.
208 Vgl. Brühwiler/Stahlmann (1999), S. 87.
209 Vgl. Schradin (1998), S. 343.
210 Vgl. Albrecht (1999), S. 1407; Müller/Schaefer (2000), S. 1280.

Optionen ist als reines Risikogeschäft zu verstehen, es entfällt der bei der nachfolgend behandelten Verbriefung von Katastrophenrisiken inhärente Anlage- und Ertragscharakter.[211]

Wenngleich Versicherungsderivate aus theoretischer Sicht bestechen, muss doch gleichzeitig festgestellt werden, dass der Handel bisher eher schleppend verlaufen und das Handelsvolumen vergangener Jahre enttäuschend weit hinter den allgemeinen Erwartungen zurückgeblieben ist.[212] Auch das Scheitern bzw. die Schließung „mangels Masse" des erst im Dezember 1997 mit viel Marketingaufwand gestarteten Bermuda Commodity Exchange (BCOE), an der zunächst indexbasierte Katastrophenoptionen und später auch Futures gehandelt werden sollten,[213] ist nicht gerade ein Beleg für steigende Nachfrage in diesem Bereich. Dennoch wird Versicherungsderivaten ein enormes Marktpotential als preiswerte Alternative zur Rückversicherung vorausgesagt[214] - eine Entwicklungsprognose, die beim IVM zu neuen Aufgabenstellungen führt (s. Abschnitt D.I.2.1.6).

Bei der dritten Kategorie, der Securitization, erfolgt eine Verbriefung von Risiken in Form von Zinstiteln, bei denen die Höhe der Zinszahlung und ggf. auch die Höhe der Rückzahlung des Nennwertes vom Schadenverlauf eines spezifizierten Versicherungsportefeuilles unmittelbar abhängt. Auch die ursächliche Entwicklung von Securitization-Instrumenten steht im unmittelbaren Zusammenhang mit der drastischen Zunahme des Schadenpotentials von Naturkatastrophen-Ereignissen.[215,216] Obgleich Insurance-Linked

211 Vgl. Brühwiler/Stahlmann (1999), S. 87.
212 Baur/Schanz (1999), S. 33; Müller (2000), S. 216.
213 Vgl. Müller (2000), S. 216.
214 Vgl. Brühwiler/Stahlmann (1999), S. 90; Müller/Schaefer (2000), S. 1282f.
215 Vgl. Albrecht/Schradin (1998), S. 575; Wagner (1997), S. 511-514.
216 Bei den Katastrophenrisiken kam in der Vergangenheit die Verbriefung von Naturkatastrophenrisiken mit einem bisherigen Emissionsvolumen von $ 4 Mrd. die größte Bedeutung zu. Dies macht 69% aller Emissionen nach Volumen aus. Vgl. Müller/Schaefer (2000), S. 1279.

Bonds durch einen hohen Grad an Standardisierung in ihrer Nutzung vergleichsweise kostengünstig sind, ist eine Korrelation zwischen den Schadenverläufen der den Finanzinstrumenten zugrunde liegenden Katastrophenschaden-Indizes und dem spezifischen, abzudeckenden Risikoportefeuille nur näherungsweise gegeben.[217] Insofern sind derartige Instrumente für Industrieunternehmen mit individuellem Risikoprofil als unattraktiv anzusehen.[218]

Dadurch, dass die Verbriefung durch ein zwischen den Emittenten und den Investoren geschaltetes - und eigens zu diesem Zwecke gegründetes - sog. „Special Purpose Vehicle" (SPV)[219] erfolgt, hat der Investor im Vergleich zu weiteren Anlagealternativen den Vorteil, dass das zugrunde liegende Risiko klar abgegrenzt werden kann: Er muss nicht in ein ganzes Portfolio von Risiken investieren, wie bei einer Unternehmensaktie oder anderen gängigen Finanzinstrumenten, die eine Reihe von nur schwer abzuschätzenden Risiken enthalten, wie etwa das Kreditrisiko des Unternehmens als Ganzes.[220] Im Vergleich zu „Junk Bonds"[221] (Wertpapiere mit hoher Verzinsung bei hohem Risiko), deren Ausfallrisiko unbekannt ist, haben Insurance-Linked Bonds weiterhin den Vorteil, dass das Ausfallrisiko beim Eintritt des versicherten Ereignisses genau bekannt und durch die Berechnung von Eintrittwahrscheinlichkeiten einschätzbar ist.[222]

Aus Anlegersicht entsteht der Vorteil eines (weiteren) Portefeuille-Diversifikationsinstruments, da die alleinig auf Versicherungsrisiken fußenden Produkte kaum mit anderen Anlageformen korrelieren.[223] So ist es beispielsweise unwahrscheinlich, eine hohe Korrelation zwischen Wirbel-

217 Vgl. Nell/Richter (1999), S. 2 und die dort angegebene Literatur.
218 Vgl. Herold/Paetzmann (1999), S. 64.
219 Vgl. Brühwiler/Stahlmann (1999), S. 80f.
220 Vgl. Elliott (2000), S. 11-9; Müller/Schaefer (2000), S. 1280.
221 Vgl. dazu Yago (1991).
222 Vgl. Brühwiler/Stahlmann (1999), S. 85.
223 Vgl. Müller/Schaefer (2000), S. 1279f., die aus der geringen Anzahl von Investoren und Investorenklassen ein erhebliches Anlegerpotential ableiten; Müller (2000), S 214.

stürmen in Florida und der Entwicklung des Dow-Jones-Index festzustellen, weshalb die Investition in ein Wirbelsturmrisiko in Florida aus Investorensicht unter dem Aspekt der Diversifikation eine reizvolle Anlagealternative darstellen kann.[224] Als Investoren sind auf Grund der Komplexität und geringen Liquidität sowie der Tatsache, dass es sich noch um einen relativ neuen Markt handelt, bisher hauptsächlich institutionelle Anleger, selten Privatanleger,[225] aufgetreten. Dies sind zu 50% Vermögensverwaltungsgesellschaften und Hedgefonds sowie zu weiteren 40% Versicherungsgesellschaften.[226]

Im Vergleich zu derivativen Instrumenten sind CAT-Bonds besser geeignet, die spezifischen Bedürfnisse von Industrieunternehmen zu befriedigen und Kapazitätsengpässe im Bereich der Katastrophenrisiken zu schließen. Allerdings sind sie in ihrer Nutzung kostenintensiver.[227]

C.II.2.2.2 Finanzmarkt-Produkte als Alternative zu traditioneller Rückversicherung?

Unter Risikoerwägungen ähneln sich die Positionen, die ein Versicherungsunternehmen durch traditionelle Rückversicherung einerseits und durch den Risikotransfer in den Kapitalmarkt andererseits erreicht.[228] Ob und inwiefern Letzterer den klassischen Rückversicherungsschutz ablösen kann, bleibt abzuwarten. Transaktionen der Vergangenheit sind zum Großteil als Versuchslösungen anzusehen und dienten der Ergänzung von traditioneller Rückversicherung zur Überbrückung von Kapazitätsengpässen im Bereich der

224 Vgl. Brühwiler/Stahlmann (1999), S. 85; Elliott (2000), S. 11-9; Müller/Schaefer (2000), S. 1279.
225 Vgl. Renggli (2000), S. 213.
226 Vgl. Müller/Schaefer (2000), S. 1279; Wagner (1997), S. 540.
227 Vgl. Herold/Paetzmann (1999), S. 65.
228 Vgl. Wagner (1997), S. 535-544, der im Rahmen einer vergleichenden Untersuchung auf die verschiedenen Wesensmerkmale von Risk Securitization und traditioneller Rückversicherung aus Sicht des Versicherungsunternehmens eingeht.

Katastrophenrisiken.[229] Der Zeitpunkt eines „Durchbruchs" von Kapitalmarktlösungen kann entweder der Umschwung von dem derzeitigen „weichen" zu einem „harten" Markt,[230] oder zusätzlicher Kapazitätsbedarf, ausgelöst durch den plötzlichen, unerwarteten Auftritt mehrerer großer Naturkatastrophen, sein.[231]

Die Nachfrage nach katastrophenschadenindex-gebundenen Wertpapieren als Ersatz für Rückversicherungsschutz kann nur durch Marktunvollkommenheiten erklärt werden, da diese Wertpapiere immer mit einem Basisrisiko[232] einhergehen.[233] Im Vergleich zu Kapitalmarktlösungen weist die traditionelle Rückversicherung hohe Transaktionskosten auf sowie die Gefahr des Moral Hazard dadurch, dass der Versicherte in der Lage ist, die Schadenverteilung selbst zu beeinflussen.[234]

In einem ersten theoretischen, sehr restriktiven Ansatz zur Bestimmung einer optimalen Aufteilung von Risiken in den traditionellen Rückversicherungsmarkt auf der einen und in den Kapitalmarkt durch katastrophenschadenindex-gebundene Wertpapiere auf der anderen Seite kommen Nell/Richter[235] zu folgendem Ergebnis: Das Vorhandensein von katastrophenschadenindex-gebundenen Wertpapieren beeinflusst nicht die Nachfrage nach Rückversicherungsschutz der Höhe nach, sondern lediglich nach Art und Struktur. Verstärkt nachgefragt wird Rückversicherungsschutz, der geringe Schadenpotentiale deckt. In den Kapitalmarkt hingegen werden verstärkt höhere Schadenpotentiale transferiert,

---

229 Vgl. Elliott (2000), S. 11-11.

230 Vgl. Elliott (2000), S. 11-13; Brühwiler/Stahlmann (1999), S. 41; o.V. (2000d), S. 136.

231 Vgl. Hess (1999), S. B7.

232 Mit Basisrisiko wird hier das Risiko umschrieben, das durch die mangelnde Korrelation zwischen den Schadenverläufen der zugrunde liegenden Katastrophenschaden-Indizes und des spezifischen, abzudeckenden Risikos entsteht. Es führt zu einem Effizienzverlust des Risikohedgings. Vgl. Albrecht/Schradin (1998), S. 591.

233 Vgl. Nell/Richter (1999), S. 2, S. 12.

234 Vgl. Nell/Richter (1999), S. 2.

235 Vgl. Nell/Richter (1999), S. 13.

also solche im Katastrophenschadenbereich. Grund ist die niedrige Wahrscheinlichkeit, mit der die kleinen Schäden eine Schadeneintrittsvoraussetzungshöhe erreichen, die eine Schadenzahlung durch das zugrunde liegende Wertpapier auslösen würden. Das Untersuchungsergebnis deckt sich somit mit den Praxiserfahrungen aus Transaktionen der Vergangenheit. Problematisch erweisen sich bei diesem Ansatz dennoch die vereinfachenden Annahmen. Zum einen findet die Moral Hazard-Problematik[236] keine explizite Berücksichtigung in dem Modell, zum anderen werden Transaktionskosten durch die Annahme eines risikoaversen Rückversicherers nur implizit berücksichtigt.

Auch Reißaus/Wambach[237] kommen in ihrer Untersuchung zu dem Ergebnis, dass Finanzmarkt-Instrumente hinsichtlich ihres Risikotransferpotentials und ihrer Risikoallokationseffekte grundsätzlich in der Lage sind, die Funktionen einer Rückversicherung zu übernehmen. Aus theoretischer Sicht sind beide Rückversicherungsmöglichkeiten identisch zu bewerten. Allerdings hat die traditionelle Rückversicherung ein - ihre Existenz rechtfertigendes - weiteres Leistungsspektrum im Risk Management Bereich, das über den Risikotransfer hinausgeht, mit diesem aber in engem Zusammenhang steht. Hierbei handelt es sich um Monitoring-, Signalling- und „weitere" Service-Funktionen, die ART-Instrumente nicht erfüllen können, da ihr Konzept und ihre Konstruktion nur auf einer anonymen und standardisierten Risikoübertragung beruht.[238] Insofern besteht durch ART -

[236] Die Berücksichtigung von Moral Hazard führt - so die Vermutung von Nell/Richter - zu einer Verstärkung des beschriebenen Effekts im Modell, da aus Anreizgründen die Deckung im hohen Schadenbereich beim Rückversicherungsvertrag verringert werden muss.

[237] Vgl. Reißaus/Wambach (2000), S. 635-655, die einen qualitativen Vergleich von ART-Instrumenten (im Allgemeinen) und traditioneller Rückversicherung vornehmen.

[238] Alle drei Funktionen führen zu einer Reduzierung der Prinzipal-Agenten-Problematik der Aktionäre eines Versicherungsunternehmens und somit zu einer Minderung der Agency-Kosten. Mit „Monitoring" sind leistungsbezogene Kontrollen und Anreizsysteme für das Management eines Versicherungsunternehmens gemeint. „Signalling" bezieht sich auf Aussagekraft über die Bonität eines Versicherers, die das Vorhandensein von Rückversicherung besitzt. Unter den „weiteren"

auch nach dieser Untersuchung - keine Ersatz- sondern allenfalls eine komplementäre Ergänzungsmöglichkeit zur traditionellen Rückversicherung.

C.II.3 Captives

C.II.3.1 Erst- und Rückversicherungs-Captives

Unter sog. Captives[239] (firmeneigene Versicherungsgesellschaften) wird gemeinhin eine Versicherungsgesellschaft verstanden, die einem einzelnen oder einer Gruppe von nicht in der Versicherungswirtschaft tätigen Unternehmen gehört und die hauptsächlich die Risiken der Eigentümer der Captive versichert.[240]

Captives sind aus zwei Gründen unter dem Dach des Begriffes „Alternativer Risikotransfer" aufzuführen: Zum einen stellen sie für ein Unternehmen einen alternativen Absatzkanal dar,[241] zum anderen werden sie als Instrument zur Selbstfinanzierung von Risiken eingesetzt,[242] häufig im Bereich der „High-Severity"-Risiken, für die auf dem traditionellen Markt keine Kapazitäten vorhanden sind.[243]

Zu unterscheiden ist zwischen Rück- und Erstversicherungs-Captives.[244] Bei einer Rückversicherungs-Captive werden die Risiken der Muttergesellschaft von einer lokalen Erstversicherungsgesellschaft (einem sog. Fronter) gegen Gebühr[245]

Serviceleistungen werden technische und rechtliche Beratungsleistungen durch den Rückversicherer verstanden, der auf Grund von Know-how-Vorsprüngen zu einer erfolgreichen Risikogeschäftsstrategie des Versicherers beiträgt. Vgl. Reißaus/Wambach (2000), S. 645-648, 652.

239 Vgl. Eickstädt (2001), S. 101ff; Captives sind nicht mit firmeneigenen Versicherungsvermittlungsgesellschaften (Captive Broker, s. hierzu Abschnitt D.III.1.4) zu verwechseln.

240 Vgl. Baur/Schanz (1999), S. 14; Romeike (2000), S. 607.

241 Vgl. Baur/Schanz (1999), S. 5.

242 Vgl. o.V. (1998d), S. 66.

243 Vgl. Baur/Schanz (1999), S. 14.

244 Vgl. Hets (1995), S. 12.

245 Die Gebühr beträgt üblicherweise zwischen 3% und 10% der Versicherungsprämie. Vgl. Boller/Rosenbaum (1995), S. 1181.

gezeichnet und anschließend in Form eines Rückversicherungsvertrages an die Captive zediert (s. Abbildung 7). Von dort werden sie teilweise an professionelle Rückversicherer retrozediert.[246] Die Gründe für die weitaus höhere Anzahl an Rückversicherungs- im Vergleich zu Erstversicherungs-Captives sind rechtlicher Natur: Erstversicherer benötigen in der Regel in jedem Tätigkeitsland eine nationale Versicherungslizenz und werden lokal beaufsichtigt. Rückversicherer sind hingegen häufig grenzüberschreitend tätig und werden nur im Sitzland beaufsichtigt.[247]

Abbildung 7: Konzeption einer Rückversicherungs-Captive

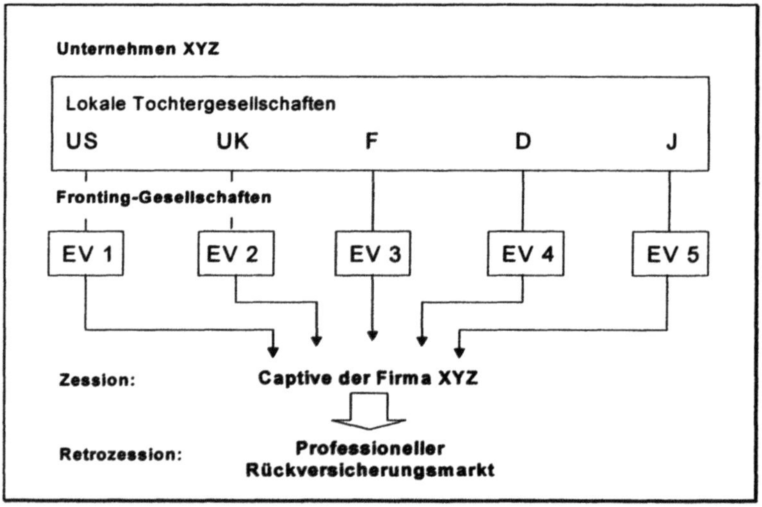

Quelle: Bauer/Schanz (1999), S 14.

Das Hauptmotiv für den Captive-Boom der sechziger und siebziger Jahre in den USA lag in der günstigen steuerlichen Behandlung von versicherungstechnischen Rückstellungen[248] in

246 Baur/Schanz (1999), S. 14.
247 Vgl. Baur/Schanz (1999), S. 14.
248 Es können höhere versicherungstechnische Rückstellungen als traditionelle Bilanzrückstellungen gebildet werden. Vgl. Romeike (2000), S. 607.

den Offshore-Captive-Domizilen.[249] Dieses Motiv ist heutzutage weitestgehend deshalb in den Hintergrund getreten, weil man die steuerlichen Begünstigungen an erschwerende Auflagen gekoppelt hat, wie z.B. den Nachweis eines Fremdgeschäftanteils von mindestens 30%. In Deutschland muss der Nachweis eines substantiellen Risikotransfers erbracht werden.[250] In den letzten Jahren gewinnen Rent-a-Captive oder Protected-Cell-Captives an Bedeutung - Captive-Lösungen, bei denen Captives gemietet, und nicht im eigenen Unternehmen gegründet, werden.[251]

Für viele Unternehmen sind firmeneigene Versicherungsgesellschaften ein „erster Schritt" auf dem Weg zu einem ganzheitlichen Risk Management[252] und als Vehikel zur Risikoselbsttragung ein Element unter vielen verschiedenen Methoden der alternativen Risikoabsicherung.

C.II.3.2 Exkurs: Entscheidungsfaktoren bei einer Captive-Gründung

Bei der Entscheidung über eine Captive-Gründung muss sich der Versicherungsnehmer über einige Faktoren[253] Klarheit verschaffen, bei deren Erörterung der IVM durch das Anfertigen sog. „Feasibility Studies" einen erheblichen Beitrag leisten kann: Zu klären ist zum einen, ob die zu gründende Captive überhaupt das geeignete und effizienteste Risikoübernahmeinstrument ist, also ob sie in der Lage sein wird, einen für das Risikogeschäft ausreichenden Risikoausgleich

---

249 Vgl. Baur/Schanz (1999), S. 15. Rund ein Drittel aller Captives von US-Muttergesellschaften sind auf den Bermudas. Für europäische Gesellschaften sind Guernsey, Luxemburg und Irland bevorzugte Gründungsorte, da sie Captives durch günstige steuerliche und regulatorische Rahmenbedingungen fördern. Jährlich kommen neue Standorte hinzu. Vgl. Baur/Schanz (1999), S. 17.

250 Vgl. Baur/Schanz (1999), S. 15.

251 Diese Captive-Modelle eignen sich vor allem für kleinere und mittlere Unternehmen. Vgl. Romeike (2000), S. 607.

252 Vgl. Baur/Schanz (1999), S. 18.

253 Vgl. hierzu Boller/Rosenbaum (1995), S. 1180; zu einer detaillierten Analyse der internen und externen Einflussfaktoren bei einer Captive-Gründung vgl. auch Hets (1995), S. 37-109.

im Kollektiv bzw. in der Zeit zu erzielen. Erforderlich ist hier eine detaillierte aktuarielle Projektion des zu erwartenden Schadensverlaufes auf der Grundlage von Risikoanalysen und der individuellen bzw. branchenspezifischen Schadensdaten der Vergangenheit. Neben der Entscheidung über Eigen- oder Fremdmanagement ist zum anderen das Ausmaß an Eigenkapitalausstattung zu ermitteln, da sich die Kapitalisierungspflicht in den meisten Ländern an aufsichtsrechtlichen Vorschriften, nicht aber an den tatsächlichen Risikoverhältnissen des zu übernehmenden Risikos orientiert.

Im Vorfeld sichergestellt werden muss auch, dass Prämienzahlungen risikoadäquat sind, also im Wesentlichen den marktüblichen Sätzen entsprechen, da die firmeneigene Versicherungsgesellschaft bei deutlich überhöhten Sätzen schnell in den Verdacht eines bloßen Steuerstundungsinstrumentes gerät. Zuletzt muss auch die wirtschaftliche Zweckmäßigkeit dadurch gewährleistet sein, dass der Gründungs- und jährliche Verwaltungsaufwand mögliche Einsparungen - etwa durch das Ausnutzen von Steuer- oder bilanziellen Reservierungsvorteilen - nicht übersteigt.[254]

C.II.4 ART: Verbreitung in der Industrieversicherung und Implikationen für den IVM

Schätzungen zufolge beläuft sich der Anteil alternativer Lösungen - ART im engeren Sinn - auf rund 6%-8% des weltweiten Industrieversicherungsvolumens.[255] Bezieht man integrative Produkte und Captives in diese Schätzung mit ein, so sind allerdings 40%-50% aller industriellen

---

[254] Zu einer Erörterung von Faktoren, die bei einer Captive-Gründung eine Rolle spielen, sowie deren jeweiliger Vor- und Nachteile vgl. Boller/Rosenbaum (1995), S. 1180-1186.

[255] Vgl. Baur/Schanz (1999), S. 6.

Absicherungslösungen dem Bereich ART zuzuordnen.[256] Ein entscheidender Grund dafür, dass der Übergang von traditionellen Versicherungen zu ART-Produkten schleppend verläuft, ist das seit 1994 rückläufige Prämienniveau in der Industrieversicherung.[257] Sobald der Preis für Versicherungsschutz wieder anfängt zu steigen, wird man aber vermehrt auf Alternativen zurückgreifen, die ein höheres Niveau an Eigenfinanzierung und/oder den Risikotransfer in Kapitalmärkte beinhalten.[258] Entgegen der Theorie einer Existenz sog. „Schweinezyklen" in der Industrieversicherung, derzufolge Prämienniveauschwankungen in Zyklen von vier bis sieben Jahre Dauer verlaufen,[259] spricht der seit 1994 andauernde Prämienverfall nicht für die Gültigkeit einer solchen Hypothese. Der noch nicht präzise abzusehende Zeitpunkt eines definitiven Übergangs von dem derzeitigen „weichen" zu einem „harten" Markt wird daher in starkem Maße die Geschwindigkeit beeinflussen, mit der ART-Produkte in der Industrieversicherung vermehrt Anwendung finden werden.[260] Ein weiterer Prämienverfall erscheint jedoch unwahrscheinlich, mit einer Verhärtung der Marktes wird allgemein gerechnet.[261] (In der Sachversicherung ist bereits jetzt ein klarer Trend in Richtung steigender Prämien erkennbar[262]). Da der relative Preis alternativer Risikofinanzierungsinstrumente (Preis von ART in Relation zum Preis traditioneller Versicherungsprodukte) in härteren Märkten sinkt, steigen damit auch die Erwartungen an einen Bedeutungszuwachs von ART.[263]

---

256 Gegenwärtig werden alternative Risikoabsicherungskonzepte auf dem deutschen Markt von folgenden Versicherern angeboten: AIG, Allianz, AXA Colonia, HDI, Winterthur, Zürich. Weitere Versicherer sind noch am Überlegen.

257 Vgl. Bauer (1998), S. 556.

258 Vgl. Brühwiler/Stahlmann (1999), S. 41.

259 Vgl. Berliner (1982), S. 87; Brühwiler/Stahlmann (1999), S. 40f.; Eickstädt (2001), S. 24ff.

260 Vgl. Bauer (1998), S. 557f.

261 Vgl. Endert/Goodwin (2000), S. 54-56; o.V. (2000d), S. 136; o.V. (2000e), S. 824.

262 Vgl. Conley (2001), S. 54.

263 Vgl. Banham (1997), S. 63; Gentile (1999), S. 624.

Aktuelle Umstrukturierungsvorhaben bei Swiss Re New Markets (als dem bei der Schweizerischen Rückversicherungs-Gesellschaft auf ART-Lösungen spezialisierten Unternehmensteil) sind ebenfalls Ergebnis einer erhöhten Nachfrage und sprechen für das große Zukunftspotential von ART und die hohen Erwartungen, die man in diese Entwicklung setzt.[264] Swiss Re plant die Gründung einer neuen „Financial Services"-Abteilung (als drittes Standbein, neben den Bereichen „Life & Health Reinsurance" und „Non-Life Reinsurance") in der dann Swiss Re New Markets, Swiss Re Investors und Capital Partners zusammengefasst sein werden. Von dieser Zusammenführung von Investment-Banking- und Rückversicherungs-Know-how verspricht man sich eine verstärkte Kundenorientierung sowie verbesserte Möglichkeiten, der wachsenden Nachfrage nach maßgeschneiderten Risikofinanzierungslösungen ein passendes Angebot gegenüberstellen zu können.[265] Swiss Re New Markets rechnet innerhalb der kommenden 3-5 Jahre mit einer Verdoppelung der Unternehmen, die ART (im engeren Sinn) als Mittel zur Finanzierung betrieblicher Risiken einsetzen werden.[266]

Für den IVM bedeutet das weitläufige Feld von ART-Produkten eine deutliche Ausweitung seines Aufgabenfeldes und eine Erhöhung der an ihn gestellten Anforderungen.[267] Diese bedingen beim IVM eine Synthese von Versicherungs-, Finanzierungs- und Finanzmarktkenntnissen.[268] Inzwischen haben die bedeutenden Insurance Broker Tochterunternehmen gegründet, die sich ausschließlich mit Fragestellungen um ART (im engeren Sinn) befassen:[269] M&M Securities bei Marsh (sowie Sedgwick Lane Financial als Joint Venture zwischen Sedgwick Re und Lane Financial) und Aon Capital Markets bei Aon.[270]

---

264 Vgl. Winston (2000), S. 3.
265 Vgl. Winston (2000), S. 3; Swiss Re (2001).
266 Vgl. Swiss Re (2001), S. 154.
267 Vgl. o.V. (1997a), S. 749; o.V. (1998d), S. 66f.
268 Herold/Paetzmann (1999), S. 69.
269 Vgl. Gjertsen (1997), S. 22f.
270 Willis hat keine rechtlich getrennte Tochtergesellschaft, nimmt aber dieselben Aufgaben mit einem entsprechenden Angebot im zukunftsträchtigen Geschäftsfeld ART wahr.

Diese Leistungsverlagerung in Richtung verstärkter Risikofinanzierung spiegelt sich auch in der Personalpolitik der IVM wider: In zunehmendem Maße werden Investmentbanker gesucht und eingestellt.

Da Risk Management sich häufig noch zu sehr auf die Verbesserung der Risikofinanzierung beschränkt, sind die IVM gefordert, unter Entwicklung und Anwendung von Produkten aus dem ART-Bereich die Risikokontrolle und -beherrschung beim Kunden zu optimieren und dadurch eine effizientere Nutzung des Eigenkapitals[271] zu erwirken.

Die Globalisierung der Wirtschaft hat beim IVM den Kosten- und Wettbewerbsdruck[272] deutlich erhöht und zu Konkurrenzdruck durch branchenfremde Unternehmen (z.B. Banken, Unternehmens- und Finanzberater) geführt. Um marktfähig zu bleiben, muss der IVM sich als Entwickler von ART-Konzeptionen verstehen, damit zwangsläufig die hohen Informationsbeschaffungskosten tragen und umfangreiche Suchaktivitäten betreiben, um weiterhin Pionierarbeit im Bereich ART leisten zu können.

Dadurch, dass kundenindividuelle ART-Transaktionen meistens eine enge Zusammenarbeit mit mehreren Marktteilnehmern erfordern (Erst- und Rückversicherungsgesellschaften, Rückversicherungsmakler, Wirtschaftsprüfer/Steuerberater sowie ggf. Investmentbanken), kommt dem IVM - je nach Transaktion - eine lenkende und betreuende Funktion zu, in der er als Kontaktbrücke zwischen diesen Parteien fungiert und die unterschiedlichen Tätigkeiten inhaltlich und zeitlich koordiniert. Dies führt zu verstärkt projektorientierter Arbeit mit schlagkräftigen Projektteams für die jeweilige

---

271 Vgl. dazu Zaugg/Schnarwiler (2000), S. b06.

272 Vgl. Farny (1993a), S. 353; Surminski (1989), S. 171; Teichler (1994), S. 449-451.

Aufgabenstellung.[273] Die Projektleitung übernimmt dabei der IVM.

Ein Bedeutungszuwachs des IVM in seiner Funktion als Makler für industrielle und großgewerbliche Kunden wird durch die Entwicklung von ART begünstigt, da er im Vergleich zu kleineren, regional tätigen VM eher in der Lage ist, den erhöhten Kosten- und Suchaufwand zu betreiben.[274] Kleineren VM bleibt hier nur die Konzentration auf Spezialangebote und geographische Nischen.[275] In Bezug auf firmeneigene Versicherungsgesellschaften muss der IVM Kompetenzen beim Captive-Management besitzen; bereits 50% aller Captives in Deutschland werden durch IVM verwaltet und betreut.[276]

Einer Befragung der Marsh GmbH zufolge verlagert sich im Bereich ART (im weiteren Sinn) die Marktmacht zunehmend weg von Banken und Versicherern hin zu IVM, da diese dem Kunden die größte Dienstleistungsbreite und somit ganzheitliche Lösungen „aus einer Hand" anbieten können.[277] Auch in Bezug auf ART im engeren Sinn ist in den vergangenen vier Jahren eine Marktanteilssteigerung beim IVM, zuungunsten der in diesem Segment dominierenden Investmentbanken (v.a. Goldman Sachs, Lehman und Merril Lynch), feststellbar.[278] Bei der Konzeption und Platzierung von ART-Programmen greifen die Kunden auch deshalb vermehrt auf IVM zurück, weil diese durch weltweite Vor-Ort-Präsenz im Stande sind, funktional und geographisch allumfassende - und damit kostengünstigere - Absicherungsprogramme zu erstellen, die der globalen Tätigkeit des Kunden Rechnung tragen.[279] Gegenwärtig sind

[273] Vgl. hierzu Herold/Paetzmann (1999), S. 30f.
[274] Vgl. Hoock/Schönberg (1990), S. 208, 210f.
[275] Vgl. o.V. (1998c); o.V. (2000c), S. 675.
[276] Vgl. Brühwiler/Stahlmann (1999), S. 45.
[277] Vgl. Mundy/Wheeler (1999); Doman/Duchen/Markus (1999), S. 26.
[278] Ca. 2/3 des weltweiten Marktanteils an ART - im engeren Sinn - liegt bei Investmentbanken, 1/3 bei Insurance Brokers und Rückversicherungsgesellschaften. 1998 lagen die Marktanteile noch bei 82% bzw. 18%. Vgl. Lane/Beckwith (2001), S. 8f.
[279] Zur Notwendigkeit, globale Absicherungsprogramme zu erstellen s. Abschnitt D.III.1.2. S. als Beispielfall die Eckdaten eines derartigen Programms in Abschnitt D.I.4.1.

die IVM vor allem im Bereich der integrativen Produkte sehr aktiv, der Großteil aller Multiline-/Multiyear-Produkte wurde von Maklerhäusern entworfen.[280]

Durch Einbringung seines über die Jahre angesammelten Know-hows im Hinblick auf die Behandlung technischer Risiken kann der IVM beträchtlich dazu beitragen, die hohen Transaktionskosten zu verringern, die derzeit in der Praxis einer weiten Anwendung von ART-Lösungen (noch) im Wege stehen.[281]

---

[280] Vgl. Zolkos (1998), S. 26.
[281] Vgl. Baur/Schanz (1999), S. 25.

D DER WANDEL DES IVM

D.I Leistungsangebot

Vor dem Hintergrund der erläuterten Veränderungen im Industrieabsicherungsgeschäft besteht beim IVM ein starker Anpassungsbedarf in Bezug auf die von ihm angebotenen Dienstleistungen. Um den Wandel des IVM vom Versicherungsvermittler zum Risk Management-Berater darzustellen wird nachfolgend zunächst auf die Funktionen des VM und die daraus abgeleitete traditionelle Aufgabe des IVM, die Versicherungsvermittlung, eingegangen. Eine anschließende Durchleuchtung des zukünftigen (und z.T. schon aktuellen) Aufgabenfeldes konkretisiert das zukünftige Berufsbild des IVM als Risikospezialist und stellt ihn als veränderten Dienstleister vor, bei dem Beratungselemente als wesentlicher Bestandteil des betrieblichen Leistungserstellungsprozesses im Vordergrund stehen. Abschließend erfolgt eine Formulierung von Wettbewerbsfaktoren, die vor dem Hintergrund eines neuen Anforderungsprofils für den zukünftigen Erfolg des IVM entscheidend sind.

D.I.1 Funktion und traditionelle Aufgabe

Traub[282] arbeitet in seiner Analyse der VM-Dienstleistungsfunktion drei Hauptelemente und spezifische Wesensmerkmale heraus:

1. Zweiseitigkeit
2. Zeitraumbezogenheit
3. Mehrelementigkeit

Zu 1: Zweiseitigkeit

Die Zweiseitigkeit folgt aus der simultanen Ausrichtung auf zwei Marktpartner - den Versicherungsnehmer einerseits und den Versicherer andererseits - und bedingt drei Grundfunktionen der Maklertätigkeit:[283]

a) Durch die Bindung an zwei regelmäßig divergierende Zielsetzungen resultiert eine Interessenabwägungs- und Interessenausgleichsfunktion.[284] Betrachtet man die tägliche Praxis von VM, dann zeigt sich, dass der VM sich auf der einen Seite auf Grund seiner Unabhängigkeit von beiden Parteien durch Handlungsfreiheit auszeichnet, er auf der anderen Seite aber vertraglich und wirtschaftlich (im Falle des Kunden) oder nur wirtschaftlich (im Falle des Versicherers) an sie gebunden ist.[285] Ihre Handlungsfreiheit müssen VM bei ihrer Vermittlungsarbeit in Beziehungen zu Versicherern und Kunden beweisen. In diesen Beziehungen ergibt, verfestigt, erneuert und verändert sich durch ihr praktisches Handeln ein „Spannungsverhältnis von Autonomie und Abhängigkeit".[286]

b) Der in der Literatur[287] häufig unternommene Versuch, aus der Zweiseitigkeit eine Analogie zwischen VM und Händler zu konstruieren, findet seine Grenzen[288] vor allem in der Immaterialität des Handelsobjektes.[289] Daher lässt sich die diesbezügliche Marktfunktion des VM besser als Informationsfunktion erklären, die der Überbrückung von Informationsdefiziten der Versicherungsnachfrager dient.

---

282 Vgl. Traub 1995), S. 48-93.
283 Vgl. Kromschröder (1997), S. 64f.
284 S. auch Abschnitt D.II.2.2.2.
285 Vgl. Well (1994), S. 26.
286 Well (1994), S. 26.
287 Vgl. Arnhofer (1982), S. 61 und 63; Farny (1989), S. 564; Trinkhaus (1955), S. 15f.
288 Da Versicherungsvermittler kein Eigentum am Versicherungsschutz erwerben können, gibt es auch keinen Handel mit Versicherungsschutz. Vgl. Wassermann (1969), S. 11; Arnhofer (1982), S. 100.
289 Vgl. zur Immaterialität von Dienstleistungen: Traub (1995), S. 89f., mit den dort angegebenen Literaturhinweisen.

c) Dem VM kommt eine Transaktionskosten-Minimierungsfunktion zu, da der Nachfrager ihn immer dann als Intermediär einschaltet, wenn er „die gewünschten Produkte dank seiner besseren Marktkenntnis mengen-, frist- und qualitätsgerecht und zu möglichst unterdurchschnittlichen Preisen beschaffen kann und damit die Transaktion zu geringeren Kosten als bei der Eigensuche durchführt."[290] VM reduzieren die Beschaffungsunsicherheit des Kunden und haben eine „nachfragelenkende Wirkung,"[291] da ihre Kunden weitgehend auf eigene Suchaktivitäten verzichten und ihre Kaufentscheidungen in hohem Maße durch die Informationen vom VM abhängig machen.[292]

Zu 2: Zeitraumbezogenheit

Das Merkmal Zeitraumbezogenheit bezieht sich darauf, dass aus der Maklereinschaltung typischerweise eine längerfristige Geschäftsbeziehung entsteht, im Gegensatz zu zeitpunktbezogenen Kaufakten.[293] In der Versicherungsbetriebslehre werden Maßnahmen zur Gestaltung einer solchen Dauerbeziehung unter den Begriffen „Bestandspflege", „Service" oder „Kundendienst" subsumiert und entfalten eine absatzfördernde Wirkung.[294]

Zu 3: Mehrelementigkeit

Ebenfalls aus der Doppelbeziehung des Maklers zum Versicherungsnehmer und zum Versicherer resultiert die Mehrelementigkeit der VM-Dienstleistung. Sowohl die Leistung für den Versicherer als auch die Leistung für den Versicherungsnehmer lassen sich funktionsorientiert untergliedern in Informations-, Vermittlungs- und Serviceleistungen.[295]

---

290 Traub (1995), S. 55. S. auch Abschnitt D.I.2.2.
291 Vgl. z.B. Farny (1989), S. 567; Grieß/Zinnert (1992), S. 198.
292 Vgl. Traub (1995), S. 78.
293 Vgl. Traub (1995), S. 55f.
294 Vgl. Kromschröder (1997), S. 65.
295 Vgl. Traub (1995), S. 51.

Die sich aus den Traubschen Dienstleistungsfunktionen des VM ergebende (Haupt-)Aufgabe des IVM ist die Tätigkeit der Versicherungsvermittlung. Sie stellt nichts weiteres als die Übernahme der „zentralen Aufgabe"[296] von Risk Managern in Großunternehmen dar.

In der ersten - zur damaligen Zeit in Deutschland bahnbrechenden - Leistungsbroschüre eines IVM, einem Marketinginstrument von Gradmann und Holler aus dem Jahre 1971, versuchte man sich durch die damals juristisch zunächst umstrittene Berufsbeschreibung des „Treuhänders in Versicherungsfragen" von anderen Versicherungsvermittlern und deren Sinnverknüpfung mit der Interessensphäre des Versicherers und damit von dem Image eines „geographisch gestreuten Mehrfachagenten" erstmalig zu distanzieren.[297] Darin wurden (lediglich) die nachfolgenden fünf Leistungsmerkmale herausgestellt:

1. „Treuhänderische" Risiko-Bedarfsanalyse des Versicherungsnehmers.

2. Auswahl geeigneter Anbieter am Markt, unter den Aspekten „Sicherheit", „Kapitalausstattung" und „Regulierungsphilosophie".[298]

3. Überwachung der Versicherungsverträge (hierzu zählten administrative Tätigkeiten wie die Terminüberwachung, der Schrift- und Zahlungsverkehr mit dem Versicherer und das Prämieninkasso).

4. „Interessenvertretung" im Schadenfall,

5. Versorgung des Kunden mit „Vorsorge-Informationen".

---

296 Brühwiler/Stahlmann (1999), S. 15.

297 Zu dem unprofessionellen Image der VM in Deutschland und ihren Bestrebungen, es aufzubessern vgl. Sandkühler (2000), S. 669-674.

Versicherungsnachfrager beauftragten den IVM daher üblicherweise mit der Ermittlung ihrer Risiken, mit der Information über zweckmäßigen Versicherungsschutz und mit der Auswahl von geeigneten Angeboten am Markt.[299,300] Zusammen bildete das die traditionelle Aufgabe, teilweise ergänzt um die Übernahme und Ausweitung von „Nebenleistungen" des Versicherers (Beratungs- Informations- und Betreuungsleistungen), die dieser neben der versicherungsbetriebstypischen „Hauptleistung" - Risikoübernahme, Deckungszusage und deren Erfüllung im Versicherungsfall - erbringt.[301]

D.I.2 Veränderungen im Leistungsangebot

Im Unterschied zu der klassischen Dreiteilung der VM-Dienstleistung in Informations-, Vermittlungs- und Serviceleistungen,[302] bei der die Hauptaufgabe des IVM die Versicherungsvermittlung ist, liegt der Leistungsschwerpunkt heute in der Risikoberatung[303]- einer Tätigkeit, die früher unter die Servicetätigkeiten fiel und den eindeutigen Charakter einer Nebenleistung hatte.[304] Bei IVM sind umfangreiche Service- und Beratungsleistungen essentieller und vom Kunden erwarteter Bestandteil seiner Dienstleistung geworden. Diese Erwartungshaltung führt beim IVM zu dem Druck, sein Leistungsangebot ständig zu ergänzen, auszuweiten und qualitativ zu verbessern.[305]

---

298 Vgl. Kromschröder (1997), S. 70.

299 Vgl. z.B. Brinkmann (1993), S. 69-72.

300 Zu dem Bedürfnis des Versicherten, sich wegen der Vielzahl an angebotenen Versicherungen, Deckungskonzepten und Tarifen eines marktkundigen Helfers zu bedienen vgl. Matusche (1993), S. 10f.

301 Vgl. ähnlich Kromschröder (1997), S. 63f.

302 Vgl. Traub (1995), S. 51.

303 Vgl. Funk (2000), S. 823. Vgl. diesbezüglich auch Scheiper, die die Einordnung der Beratungs- und Betreuungsleistungen von VM im Großkundengeschäft als ‚unselbstständige Nebenpflicht' ablehnt. Vgl. Scheiper (1996), S. 26-28 und S. 31f.

304 Zu dem in der Literatur häufig anzufindenden Verständnis der Betreuungs- und Beratungspflichten als Nebenpflicht vgl. etwa Bruck/Möller(1961), vor §§ 43-48, Anm. 71; Scheiper (1996), S. 26.

305 Vgl. Ewert (1997), S. 1248f.; o.V. (1997), S. 192; Spielberger (1988), S. 130.

Im Gegensatz zu früher steht heute im Mittelpunkt des Leistungserstellungsprozesses beim IVM somit die Risk Management-Beratung und zeitgleich das Erarbeiten, Betreuen und Erneuern von ganzheitlichen Absicherungsprogrammen. Abbildung 8 gibt einen graphischen Überblick über die dafür erforderlichen Aufgabenbestandteile. Zentrale Elemente sind die Risikoanalyse, die Risikohandhabung durch Bestimmung von Risikominderungsmaßnahmen und die Bewertung und Behandlung des verbleibenden Risikos nach steuerlichen und bilanziellen Gesichtspunkten (Entscheidung über Selbsttragung, alternative Risikoabsicherung und Risikotransfer).

Abbildung 8: Leistungsangebot des IVM

D.I.2.1 Die Aufgabenelemente im Einzelnen

D.I.2.1.1 Weltweite Risikoidentifikation und -analyse

Die Risikoanalyse übernimmt die Aufgabe, „mögliche Risiken zu erkennen und die Information über deren Wahrscheinlichkeit zu verbessern."[306]

Eine effiziente, sowohl quantitative als auch qualitative Bewertung der Unternehmensrisiken eines Kunden erfordert zunächst detaillierte Kenntnis sämtlicher relevanter Risiken einschließlich ihrer Wirkungszusammenhänge.[307] In einem „Top-Down"-Vorgehen, das bei der Unternehmensleitung ansetzt und von dort in die Unternehmensbereiche und -prozesse vorangetrieben wird,[308] erfolgt eine Systematisierung der unternehmerischen Risikopotentiale. Dem IVM als „externer Experte" kommt bei der Risikoerkennung eine Moderations- und Überwachungsfunktion zu. Als Risikoerkennungsmethoden kommen bspw. in Betracht: Prüflisten (Checklisten), Risikomanagement-Fragebögen, Risiko-Workshops, Dokumenten- und Organisationsanalysen, Besichtigungen, Beobachtungen und Schadenstatistiken.[309] Auch Expertenbefragungen nach der „Delphi-Methode"[310] können als Instrument zur Risikoidentifikation herangezogen werden.

Zu unterscheiden sind die sog. „Hazard"-Risiken, operative, strategische und Finanzrisiken (s. Abbildung 9).[311,312]

---

306 Vgl. Karten (1993), Sp. 3830.
307 Vgl. Nücke/Feinendegen (1999), S. 19.
308 Vgl. Nücke/Feinendegen (1999), S. 20.
309 Vgl. Kromschröder/Lück (1998), S. 1573; Romeike (2000), S. 609.
310 Vgl. zu der „Delphi-Methode" etwa Bühner (1993), S. 159-162.
311 Zu einer ähnlichen Aufteilungen der Risikoarten vgl. Gaese (1999), S. 11-16.
312 Die nachfolgenden Angaben und Aufzählungen beruhen auf der Auswertung einschlägigen Informationsmaterials der Marsh GmbH.

Abbildung 9: Unterscheidung der einzelnen Risikoarten

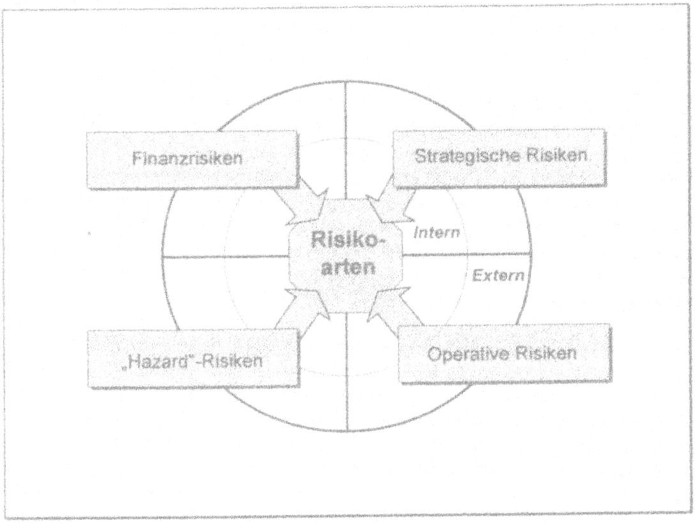

Unter „Hazard"-Risiken werden folgende Einzelrisiken verstanden:

- Sach- und physische Risiken (Feuer-, Überschwemmungs-, Erdbeben-, Explosionsrisiken usw.),
- Haftpflichtrisiken,
- Risiken durch Naturkatastrophen,
- Betriebsunterbrechungsrisiken.

Zu den strategischen Risiken gehören:

- Wettbewerbsrisiken,
- Risiken durch Missbrauch von intellektuellem Kapital,
- Forschungs- und Entwicklungsrisiken,
- Vertriebssystemrisiken,
- Netzwerkrisiken,
- Risiken durch industrielle Veränderungen,
- Risiken im Verbraucherverhalten,

- Risiken durch Unternehmensübernahmen,
- politische Risiken.

Unter den operativen Risiken werden verstanden:

- Produktartrisiken,
- Produktionsprozessrisiken,
- Informationssystemrisiken,
- Transportrisiken,
- Risiken durch Fehlverhalten oder Verlust von Schlüsselkräften,
- Planungs- und Kontrollsystemrisiken,
- Lieferabhängigkeitsrisiken,

- intern: z.B. durch Abhängigkeit eines Produktionstriebes von einem konzerneigenen Teilelieferanten (Wechselwirkungsrisiken),
- extern: z.B. durch Abhängigkeit eines Produktionsbetriebes von einem fremden Teilelieferanten.

Die gängigen Finanz-Risiken sind:

- Zinsrisiken,
- Währungskursrisiken,
- Kreditausfallrisiken,
- Liquiditätsrisiken.

Im Rahmen der Risikoanalyse werden die verschiedenen Risiken und ihre korrelationsbedingten Abhängigkeiten[313] - unter Berücksichtigung auch entsprechend relevanter gesetzlicher Bestimmungen (z.B. Umweltschutz- oder Produkthaftungsgesetze[314]) - bewertet („Risk Assessment"). Ergebnis der

[313] Vgl. Baur/Schanz (1999), S. 11.
[314] Weitere Beispiele: Arzneimittelgesetz, Nuklearhaftungsgesetz, EU-Produkthaftungsgesetz.

Bewertung ist die Abbildung der identifizierten Einzelrisiken in einem Risikoportfolio („Risk Mapping") nach den Kriterien ‚Wahrscheinlichkeit' und ‚Auswirkung'. Unter Berücksichtigung des risikoabhängigen Kontrollpotentials (in Abbildung 10 durch die Größe des Risikokreises dargestellt) und einer festgelegten Risiko-Toleranz-Größe, die von der unternehmensindividuellen Finanzkraft und Risikophilosophie abhängen, lassen sich die Risiken in Prioritätsstufen einordnen. Das Risikoportfolio bildet die Grundlage für eine Ableitung geeigneter Risikokontroll- und -steuerungsmaßnahmen[315] in Bezug auf einzelne Risiken oder Risikobereiche im Rahmen der Risikohandhabung. Dabei dient die Einteilung in Prioritätsstufen als Grundlage zur (besseren) Beurteilung der Dringlichkeit und des Ausmaßes von Aktivitäten sowie des Einsatzes finanzieller Mittel zur Risikokontrolle und -steuerung.

Abbildung 10: Beispiel eines Risikoportfolios

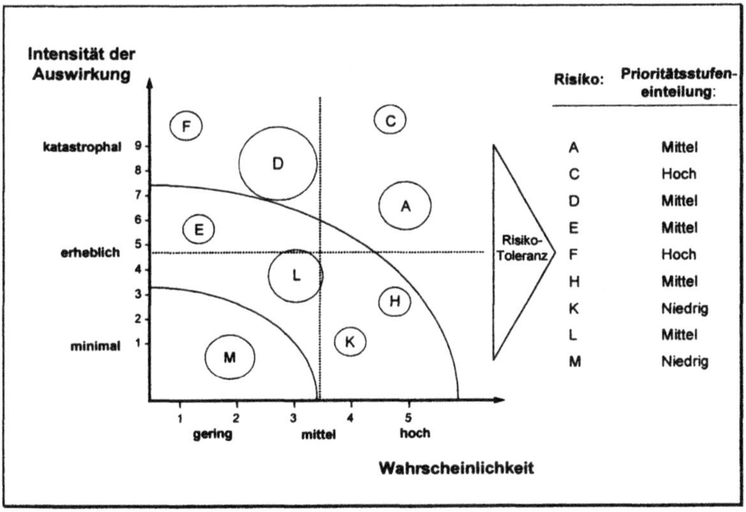

Quelle: Eigene Darstellung in Anlehnung an Nücke/Feinendegen (1999), S. 25.

[315] Vgl. Nücke/Feinendegen (1999), S. 23.

D.I.2.1.2 Risikohandhabung

Bei der Risikohandhabung geht es um die aktive Beeinflussung der im Rahmen von Risikoidentifikation und -analyse ermittelten Risikopositionen. Sie muss in Einklang mit den Unternehmenszielen und den daraus abgeleiteten Zielen des Risikomanagements stehen.[316] Ergebnis ist die Erstellung eines optimalen Risikomanagementprogramms und eines kundenzielgerechten Ver- und Absicherungskonzeptes, das

- maßgeschneidert (qualitätsorientiert),
- schlank (kostenorientiert) und
- selbstbehaltbegrenzend (risikoorientiert) ist.[317]

In einem ersten Schritt müssen die Eintrittswahrscheinlichkeiten der Risiken verringert werden.[318] Beim IVM beinhaltet die Risikominimierungstätigkeit Beratung in Bezug auf:[319]

- die Reduzierung der Brand- und Explosionsgefahr,
- Schutzmaßnahmen gegen Überschwemmungen, Erdbeben usw.,
- die Verbesserung der Qualitätskontrolle,
- die Reduzierung der Abhängigkeitsrisiken, z.B. durch die Beauftragung mehrerer Lieferanten,
- Umweltrisikomanagement.

In einem zweiten Schritt wird das verbleibende (Rest-) Risiko aufgeteilt und nach steuerlichen und bilanziellen Gesichtspunkten bewertet. Erfasst werden muss zunächst das Risikoselbsttragungspotential des Kunden, also die in Geldeinheiten bewertete Grenze, bis zu der er, abhängig von Risikophilosophie und -kultur[320], fähig und gewillt ist, Risiken selbst zu übernehmen. Diejenigen Risiken, die weder

---

316 Nücke/Feinendegen (1999), S. 25.
317 Vgl. Kromschröder (1997), S. 70.
318 Vgl. Scheiper (1996), S. 23.
319 Angaben beruhen auf der Auswertung einschlägigen Informationsmaterials der Marsh GmbH.

ganz ausgeschaltet noch über die Selbsttragungsgrenze hinaus minimiert werden können, müssen in Form einer klassischen Versicherung transferiert oder in Form einer Mischlösung durch ART[321] abgesichert werden. Dem IVM obliegt es, einen für den Kunden optimalen Instrumentenmix zusammenzustellen. Die Effizienz des Risikoabgabeprozesses kann zeitlich dadurch erhöht werden, dass der IVM schon während der Risikoanalyse Versicherungs- und Kapitalmärkte auf die Platzierbarkeit der kundenspezifischen Einzelrisiken oder Risikobündel überprüft. Nutzen zieht der Kunde dabei nicht nur aus der Marktübersicht des IVM, er profitiert auch von dem entscheidenden Einfluss bei der Vertragsgestaltung, den IVM in aller Regel auf die Vertragsbedingungen der Risikoträger haben.[322]

Um dem Wunsch, Shareholder Value zu mehren, gerecht zu werden, ist ein zentrales Element der Risikohandhabung die Sicherstellung zukünftiger Einkünfte. Eine erhöhte Kosteneffizienz wird dabei oftmals nicht mit dem Einkauf von Versicherungsschutz erreicht, sondern durch die eigenmittelfinanzierte Realisierung vielversprechender, strategischer Pläne.[323] Sind diese Vorhaben unabhängig von der jeweiligen Kernkompetenz des Unternehmens, so lohnt sich ein Risikotransfer in den Versicherungs- und/oder den Kapitalmarkt.[324] Wird ein strategisches Vorhaben im Rahmen der eigenen Kernkompetenzen realisiert, so bedarf es einer sorgfältigen Analyse, ob und inwiefern eine Risikoüberwälzung sinnvoll ist.[325] In Analogie zu der Abgabe (Outsourcing) solcher Geschäftsfelder, die keine Kernkompetenz darstellen, an Dritte, sollten regelmäßig diejenigen Risiken weitergegeben werden, denen keine

---

[320] Vgl. Eisele/Steinmann (1999), o.S.
[321] Zu alternativen Risikotransfermethoden s. Abschnitt C.II.
[322] Vgl. Groh (1993), S. 98; o.V. (2000d), S. 136.
[323] „...there is no sense in the objective of insuring earnings. The right objective is increasing the probability that cash flow is sufficient to finance value-creating strategic plans with internally generated cash." Scherzer/Usher (1999), S. 13.
[324] Vgl. Romeike (2000), S. 606.
[325] Vgl. Scherzer/Usher (1999), S. 13.

adäquaten (erwarteten) Erträge gegenüberstehen[326] oder die ein Unternehmen nur schlecht kontrollieren kann. Beispielhaft wäre die kosteneffiziente Abgabe eines Wetterrisikos von einem Schneepflughersteller, der seinen Kunden einen Preisnachlass im Falle eines schneearmen Winters in Aussicht stellt.[327]

Aus der Fähigkeit der Versicherer, Risiken zu übernehmen und zu verteilen, und aus der Fähigkeit von Investmentbanken, Risiken zu übernehmen und in den Kapitalmarkt zu transferieren, resultiert ein höheres Wertschöpfungspotential beim Kunden und die damit verbundene Möglichkeit Shareholder Value zu mehren.[328] Industrieversicherungsmaklern kommt dabei die Aufgabe zu, diese Wertschöpfungspotentiale beim Kunden zu erkennen und über die Zusammenführung und -arbeit mit Versicherern, Rückversicherern und Investmentbanken wertsteigernd zu nutzen.

Die aus der Globalisierung entstandene Notwendigkeit, Ver- und Absicherungsprogramme international - im Gegensatz zu rein national - gestalten zu müssen, wirft die Frage nach dem optimalen Zentralisationsgrad des gewählten Absicherungsprogramms auf. Länderübergreifende Standards in Bezug auf internationale Lösungen werden durch sog. „Masterprogramme" sichergestellt.[329] Abhängig von Managementphilosophie, Größe und Umfang des Absicherungsprogramms sowie der steuerlichen Gesetzgebung im jeweiligen Stammland kann das Programm

- zentral gesteuert,
- nur bedingt zentral gesteuert (lokale Policen im Rahmen zentraler Programme mit zentralen ‚Difference in Conditions' (DIC) und ‚Difference in Limits' (DIL) Deckungen) oder

---

[326] Vgl. Gleißner/Meier/Lienhard (2000), S. 316.
[327] Vgl. zu diesem Beispiel Scherzer/Usher (1999), S. 13.
[328] Vgl. Scherzer/Usher (1999), S. 13.
[329] Vgl. Grothaus (1998), S. 478.

- dezentral gesteuert sein. Im Vordergrund steht hier lediglich die Koordination lokaler Policen (DIC- & DIL-Deckungen, die nicht Bestandteil eines internationalen Programms sind).

D.I.2.1.3 Risk Management-Beratung als Wertschöpfungspotential

Betriebswirtschaftliche Beratungsleistungen sind durch einen wechselseitigen Informationsaustausch zwischen dem qualifizierten Berater (Experten) und dem Beratenen (Kunden) im Hinblick auf ein bestimmtes Entscheidungsproblem gekennzeichnet.[330] Im Verlauf dieser Informationsbeziehung nehmen die Kenntnis der Kundensituation einerseits und das Problemverständnis und die Kenntnis von Lösungswegen bzw. -alternativen andererseits zu. Dieser Informationszuwachs bildet die Voraussetzung für einen höheren Erreichungsgrad des vom Kunden definierten Beratungsziels und verringert seine Entscheidungsunsicherheit. Er gründet sich auf die fachliche Autorität (d.h. den Know-how- oder Informationsvorsprung) des Beraters.[331] Eine für die Beratungsleistung durch den IVM entscheidende Erweiterung des Begriffes „Beratung" ist die Ausweitung von Problemerkennung und -lösung in Richtung auf Unterstützung und Betreuung des Kunden bei der Umsetzung der gewählten Problemlösung.[332] Beratungen durch den IVM sind demnach Informationsdienstleistungen, die benötigte Informationen nicht nur verfügbar machen, sondern auch aufbereiten, auswerten und umsetzen.[333]

Der IVM sorgt für die Abstimmung seiner Beratungsleistung auf die unterschiedlichen Beratungsbedürfnisse verschiede-

[330] Vgl. Elfgen/Klaile (1987), S. 27; Stutz (1988), S. 4-8.
[331] Traub (1995), S. 81.
[332] Zu der Begriffsausweitung vgl. Elfgen/Klaile (1987), S. 26-29; Kubr (1988), S. 4-8.
[333] Vgl. Maleri (1991), S. 64.

ner Kundengruppen.[334] Ziel der Beratung durch einen IVM ist „die Entwicklung eines auf die konkrete Risikosituation abgestimmten Deckungskonzepts, gegebenenfalls unter Einhaltung eines vorgegebenen Versicherungsbudgets des Nachfragers".[335] Das Deckungskonzept bildet dann das Ergebnis der Beschaffungsplanung, also das Beschaffungsprogramm, und stellt die Zusammenführung von mehreren Versicherungsprodukten zu einem von Versicherungsschutzanbietern zunächst unabhängigen „Absicherungspaket"[336] dar. Somit ist die Innovationsaufgabe zu einem Kernelement des Wertschöpfungsprozesses beim IVM geworden: Der IVM muss sich - über das bestehende Angebot hinaus - fortlaufend um die Entwicklung neuer, bedürfnisgerechter Produktkonzeptionen bemühen.[337] Eine umfassende Kenntnis bereits bestehender Produkte ist dabei integraler Bestandteil des Produktinnovationsprozesses.

Im Einzelnen umfassen die IVM Beratungs- und Betreuungsleistungen:[338]

- Weltweite Vor-Ort-Betreuung,
- Anpassung der Ab- bzw. Versicherungskonzepte an veränderte Rahmenbedingungen auf Grund von:
    - Entwicklungen neuer Produkte bedingt durch technischen Fortschritt,
    - veränderte geographische Aktivitäten des Kunden,
    - Veränderung der Gesetzgebung,
    - Marktveränderungen (Prämie, Bedingungen),
    - Risikofinanzierungsinnovationen.

---

334 Vgl. Kromschröder/Buchwieser/Gründl/Haindl (1992), S. 52.
335 Vgl. Traub (1995), S. 82.
336 Die Bezeichnung „Absicherungspaket" wird hier in Abgrenzung zur häufig verwendeten Bezeichnung „Versicherungspaket" verwendet, um den nicht-versicherungstechnischen Finanzierungselementen im Rahmen von ART auch begrifflich Rechnung zu tragen.
337 Vgl. Scherzer/Usher (1999), S. 11.
338 Angaben beruhen auf der Auswertung einschlägigen Informationsmaterials der Marsh GmbH.

- Risk Management-Beratung:

  - Produktschadenverhütungsberatung,
  - Brandschutz- und Brandschadenverhütungs- und Neubauberatung,
  - Umweltschutzberatung,
  - Werk- und Objektschutzberatung,
  - Qualitätssicherungsberatung,
  - Datenverarbeitungssicherheitsberatung,
  - Risikoinformation und -beratung für Investitionsplanung im Ausland,
  - Beratung bei technischen und organisatorischen Sicherheitsvorkehrungen,
  - Captive Management-Beratung,
  - Cash Management-Beratung,
  - Unfallschutzberatung.

- Laufende Bonitätsprüfung der Versicherer weltweit.[339]
- Durchführung von Marktausschreibungen (inkl. vorgeschriebene EU-Ausschreibungen) und entscheidungsreife Aufbereitung der Ergebnisse,
- Schadenmanagement: Zu den Aufgaben des Schadenmanagements zählen Schadenbesichtigungen, die Schadenregulierung mit dem Versicherer sowie die Abwicklung des Schrift- und Zahlungsverkehrs. Diese beinhaltet die Festlegung von Schadenmindesthöhen - "Working Deductibles" und „Good Faith". Sie stellen Schadenmindesthöhen für Schadenbearbeitungen dar: Tritt ein Schaden ein, der unter der vereinbarten Working Deductible-Grenze liegt, so lohnt es sich nicht, den Schaden zu bearbeiten. "Good Faith" bezeichnet Schadenbeträge, die der Höhe nach über dem Working Deductible liegen, für deren Regulierung jedoch keine Untersuchung durch den Versicherer erforderlich

[339] Die Bonitätsprüfung als Leistungsbestandteil des IVM hat beträchtlich an Bedeutung gewonnen und ist im Laufe der Jahre zunehmend umfangreich und aufwendig geworden. Zu einem aktuellen Beispiel s. Anhang.

ist. Das heißt: Tritt ein Schaden ein, der der Höhe nach über dem Working Deductible, jedoch unter dem vereinbarten Good Faith-Limit liegt, so reguliert der Versicherer den Schaden, ohne ihn gesondert zu untersuchen.

D.I.2.1.4 Investment-Aktivitäten beim IVM

Als Folge der stark spürbaren Konvergenz des Kapital- und Versicherungsmarktes übernehmen IVM zunehmend Aufgaben von Investmentbanken.[340] Guy Carpenter beispielsweise, Rückversicherungsmakler und Tochtergesellschaft von Marsh McLennan Cos., hat seit Januar 1997 eine Lizenz als Finanzmakler und stellt sich dadurch direkt der Konkurrenz durch Investmentbanken.[341]

Als Alternative zu traditioneller Rückversicherung bauen Maklerhäuser zusätzlich, wie schon seit längerer Zeit Investmentbanken, Kapitalstöcke auf, die Verbindlichkeiten (oder Teile von Verbindlichkeiten) ihrer Kunden absichern. Auch (direkte) Investitionen in Wertpapiere, als traditionelle Aufgabe von Fondsmanagern, die durch diese Kapitalstöcke gesichert sind, werden getätigt.[342] Durch die Gründung und das Management von Fonds, die in den Kauf neuer oder kränkelnder Versicherungen investieren, werden im Markt weitere Versicherungskapazitäten durch Investment-Aktivitäten des IVM geschaffen. Marsh zum Beispiel gründete eigens zum Zwecke der Wahrnehmung dieser Aufgaben M & M Risk Capital Inc., New York, die als Tochterfirma von Marsh Inc. in den Konzern eingebunden ist.

---

340 Vgl. Elliott (2000), S. 11-3; Noehrbass (2000), S. 1110.
341 Vgl. Banham (1997), S. 63; Eickstädt (2001), S. 239.
342 Vgl. Doman/Duchen/Markus (1999), S. 28.

D.I.2.1.5 Spezialisierung auf neue Geschäftsfelder

Der Nachfrage nach mehr Risk Management-Beratungsleistung folgend[343] wurde die traditionelle Versicherungsvermittlungsaufgabe des IVM um zahlreiche analytische, beratende Tätigkeiten ergänzt und ausgeweitet[344], aus dem ein „tendenziell größeres Wertschöpfungspotential" der IVM-Dienstleistung resultiert.[345] Konsequenz ist sowohl die Erhöhung der Beratungsintensität auf bereits bedienten Risikogebieten als auch die Spezialisierung auf neue Risikobereiche.

Durch die dem Konzentrationsprozess folgende Zusammenführung von Expertenwissen haben die großen Maklerhäuser Spezialisteneinheiten z.B. für Finanz- und Arbeitsrisiken, im Mergers & Acquisitions-Bereich[346] (Marsh), für die Absicherung von Risiken im Kunst- und Edelsteinbereich (Aon) oder im Bereich der Bodenschätze (Willis) gegründet.[347] Auch Serviceleistungen wie das Management von Captives, Risikobewertungs- und -kontrollleistungen, das Belegschaftsgeschäft in Form von betrieblicher Altersversorgungsberatung oder Personalberatung inkl. Lohnzusatzleistungsberatung für Arbeitnehmer wurden als Spezialgebiete angebotserweiternd in das Leistungsspektrum aufgenommen.[348]

---

343 Vgl. Schmid (1994), S. 90; Auch eine erst kürzlich durchgeführte Befragung US-amerikanischer Risk Manager belegt den steigenden Risk Management-Beratungsbedarf von Industriekunden. Vgl. Unsworth (1999), S. 23ff.

344 Vgl. o.V. (1999j), S. 1876; Scheiper (1996), S. 25.

345 Vgl. ähnlich auch Kromschröder (1997), S. 70.

346 Vgl. Eisele/Steinmann (1999) zu einer Erläuterung der REG (Risk Evaluation Group), einer Spezialabteilung, die für die Analysen und Bewertungen von Unternehmenszusammenschlüssen und Übernahmen - die sog. „Due-Dilligence"-Untersuchungen - bei der Marsh GmbH zuständig ist.

347 Vgl. Doman/Duchen/Markus (1999), S. 27.

348 Vgl. Doman/Duchen/Markus (1999), S. 27; Eisele/Steinmann (1999); o.V. (2000a), S. 1158.

D.I.2.1.6 IVM als Vermittler im Handel mit Versicherungsderivaten

Als wesentliche Nachteile beim Handel mit Versicherungsderivaten stellten sich bislang zum einen die mangelnde Vertrautheit mit den Produkten und zum anderen die Suche nach geeigneten Kontraktpartnern heraus.[349] Beides führt beim IVM zu neuen Herausforderungen und Aufgabenstellungen und resultiert in einer Beraterrolle des IVM beim Risk Engineering seiner Kunden.

Allgemein herrscht noch Unsicherheit, wie und in welchem Ausmaß Versicherungsderivate als Risikokontrollinstrument sinnvoll eingesetzt werden können.[350] Dementsprechend zurückhaltend sind die Investoren.[351] Auf Grund der mangelnden Vertrautheit ist der IVM gefragt, Aufklärungsarbeit zu leisten, um die allgemeine Akzeptanz nicht nur in der Versicherungsbranche, sondern vor allem bei Unternehmen aus Industrie und Handel zu fördern. Es gilt, den Marktteilnehmern die Funktionsweisen, Preisbildungsprozesse und potentiellen Risiken von Versicherungsderivaten näher zu bringen.

In Bezug auf die Suche nach Kontraktpartnern kommt dem IVM eine vermittelnde, beratende und damit auch marktgestaltende Rolle zu. Versicherungsgesellschaften, die die von ihnen übernommenen Risiken durch den Kauf einer Option absichern möchten, benötigen auf der Gegenseite einen Verkäufer, der ein berechtigtes Eigeninteresse am Schadenfall hat. Bei Naturkatastrophen kommt hier neben der großen Anzahl an Investoren, die aus reinen Spekulations- und/oder Diversifikationsinteressen die Option verkaufen, vor allem die Baubranche und deren Zulieferer in Betracht.[352] Denkbar

---

349 Vgl. Banham (1997), S. 64; Müller/Schaefer (2000), S. 1283.
350 Vgl. McCullough (1995), S. 31ff.
351 Vgl. Müller/Schaefer (2000), S. 1279,1283.
352 Vgl. z.B. McCullough (1995), S. 32,36.

ist aber auch, dass z.B. Mediengesellschaften infolge von Nachfrage nach ihrer Berichterstattung am Eintritt derartiger Schadenereignisse Interesse haben. Beim Zusammenführen der beiden Parteien dürfte sich der regelmäßige Kontakt sowohl mit Versicherern als auch mit potentiellen und tatsächlichen Kunden und die Kenntnis über deren Risikobestände bzw. -situation als entscheidender Wissensvorsprung gegenüber anderen Unternehmen erweisen, wie z.B. Banken, die sich ebenfalls in der Rolle des Kontraktvermittlers sehen könnten. Dabei kommt dem IVM zusätzlich zu Gute, dass er nicht nur in Frage kommende Vertragsparteien und deren Bedürfnisse gut kennt, sondern auch über eine umfassende Kenntnis des Marktes und seiner Mechanismen verfügt. Dennoch ist bei der Erschließung dieses Geschäftsfeldes mit starker Konkurrenz zu rechnen, insbesondere durch konzerninterne und externe Rückversicherungsmakler.

Eine weitere Anmerkung betrifft die Geschäftstätigkeit der Vermittlungskunden. Hauptsächlich sind es Versicherungsgesellschaften, die Diversifikationsvorteile durch Hedging ihrer Originalschadenpositionen aus dem versicherungstechnischen Geschäft mit einer gegenläufigen Entwicklung im Termingeschäft erzielen.[353] Aber auch bei Verträgen zwischen zwei Nicht-Versicherungsgesellschaften besteht ein - wenn auch weit geringeres - Marktpotential.[354] So könnten z.B. Bauunternehmer und Immobilienbesitzer als Vertragspartner ihre Risikopositionen diversifizieren, indem sie sich gegen den jeweils gewünschten Eintritt bzw. Nicht-Eintritt eines Schadensereignisses absichern.[355] In derartigen Szenarien wird dem IVM ebenfalls eine Vermittlerrolle zugedacht, die

[353] Vgl. McCullough (1995), S. 31.
[354] Vgl. Brühwiler/Stahlmann (1999), S. 72f. Großes Entwicklungs- und Marktpotential wird insb. den in Abschnitt D.I.4.3 behandelten Wetterderivaten vorausgesagt. Vgl. Baur/Schanz (1999), S. 33; Müller (2000), S. 216f.
[355] Zu Praxisbeispielen von Versicherungsderivaten s. Abschnitt D.I.4.3.

sich darüber hinaus auf die konkrete Vertragsgestaltung ausdehnen kann.

D.I.2.1.7 Umsetzung der Anforderungen durch das KonTraG

Auf Grund der zunehmenden Vernetzung im Produktionsbereich steigt beim Industriekunden die Dringlichkeit für ein Risk Consulting[356], das alle Facetten eines Risk Engineerings berücksichtigt.[357] Wie bereits gezeigt, können IVM sowohl bei der Erkennung (Analyse) als auch bei der Maßnahmenergreifung (Therapie) einen entscheidenden Beitrag leisten, indem sie diese Aufgaben teilweise oder gänzlich übernehmen. Auch die Einrichtung und ständige Erneuerung des vom KonTraG geforderten Überwachungs- und Früherkennungssystems als solches geht hierbei in den Aufgabenbereich des IVM über. Die Umsetzung der Anforderungen kann durch einen im folgenden dargestellten Projektablauf sichergestellt werden (s. Abbildung 11).[358]

Das Projekt ist in fünf Ablaufphasen eingeteilt. Nach einer einleitenden Projektplanung in Phase Eins, in der Zeitrahmenbestimmung, Teambesetzung, Budget, Zielsetzung und Projektstart festgelegt werden, erfolgt in Phase Zwei eine Analyse der strategischen, operativen, finanziellen und „Hazard"-Risiken unter Berücksichtigung der Risikoeinstellung und -bereitschaft der Unternehmung. Auch Aspekte der Aufbau- und Ablauforganisation sowie bereits bestehende Managementsysteme müssen bei der Analyse der Unternehmensrisiken Berücksichtigung finden.

---

356 Eine erst kürzlich durchgeführte Befragung US-amerikanischer Risk Manager zufolge belegt den steigenden Risk Management-Beratungsbedarf von Industriekunden. Vgl. Unsworth (1999), S. 23ff.

357 Vgl. Brühwiler/Stahlmann (1999), S. 93.

358 Vgl. ähnlich Fischer (1999), S. 294.

Abbildung 11: Projektablauf nach KonTraG-Erfordernissen

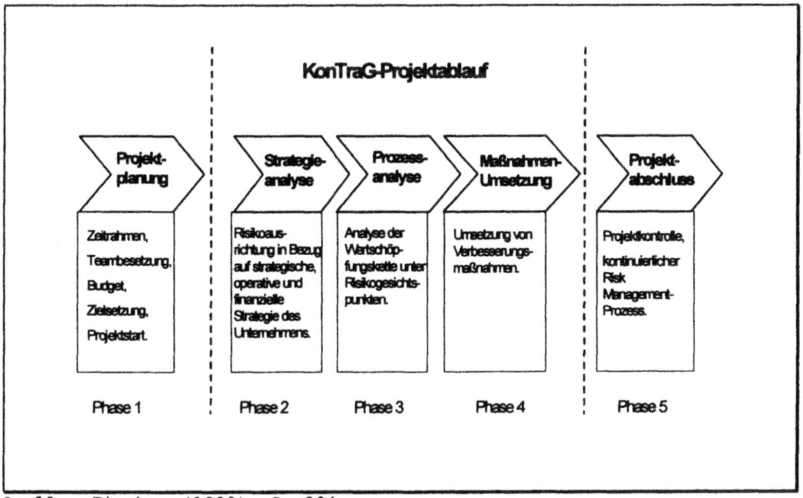

Quelle: Fischer (1999), S. 294.

In Phase Drei werden die einzelnen Prozessabläufe auf Konformität und Verbesserungsmöglichkeiten in Bezug auf die Anforderungen nach KonTraG geprüft. Anschließend kann in Phase Vier ein Maßnahmenkatalog erstellt und umgesetzt werden, der die in den ersten beiden Projektphasen aufgedeckten Verbesserungspotentiale erschließt. Dieser sollte auch die Einrichtung eines geeigneten Überwachungs- und Frühwarnsystems beinhalten. Die notwendigen Maßnahmen werden nicht zuletzt von der Zielsetzung des Unternehmens geprägt sein, entweder „nur" die Anforderungen des Gesetzes erfüllen zu wollen oder aber von vornherein einen ganzheitlichen[359] und dynamischen Ansatz zu verfolgen, der Risk Management als einen sich ständig verändernden und verbessernden Prozess versteht[360] und der die Anforderungen des KonTraG (lediglich) als Mindeststandard berücksichtigt.

Mit der Projektkontrolle als Phase Fünf wird der KonTraG-Projektablauf abgeschlossen.

---

[359] S. Abschnitt C.I.1.3.

[360] Vgl. Romeike (2000), S. 609.

D.I.2.2 Exkurs: Die Wahl des „richtigen" IVM aus ökonomischer Sicht

Von entscheidender Bedeutung für die Wirtschaftlichkeit des Risk Managements eines Kunden ist die sorgfältige Auswahl des zur jeweiligen Bedürfnisbefriedigung am besten geeigneten IVM. Vor allem vor dem Hintergrund vorherrschend langfristiger Beziehungen zwischen IVM und seinem Kunden kommt der „richtigen" Entscheidung große Bedeutung zu. Neben einer Erörterung der Makler-Attribute ‚Problemlösungsfähigkeit', ‚Diskretion', ‚kapitalmäßige Unabhängigkeit' und ‚Reputation'[361] müssen IVM-Kunden ihrer Entscheidung eine fundierte Kosten/Nutzen-Analyse zugrunde legen.

Die Einhaltung des im Maklervertrag[362] gegebenen Dienstleistungsversprechens, das die Lieferung von versicherungsbezogenen und -ähnlichen Dienstleistungen vor Beginn und während des Vertragsverhältnisses zum Gegenstand hat,[363] stiftet dem Kunden einen (Erwartungs-)Nutzen in Form von Kostenersparnissen und/oder Ertragszuwächsen. Hierbei setzen sich die Kostenersparnisse aus der Summe der Informations- und Fehlentscheidungskosten zusammen, die der Maklerkunde ohne Beauftragung des IVM zu tragen hätte. Nur wenn der (Erwartungs-)Nutzen bzw. die Leistung des IVM höher als ihr Preis ist, lohnt sich die Einschaltung des Maklers.[364] Lohnt sich die Einschaltung, so erweist sich das Eingehen einer Vertragsbeziehung mit demjenigen IVM als sinnvoll, der zu gleichem (geringerem) Preis den höheren (gleichen) (Erwartungs-)Nutzen stiftet.[365]

---

361 Einer Befragung der PbS (Projektgruppe für betriebswirtschaftliche Studien) zufolge sind diese Attribute die Hauptentscheidungskriterien bei der VM-Wahl. Vgl. Sartorius/Vick (1998), S. 201ff., S. 324ff.

362 Zu Inhalt und rechtlicher Einordnung von Maklerverträgen vgl. Matusche (1993), S. 27ff; Grieß/Zinnert (1992), S. 451 ff.

363 Vgl. ähnlich auch Traub (1995), S.48.

364 Vgl. Kromschröder (1997), S. 74.

365 Zur Beurteilung der Nutzenstiftung bzw. der Qualität der Maklerdienstleistung s. Abschnitt D.II.5.

Entscheidend ist die Beurteilung des Dienstleistungs-Gesamtpaketes des IVM. Unstrittig ist, dass der Versicherungsnehmer abgespaltene Teilleistungen je für sich bewerten könnte. Dies ist jedoch allenfalls für produktgestalterische Erwägungen sinnvoll, weil für die Auswahl eines Maklers allein das in Abbildung 12 veranschaulichte Verhältnis von Gesamtleistung (d.h. Ausmaß der Risikoreduzierung und -vermeidung sowie Ver- und Absicherungsschutzmenge und Menge der Maklerdienstleistung) zu Risikokosten (Prämie und Selbsttragungskosten) zuzüglich Maklerentgelt entscheidend ist.[366]

Abbildung 12: Kosten-Leistungs-Gegenüberstellung bei der IVM-Wahl.

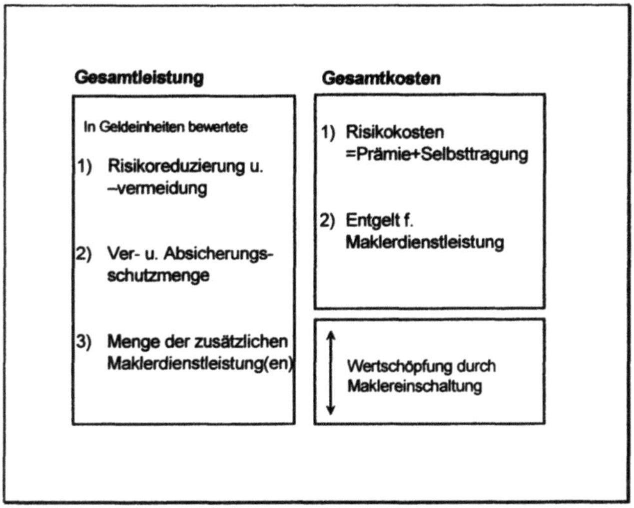

D.I.2.3 Zwischenergebnis

Durch technologische Fortschritte und die technische Abhängigkeit betrieblicher Kernprozesse von der IT in der

366 Vgl. ähnlich auch Traub (1995), S. 48.

Wertschöpfungskette,[367] durch die Managementphilosophie des Total Quality Managements (TQM[368]), den Druck der Aktionäre[369] in Zeiten zunehmender Wichtigkeit des Shareholder Value-Gedankens und durch die von rechtlicher Seite aus auferlegten Gesetzesneuerungen im Rahmen des Gesetzes „zur Kontrolle und Transparenz im Unternehmensbereich", dem KonTraG, wird einem aktiven, auf ständige Verbesserung ausgerichteten Risk Management-Prozess in Industrieunternehmen eine wachsende Bedeutung beigemessen.[370]

Der IVM wandelt sich so von einem reinen Versicherungsvermittler hin zu einem Risikoberater,[371,372] der dem Kunden in allen Phasen des in Abbildung 13 dargestellten Risikomanagement-Prozesses zur Seite steht und maßgeblich an dessen Entwicklung und Einrichtung beteiligt ist.[373] Diese umfassende Aufgabe bedingt eine stärkere Zusammenarbeit des Kunden mit dem IVM, was eine Intensivierung der ohnehin schon partnerschaftlichen Beziehung mit dem IVM[374] zur Folge hat.[375] Im Vergleich zu früher sind Konzepterarbeitungen folglich durch einen größeren, bilateralen Informationsaustausch geprägt. Vorzuziehen ist die „beratende Unterstützung" der vollkommenen Abgabe des Risk Managements an den IVM, um letzte Entscheidungen stets beim Kunden selbst zu belassen und somit übertriebenes Eingreifen des IVM in die unternehmerische Tätigkeit und strategische Weichenstellung seines Kunden zu vermeiden.[376]

---

367 Vgl. hierzu Romeike (2000), S. 610; Scherzer/Usher (1999), S. 10f.
368 Vgl. Hierzu Bullinger/Warnecke (1996), S. 40-43.
369 Vgl. Baur/Schanz (1999), S. 9f.
370 Vgl. Benz/Görgen (1999), S. 289.
371 Vgl. Funk (2000), S. 823; o.V. (2000c), S. 675.
372 Zur Problematik mit dem Rechtsberatungsgesetz (RberG), die eine derartige inhaltliche Ausweitung der Beratungstätigkeit des Maklers nach sich ziehen könnte, s. Abschnitt D.II.6.1.
373 Vgl. ähnlich Farny (1993b), S. 81; ähnlich auch Lach (1991), S. 604ff; Eisele/Steinmann (1999), o.S. Von Gaertner (1986) weist darauf hin, dass ein umfassendes Risk Management komplexer Risikosituationen qualifizierte Spezialisten erfordert, deren Einsatz mit hohen Fixkosten verbunden ist. Vgl. ders., S. 88-91.
374 Vgl. Schradin (1998), S. 327.
375 Vgl. o.V. (1997b), S. 192.
376 Vgl. o.V. (1997b), S. 192.

Abbildung 13: Einfluss des IVM auf den Risk Management-Prozess des Kunden.

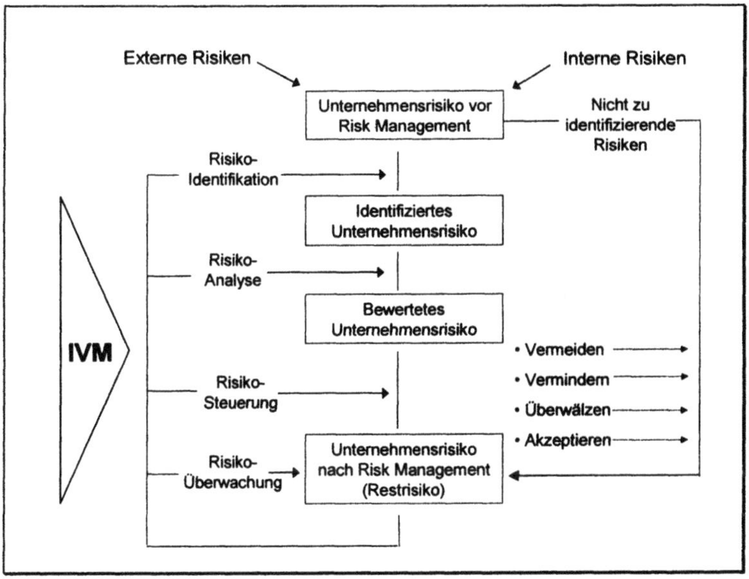

Quelle: Eigene Darstellung in Anlehnung an Nücke/Feinendegen (1999), S. 28.

Das Dienstleistungsspektrum des IVM beschränkt sich nicht mehr allein auf die Versicherung industrieller Risiken, sondern erstreckt sich auf alle unter dem Dach eines wirklichen Risk Managements zu erbringende Leistungen. Schwerpunkt bildet die Konzeption ganzheitlicher internationaler Absicherungsprogramme und deren Platzierung am Markt, auch unter Nutzung der Deckungspotentiale, die sich auf dem Kapitalmarkt ergeben. Da die beratenden Tätigkeiten solche, die zur eigentlichen Versicherungsvermittlung führen, in starkem Maße ersetzt haben, werden IVM vereinzelt als „Risk Consultants" bezeichnet - Unternehmensberater, spezialisiert auf Risk Management-Fragen ihrer Kunden.[377] Die zur Abdeckung des erforderlichen Leistungsspektrums notwendige

[377] Vgl. Doman/Duchen/Markus (1999), S. 30.

Expertise lässt es ferner gerechtfertigt erscheinen, von „knowledge intensive firms“ zu sprechen.[378]

D.I.3 Wettbewerbsfaktoren

Die mittelfristigen Renditeerwartungen der börsennotierten IVM liegen bei 15% bis 20%.[379] Um dieses - angesichts einer derzeitig angespannten und durch die typischen Anzeichen einer käufermarktgeprägten Wettbewerbssituation - ehrgeizige Renditeziel auch zu erreichen und Marktanteile auszubauen bzw. Marktanteilsverluste an die Konkurrenz auszugleichen, werden nachfolgende wertschöpfungssteigernde Erfolgsfaktoren in Zukunft ausschlaggebend sein:

1. Bestandsfestigungen und -einkäufe,
2. Kontinuierliche Produktivitätssteigerungen,
3. Innovationsmanagement,
4. Zielgruppenausweitungen,
5. Einstellung auf Electronic Commerce,
6. Investition in Technologie,
7. Informations- und Wissensmanagement,
8. Aufbau von Underwritingabteilungen,
9. Anpassung der Organisationsstruktur.[380]

D.I.3.1 Bestandsfestigungen und -einkäufe

Der IVM muss seine Portefeuille-Bestände zukünftig sichern und weiter ausbauen. Im Hinblick auf hohe Vorlaufkosten bei Neuakquisitionen kommt zunächst der Bestandssicherung große Bedeutung zu. Die Wettbewerbsfähigkeit bestehender Portefeuilles wird durch ihre fortwährende Anpassung an

---

378 Vgl. Sydow (1994), S. 17.
379 Vgl. Noehrbass (2000), S. 1105.
380 Um Wiederholungen zu vermeiden wird zu diesem Wettbewerbsfaktor („Anpassung der Organisationsstruktur“) auf Abschnitt D.III verwiesen, der sich eingehend mit der notwendigen Umorganisation beim IVM befasst.

veränderte Marktgegebenheiten und -entwicklungen gewährleistet. Dies bedingt ein hohes Maß an fortlaufender Kommunikation mit dem Kunden. Der IVM muss die aktuelle Risikophilosophie und -gestaltungsziele seines Kunden kennen, und der Kunde muss stets über evtl. Produktneuerungen und veränderte Markt- und Rechtslagen informiert sein. Die sich daraus für das Portefeuille ergebenden Veränderungspotentiale und tatsächlichen Veränderungen erfolgen in direkter Absprache mit dem Kunden. Somit dienen Bestandfestigungsaktivitäten der Gewährleistung marktbezogener Aktualität des Portefeuilles und dadurch implizit der langfristigen Kundenbindung und -zufriedenheit.

Marktpositions- und Portefeuille-Erweiterungen erfolgen u.a. durch den Zukauf von Beständen. Eine häufig praktizierte Möglichkeit besteht in der kontinuierlichen Ausweitung der Bestände durch Grenzkostenakquisitionen. Durch den Einsatz von Risikokapital werden ausgewählten Zielgruppen mehrjährige Verträge angeboten, die bei Übertragung ihrer Versicherungsportefeuilles z.T. erhebliche Prämieneinsparungen versprechen. Der Akquisitionsaufwand soll durch Abschreibungen und laufende Erträge nach Abschluss - verteilt auf einen längeren Zeitraum - wieder hereingeholt werden. Eine gängige Größenordnung beträgt z.B. 30%, 20% und 10% in den ersten drei Jahren. Äußerst problematisch ist dabei der Zeitpunkt des Vertragsabschlusses, da hier eine 100-prozentige Deckung aller Risiken häufig nicht gewährleistet ist. Zwar würden Risiken aus Zeiträumen, die noch nicht geregelt sind, im Schadenfall durch die Vermögensschaden-Haftpflichtversicherung des Maklers übernommen, doch stellt diese Art des Akquisitionsvorgehens unter juristischer Beleuchtung einen klaren Wettbewerbsverstoß dar.[381]

---

[381] Vgl. zu diesem Absatz Noehrbass (2000), S. 1105.

D.I.3.2 Kontinuierliche Produktivitätssteigerungen

Um die Produktivität kurzfristig zu erhöhen kann der Makler wie schon in den vergangenen Jahren auch weiterhin einen konsequenten Personalabbau betreiben.[382] Am effizientesten kann hier bei den vom Außendienst mitfinanzierten Bereichen wie allgemeine Verwaltung, Schreibpool oder Öffentlichkeitsarbeit angesetzt werden.[383] Kurzfristige Produktivitätserhöhungen sind auch durch die Verjüngung des Personals über Sozialpläne, Outplacement-Beratung und Frühverrentungen älterer und damit teurer Mitarbeiter erzielbar. Langfristig gesehen sind diese Möglichkeiten jedoch beschränkt durchführbar, weil Personalverjüngungen sich - gerade in wissensintensiven Unternehmen - auf Grund des damit einhergehenden Verlustes an Erfahrung und Know-how als problematisch erweisen können. Der IVM muss auf andere unternehmerische Mittel zurückgreifen. In Bezug auf Personal betrifft dies die inner- und außerbetriebliche Weiterbildung[384], besonders in den Bereichen Risk Management, Finanzierung, Sprachen, Kommunikation und EDV.[385] Im Ergebnis wird sich das Leistungsspektrum des zukünftigen Mitarbeiters daher erheblich vom Versicherungskaufmann der Vergangenheit unterscheiden.[386]

D.I.3.3 Innovationsmanagement

Die Liberalisierung des Marktes innerhalb der EU und die zunehmende Globalisierung der Wirtschaft haben bei deutschen IVM zu einem intensivierten Wettbewerbsdruck

382 Aon kündigte im November 2000 einen Personalabbau von weltweit 3.000 Arbeitsplätzen an. Vgl. o.V. (2000i), S. 847.
383 Vgl. Noehrbass (2000), S. 1105.
384 Unzureichende Ausbildung führt bei immer mehr Maklerbetrieben zu der Gefahr, dass sie ihrem Sachwalterauftrag nicht gewachsen sind. Vgl. Sandkühler (2000), S. 669.
385 Vgl. o.V. (2001
386 Vgl. Herold/Paetzmann (1999), S. 30; Noehrbass (2000), S. 1109.

geführt.[387] Dieser erhöht den produkt- und prozessbezogenen Innovationsdruck beim IVM, da die internationale Wettbewerbsfähigkeit u.a. von der Innovationsfähigkeit von Unternehmen abhängt.[388]

Versteht man Innovation in Anlehnung an Albach[389] als „durch den Wettbewerb gefilterte Kreativität", dann beinhaltet diese Definition zwei essentielle, voneinander getrennte Aktivitäten: erstens einen Kreativitätsprozess, der auf der Produktebene als Produktneuentwicklungsprozess zu verstehen ist, und zweitens die nach Markteinführung durchgenommene Prüfung und Bewertung der Dienstleistung durch den Markt. Erst infolge dieses „harten Ausleseprozesses"[390] durch die Teilnehmer des Finanz- und Versicherungsmarktes werden Produktneuerungen zu Innovationen. Dem Innovationsdruck ist mit konsequentem Innovationsmanagement auf der Produkt- und auf der Prozessebene zu begegnen.[391]

D.I.3.3.1 Auf der Produktebene

Eine Reform des Produktangebotes unter Berücksichtigung der in Abschnitt C.I behandelten veränderten Kundenbedürfnisse spielt bei der Positionierung des IVM am Weltmarkt eine entscheidende Rolle. Bei der Entwicklung von ART-Konzepten[392] dürfte Marsh im Vergleich der „Big Three" dadurch einen großen Wettbewerbsvorteil haben, dass mit Putnam Investments Inc., Boston, ein konzerninternes Investmenthaus zur Verfügung steht, auf dessen Ressourcen und Know-how zurückgegriffen werden kann.

---

387 Vgl. Farny (1993a), S. 353; Herold/Paetzmann (1997), S. 671; o.V. (1999f), S. 570; o.V. (1999i), S. 1874; Surminski (1989), S. 171.
388 Vgl. Albach (1989), S. 1338f.
389 Vgl. Albach (1989), S. 1338.
390 Albach (1989), S. 1338.
391 Vgl. Banham (1999), S. 16.
392 Zur inhaltlichen Produktpalettenveränderung sei an dieser Stelle auf Abschnitt C.II verwiesen.

Auf der Produktebene ist festzustellen, dass sowohl die Reaktion auf erhöhten Wettbewerbsdruck und die Reaktion auf veränderte Kundenbelange („*Innovations-Push*"), als auch die Entwicklung erfolgsträchtiger Absicherungskonzepte durch den IVM selbst („*Innovations-Pull*") Triebfedern des Innovationsprozesses sind. Bei Letzterem findet der Makler nicht „Antworten auf nicht vorhandene Fragen", sondern entwickelt im Idealfall Lösungen, die eine Antwort auf zukünftige Problemstellungen sind, über die sich die Kunden selbst (noch) nicht im Klaren sind. Ein Beispiel wäre die Erstellung von länder- und branchenspezifischen Risikodaten oder eines Analyseinstrumentes, mit dem landes- und branchenspezifische Abhängigkeitsrisiken eines Unternehmens ermittelt werden können. Beides könnte sich der Kunde bei Überlegungen einer Ausweitung der internationalen Geschäftstätigkeit und bei Standortfragen zu Nutze machen.

Ergebnis des Innovationsprozesses können aber auch Produktneuerungen sein, die eine nachfrageschaffende Wirkung haben. Beispiele für innovative Produktneuerungen und Dienstleistungen außerhalb der Versicherungswirtschaft, die als Innovationskatalysator Nachfrage filtern und erzeugen, gibt es viele. Interessant ist, dass solche Dienstleistungen - z.B. die präventive Wartung von großen Kopiergeräten, in denen ein Modem und ein Telefon integriert sind, über das selbstständig der Außendienst alarmiert wird[393] - nicht nur zu der Entstehung neuer Produkte und Dienstleistungen, sondern auch zu deren Vermarktung beitragen.[394] Insofern führen innovative Produktneuerungen, -verbesserungen oder -ergänzungen auch zu einer Steigerung des Unternehmenswertes.

Beispiel einer Produktneuerung mit nachfrageschaffender Wirkung durch einen IVM ist die Entwicklung des Software-

393 Zu zahlreichen weiteren Beispielen vgl. Bullinger (1996), S. 16f.
394 Vgl. Bullinger (1996), S. 16.

produktes **SMART**[395] („Strategic Model for Advanced Risk Techniques"), das die Risikoanalyse beim Kunden standardisiert und geeignete Absicherungsprogramme erarbeitet. Es soll an dieser Stelle eine kurze Erläuterung finden:

Zum Aufgabenbereich des IVM gehört, fallabhängig, über die Zusammenstellung eines geeigneten Absicherungsprogramms hinaus, inzwischen auch die Prämien- und Risikokostenkalkulation des jeweiligen Programms.[396] Um eine mit den vom Kunden gesammelten Schaden- und Risikoinformationen optimale Struktur des jeweiligen Absicherungsprogramms unter dem Gesichtspunkt der Gesamtkostenminimierung zu erstellen berechnet SMART auf der Grundlage versicherungsmathematischer Methoden je Sparte und für jede gewählte Höhe der Selbstbehaltbegrenzung

- den entsprechenden „Aggregate Stop Loss" (aggregierter Selbstbehalt je definierter Versicherungsperiode),
- die Kosten der Risikoselbsttragung,
- die Höhe der Versicherungsprämie,
- die Risikokosten (als Summe der selbstgetragenen Risiken und Prämien),
- erforderliche Rückstellungen für bereits eingetretene sowie - mittels Projektion der Schadenverteilung in die Zukunft - für künftige Schäden.

SMART vergleicht die verschiedenen Optionen mit dem aktuellen Absicherungsprogramm - sowohl je Sparte (Monoline), als auch im Hinblick auf ein Multiline-Programm - und wählt letztendlich dasjenige aus, mit dem der höchste Grad an Kostenreduktion erzielt wird. Berücksichtigt werden dabei auch Abhängigkeiten zwischen verschiedenen Risiken.

---

395 **SMART** wurde von Marsh Inc. entwickelt. Zu Einzelheiten zu dem Software-Produkt vgl. Eisele (1999), o.S.

396 S. hierzu auch Abschnitt D.I.3.8.

Modellbestimmende Faktoren, die vom Anwender beliebig gewählt und bedürfnisabhängig verändert werden können, sind:

- Veränderungen des Selbstbehaltes,
- steigendes/fallendes Zinsniveau - der Regulierungsdauer bei Großschäden kann so Rechnung getragen werden,
- veränderte Marktbedingungen - „harte" und „weiche" Märkte können entsprechende Berücksichtigung finden,
- Veränderungen der Schadensquote,
- Veränderungen im „Loss Konversion Factor" (Verhältnis der Gesamtschadensumme zu einem spartenbezogenen Basiswert[397]).

Soweit die Gründung einer Captive in Erwägung gezogen wird, analysiert SMART zusätzlich die finanziellen und steuerlichen Auswirkungen eines Einbezuges unter Berücksichtigung verschiedener Firmensitze der Captive.

Die von SMART in der Vergangenheit bereits realisierten Optimierungen von Prämien, Selbstbehalten und/oder des Aggregate Stop Loss haben zu einem verbesserten Bilanzschutz und zu signifikanten Reduzierungen der Risikogesamtkosten geführt. Die Anerkennung und „vollumfängliche Akzeptanz" des Programms durch „einige führende Versicherer"[398] ist ein entscheidender Wettbewerbsvorteil für Marsh Inc., der „auch als Argument in Verhandlungen mit Versicherern" genutzt werden kann.[399]

---

397 Der spartenbezogene Basiswert ist bspw. im Haftpflichtbereich (typischerweise) die Umsatzzahl, bei Workers' Compensation die Lohn- und Gehaltssumme oder im KFZ-Bereich die Anzahl Fahrzeuge.

398 Es gibt bereits zahlreiche Angebote von Versicherern, die an der patentierten SMART-Software Interesse haben. Vgl. Eisele (1999), o.S.

399 Vgl. Eisele (1999), o.S.

D.I.3.3.2 Auf der Prozessebene

Auf die Prozessebene bezogen konzentriert sich das Innovationsmanagement bei IVM über das altbekannte Business Process Reengineering[400] hinaus auf die Potentiale, Geschäftsprozesse durch Electronic-Business-Anwendungen zu verbessern. Zunächst müssen die einzelnen Teilprozesse mittels Process Landscaping ermittelt und die Schnittstellen zwischen Prozessteilen detailliert beschrieben werden.[401] In einem zweiten Schritt werden dann Verbesserungsanforderungen für jeden Teilprozess erarbeitet. Beim IVM könnten die Teilprozesse „Kundenakquisitionen", „Kundenberatung und -betreuung", „Marktvergleiche/ Vertragsverhandlungen mit den Kapazitätsanbietern" und „Schadenmanagement" unterschieden werden.

Auf Grundlage der Kenntnis einer aktuellen Process Landscape lässt sich ermitteln, welche E-Business-Anwendung benötigt wird, um ein bestimmtes Ziel zu erreichen. Ziel könnte ein „besserer Kundenservice", eine „verbesserte Reaktions- und Auskunftsfähigkeit", eine „erhöhte Kundenbindung", eine „vermehrte Kundengewinnung" oder eine Kombination dieser Ziele sein.[402] Bezogen auf den Prozess „Kundenakquisition" würde die Verbindung mit dem Hauptziel „vermehrte Kundengewinnung" zu einer Verstärkung der E-Marketing-Aktivitäten führen, und zwar durch die Darstellung des Potentials und der Kompetenz des IVM im Internet.[403]

---

400 Vgl. hierzu z.B. Bullinger/Warnecke (1996), S. 1020f.

401 Vgl. Birnbach / Gruhn (2000), S. 1664.

402 Vgl. Birnbach / Gruhn (2000), S. 1668.

403 Zu weiteren Beispielen vgl. den Aufsatz von Birnbach/Gruhn (2000), der sich mit den Geschäftsprozessen und E-Business-Anwendungen als Prozessoptimierungsmaßnahme von Industrieversicherungsgesellschaften beschäftigt.

D.I.3.4 Zielgruppenausweitungen

Ertragsverbesserungen bzw. -stabilisierungen können u.a. durch Zielgruppenausweitungen erzielt werden.[404] Für den IVM bedeutet dies u.a. eine Ausweitung des Kundenstammes auf (kleinere) mittelständische Unternehmen, in Einzelfällen sogar auf vermögende Privatpersonen, sog. „High Value Individuals".

Zielgruppenausweitungen erfordern eine weitergehende Produktentwicklung und einen zunehmenden Grad an Standardisierung von Massenprodukten und Beratungsabläufen.[405] Als ertragsfördernde Zusatzprodukte sind eine standardisierte Auswahl an Individualversicherungen wie z.B. Hausrat-, Kfz-, Haftpflichtversicherungen oder Altersvorsorgeprodukte[406] für Kundenmitarbeiter denkbar. Gerade im Zuge erhöhter Transparenz und Vergleichbarkeit von Versicherungsprodukten im Breitengeschäft, die die Versicherungsgesellschaften sogar dazu bewegen, Konkurrenzprodukte anzubieten,[407] muss der IVM - will er dieses Geschäftsfeld nicht an die Versicherer verlieren - dem Belegschaftsgeschäft mehr Aufmerksamkeit widmen.

Pionierarbeit auf diesem Gebiet leistete die pma Finanz- und Versicherungsmakler GmbH, die seit Januar 1999 ein flexibles Multiline-Produkt für den Privatbereich anbietet.[408] Mit dem Produkt können alle Sachverträge, selbst bei Einbeziehung mehrerer Versicherungsgesellschaften, über einen einzigen Antrag abgewickelt werden. Vor kurzem hat auch die Aon Jauch & Hübener Holdings GmbH angekündigt, durch ein Joint Venture mit der InsuranceCity AG eine unabhängige Online-Plattform für das Belegschaftsgeschäft zu schaffen, die Kundenmitarbeitern

---

[404] Vgl. o.V. (1998f), S. 21.
[405] Vgl. Traub (1995), S. 20.
[406] Vgl. Funk (2000), S. 823.
[407] Vgl. Lansch (2001), S. 42.
[408] Vgl. o.V. (1999h), S. 75.

ein Leistungs- und Softwarepaket zum Abschluss privater Versicherungspolicen via Inter- oder Intranet anbietet.[409,410]

Know-how aus dem Industriebereich muss auf andere Kundenebenen übertragen werden. Die Geschwindigkeit der Ausweitung auf den kleingewerblichen - und in Einzelfällen auch den privaten Bereich[411] - wird von entscheidender Bedeutung für die Zielsetzung der Kundenbindung und -neugewinnung sein.

D.I.3.5 Einstellung auf Electronic Commerce

Allgemein versteht man unter Electronic Commerce (E-Commerce) „die digitale Anbahnung, Aushandlung und/oder Abwicklung von Transaktionen zwischen Wirtschaftssubjekten“[412]. Der elektronische Handel mit Produkten hat auch im Maklerwesen großen Einfluss auf die Produktvielfalt, die Vergleichbarkeit von Produkten und in direkter Konsequenz auch auf Produktlebenszyklen.[413]

Zu unterscheiden ist zwischen Geschäftspotentialen, die sich durch E-Commerce Aktivitäten der Kunden ergeben[414] und zwischen Geschäftspotentialen und -bedrohungen durch den elektronischen Handel mit Versicherungsprodukten. Erstere

---

409 Vgl. o.V. (2000a), S. 1158; o.V. (2000f), S. 564.

410 Anteilsmehrheit an der noch zu gründenden Aon Insurance City GmbH soll bei Aon Jauch & Hübener liegen. Vgl. Insurance City (2000), o.S.; o.V. (2000a), S. 1158.

411 Vgl. o.V. (1997b), S. 748.

412 Zu einer detaillierten Begriffserklärung und -abgrenzung zu anderen Formen des Electronic Business vgl. Fritz (2000), S. 19-24.

413 Vgl. o.V. (2000b), S. 674f.

414 Kundenbedürfnisse und damit Umsatzpotentiale für IVM sind hier erheblich: Schätzungen von Analysten ergaben, dass bspw. der „I love you“-Virus weltweit Arbeitsstunden im Wert von US$ 10 Mrd. vernichtete - unter Berücksichtigung „anderer“ Vermögensschäden wird sogar ein Betrag von „mehreren 100 Mrd.“ US$ genannt. Vgl. Romeike (2000), S. 604. Die Hacker-Angriffe auf das Internet-Portal Yahoo, den Online-Aktienhändler E-Trade und das Bücherhaus Amazon verursachten einen Kursverlust von ca. US$ 2,5 Mrd. Hinzu kommen US$ 250 Mio. Umsatzverluste dieser Unternehmen. Vgl. eNews (2000), o.S.

bedingen vor allem Produktneuentwicklungen und Schadenverhütungsberatung. In Zusammenarbeit mit SAIC (Science Applications International Corporation) analysiert und quantifiziert Marsh, bspw. im Rahmen des Programms „NetSecure", die durch das Internet entstandenen Sicherheitsrisiken seiner Kunden.[415] Auf der Grundlage solcher Evaluierungen ist der IVM dann gefordert, geeignete Absicherungsprogramme zu entwerfen, die eine Kontrolle von Internetrisiken durch Manipulation, technische Fehler und Schäden Dritter ermöglichen.[416] Mehr noch als auf die Ver- und Absicherung erkannter Risiken sollten sich die (Beratungs-)Aktivitäten auf die Schadenverhütung konzentrieren, also darauf, die Sicherheit des E-Commerce an sich zu erhöhen.

Auch der elektronische Handel mit Versicherungsprodukten selbst stellt den IVM vor neue Herausforderungen: E-Commerce bedroht traditionelle Distributionskanäle[417] auf Grund der Vertriebskosteneinsparungen. Diese sind in erster Linie darauf zurückzuführen, dass die sich einwählenden Kunden ein konkretes Abschlussinteresse haben, während bei der klassischen Vertriebsmethode abschlusswillige Kunden von solchen, die kein Interesse haben, erst einmal zu trennen sind.[418] Der IVM wird sich vor allem auf die drei nachfolgenden Entwicklungen in diesem Bereich einstellen müssen:[419]

1. Elektronischer Versicherungs-Direktverkauf

Standardisierte Direktversicherungsprodukte werden im Internet seit November 1999 angeboten.[420] Wie sich bei den

---

415 Vgl. Ryan (2001), o.S.

416 In Deutschland bietet die Marsh GmbH seit Mitte 2000 ein Versicherungspaket an, dass Internetrisiken abdeckt und damit zum Bilanzschutz und Sicherung von Shareholder Value beiträgt. Vgl. dazu eNews (2000), o.S.

417 Vgl. Banham (1999), S. 18; Doman/Duchen/Markus (1999), S. 28.

418 Vgl. Noehrbass (2000), S. 1109.

419 Vgl. Noehrbass (2000), S. 1108f.; o.V. (2000h), S. 434.

420 Vgl. o.V. (1999d), S. 756. Zur Nutzung des Internet als Vertriebsmedium der Versicherer vgl. auch Bölscher/Aschenbrenner/Schulenberg (1999), S. 207-214.

Tarifen der Direktversicherer in der Kraftfahrzeugsparte bereits herauskristallisiert hat,[421] werden Produkte, die auf den Plätzen vier, fünf und höher landen, in kürzester Zeit zum Ladenhüter. Zwar hinkt der Vergleich von standardisierten Direktversicherungsprodukten in starkem Maße mit denen eines IVM, da letztere mit steigendem Individualitätscharakter ihre Vergleichbarkeit verlieren. Dennoch sind eine erhöhte Produktvielfalt und verkürzte Produktlebenszyklen auch im Maklerwesen auf den Handel im Netz zurückzuführen. Große Umsatzpotentiale bestehen z.B. in einer Online-Administrierung des Belegschaftsgeschäfts.[422]

2. Suchmaschinen

Mit der Entwicklung von E-Commerce entstand auch eine bislang neue Konkurrenzform, die Konkurrenz der Internet-Dienstleister. Diese stellen Suchmaschinen gegen Gebühr zur Benutzung durch den Kunden auf Seiten des Versicherers ins Netz.[423] So wird dem Kunden ermöglicht, seinen eigenen Absicherungsbedarf durch Risikoanalyseprogramme zu ermitteln. Durch Übertragung der Auswertungen über ein Suchprogramm in Tariffierungsprogramme kann das für die individuellen Bedürfnisse am besten geeignete Angebot aus den von der Suchmaschine, die eine Vielzahl von Bedingungswerken und Tarifen vergleicht, ermittelten Ergebnissen ausgewählt werden. Einen Schwachpunkt stellt dabei die Subjektivität des ermittelten Ergebnisses dar, da der Betreiber der Suchmaschine den jeweiligen Auswertungsrahmen eigenmächtig und beliebig festlegen kann.

Eine kurzfristige Möglichkeit für den IVM zur Erlangung eines Wettbewerbsvorteils besteht darin, „objektivierte Suchmaschinen" im Netz bereitzustellen, die dem Kunden ein

421 Vgl. Noehrbass (2000), S. 1108.
422 Vgl. o.V. (2001a), S. 76.
423 Vgl. o.V. (1999e), S. 570.

deutlich höheres Maß an „Best Advice“[424] gewährleisten, als dieses durch derzeitige Suchmaschinen der Fall ist.

3. Elektronische Versicherungsintermediäre

Bei elektronischen Versicherungsintermediären handelt es sich um Unternehmen, die nicht nur Suchmaschinen zum Produktvergleich anbieten, sondern die als zugelassene Vermittler bzw. Makler auch die Möglichkeit bieten, Versicherungsverträge online abzuschließen.[425] Immer mehr VM bieten Ihre Produkte auch im Netz an. Das diesbezügliche Geschäftsvolumen wird bis zum Jahr 2004 auf DM 27 Mrd. geschätzt.[426] Auch hier muss der IVM, will er dieses Geschäftsfeld nicht kampflos abgeben, möglichst schnell ein Angebot schaffen, zumal die bisher existierenden „virtuellen Makler“ noch sehr unprofessionell arbeiten und die Erfolgsaussichten vielversprechend sind.[427] Jedenfalls konnten die Versicherer in der Vergangenheit bei der Gewinnung von Kunden im Nicht-Lebensbereich durch Online-Abschlüsse z.T. Kosteneinsparungen von 40% - 60% erzielen.[428]

D.I.3.6 Investition in Technologie

Die Notwendigkeit, Informationen schnell und effektiv auszutauschen[429], die Möglichkeit, Wahrscheinlichkeitsszenarien mit Hilfe komplexer Simulationsverfahren zu berechnen, und der beschriebene E-Commerce zwingen den IVM zu Technologieinvestitionen,[430] deren Unterlassung zu entscheidenden Wettbewerbsnachteilen führen würde.[431]

---

424 S. hierzu auch Abschnitt D.II.4.2.
425 Vgl. o.V. (1999e), S. 570.
426 Vgl. o.V. (2001a), S. 67.
427 Vgl. o.V. (2000b), S. 674f.
428 Vgl. Noehrbass (2000), S. 1109. Obgleich ein generelles Kosteneinsparungspotential durch Online-Abschlüsse außer Frage steht, erscheint das von Noehrbass hier angeführte Ausmaß (40% - 60%) eher hoch gegriffen.
429 Vgl. Frese (1998), S. 306.
430 Vgl. Bullinger (1996), S. 28.
431 Vgl. Banham (1999), S. 16; Berger/Schmidt (2000), S. 1157.

Neben einer Vereinheitlichung der konzerninternen EDV-Anlagen und der Schaffung technologischer Voraussetzungen für effiziente Kommunikationsstrukturen ist der IVM hier vor zwei ganz grundlegende Herausforderungen gestellt: Zum einen gilt es, sich auf die Konkurrenz durch den elektronischen Handel mit Absicherungsprodukten einzustellen. Zum anderen müssen geeignete Softwareprodukte intern entwickelt[432] oder extern bezogen werden, die den Informationsaustausch sowohl im eigenen Unternehmen als auch mit den Marktpartnern (Versicherer[433], Finanzberater und Investment- und Geschäftsbanken) vereinfachen.

Eine einheitliche, ausgereifte Online-Plattform im Inter- oder Intranet, die dem betreuenden IVM, seinem Kunden und dem Versicherer direkten Zugriff auf das Absicherungsportefeuille erlaubt, ist längst überfällig.[434] Erste Software-Angebote sind seit kurzem am Markt erhältlich.[435] Die Ausrüstung mit elektronischen Hilfsmitteln und Nutzung geeigneter Software dient hierbei nicht nur dem gegenseitigen Informations- und Datenaustausch, sie verstärkt auch die Transparenz in der Produktgestaltung des jeweiligen Marktpartners und verringert die - mit 30% noch sehr hohe - Fehlerquote bei Versicherungsneuanträgen.[436]

D.I.3.7 Informations- und Wissensmanagement

Gerade für Beratungsunternehmen ist ein aktives Informations- und Wissensmanagement von großer Bedeutung, da ihre Dienstleistung das Resultat eines auf den Kunden bezogenen Wissensbildungsprozesses darstellt. Eine zunehmende Informationsdichte und das verschärfte Tempo des Informationsumschlags stellen hohe Anforderungen an das

432 Vgl. Ewert (1997), S. 1249.
433 Vgl. hierzu Berger/Schmidt (2000), S. 1157.
434 Vgl. Clemens (1999b), S. 1875; o.V. (2001d), S. 276.
435 Vgl. o.V. (2000g), S. 118.
436 Vgl. Berger/Schmidt (2000), S. 1157; o.V. (2001d), S. 276.

Informationsmanagement des IVM.[437] Da das Gebiet des Informations- und Wissensmanagements in Organisationen jedoch ein außerordentlich weites Feld darstellt, das den thematischen Rahmen dieser Arbeit sprengen würde, soll es an dieser Stelle knapp erläutert werden:[438]

Wissen ist ein flexibler, schwer zu präzisierender Begriff. Auf strategisches Management bezogen fällt es daher am leichtesten, Wissen dadurch abzugrenzen, was es nicht ist:[439] Weder Daten noch Informationen sind Wissen. Bei Ersteren handelt es sich um kontextfrei dargestellte objektive Tatsachen, die durch Kategorisierung, Analyse und Zusammenfassung zu Informationen werden. Erst wenn diese Informationen genutzt werden, um Vergleiche anzustellen, Folgen zu bewerten und Verbindungen herzustellen, verwandeln sie sich in Wissen (s. Abbildung 14). Dies erklärt auch, warum rechnergestützte Systeme lediglich effiziente Mechanismen zur Ablage und Weitergabe von Informationen darstellen. Die Wissensbasis einer Organisation umschreibt hingegen die Kenntnisse und Fertigkeiten dieser Organisation. Eine Kodifizierung des Wissens und die anschließende Speicherung in Datenbanken ist nur begrenzt möglich: Gerade bei der Beratungsleistung von IVM, die den Mitarbeitern auf Grund der kundenspezifischen Individualität der Risikosituation ein hohes Maß an Kreativität, Produktgestaltungsphantasie und Problemlösungsfähigkeit abverlangt, muss Wissensmanagement auf der Basis von Personen- bzw. Expertennetzwerken, und nicht durch Kodifizierung, erfolgen.[440]

Organisatorische Konsequenz ist daher die Schaffung geeigneter Kommunikationsstrukturen, die die Inhaber bestimmter

437 Vgl. Sandkühler (2000), S. 670.

438 Einen guten Überblick geben insbesondere Rehäuser/Krcmar (1996), S. 3-40.

439 Vgl. Empson (2000), S. 10.

440 Zu den unterschiedlichen Wissensmanagement-Ansätzen der Kodifizierung und Personalisierung vgl. Hansen/Nohria/Thierney (1999), S. 85-88.

Wissensbestände identifizieren und die dann einen möglichst effizienten Wissensaustausch intern (innerhalb des eigenen Konzerns) und extern (Kunden/Wettbewerbsumfeld) ermöglichen.

Abbildung 14: Informations- und Wissensmanagement beim IVM

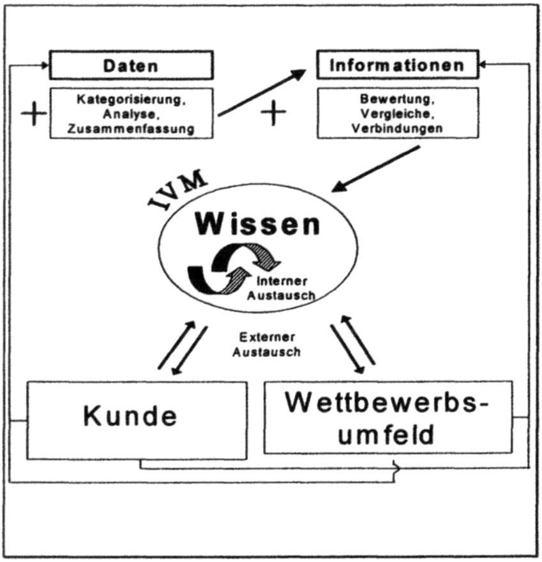

Lernen mit Hilfe der organisatorischen Wissensbasis bedeutet deren Nutzung, Veränderung und Weiterentwicklung. Dabei ist entscheidend, dass eine hohe Verfügbarkeit des Wissens erreicht wird.[441] Der IVM hat vielfältige Möglichkeiten, den Transfer von Wissen zu fördern. Grundvoraussetzung ist die Schaffung eines kulturellen Umfelds, das das Teilen von Wissen unterstützt und belohnt sowie das Horten von Wissen hemmt und bestraft.[442] Rechnergestützte Systeme für Informationsmanagement liefern die entsprechende Infrastruktur,[443] können jedoch erst dann effektiv genutzt werden, wenn die

441 Vgl. Krallmann/Boekhoff/Bogdandy (1996), S. 186.
442 Vgl. Empson (2000), S. 11; Hansen/Nohria/Thierney (1999), S. 87.
443 Vgl. Krallmann/Boekhoff/Bogdandy (1996), S. 186.

interpersonellen Beziehungen der Mitarbeiter durch Vertrauen gekennzeichnet sind und persönliche Kontakte nicht durch computergestützte Interaktionen ersetzt werden.[444] Weitere Bedingungen sind ein offenes Betriebsklima sowie die Entwicklung einer gemeinsamen Sprache. Beides kann durch Teamtraining und Mitarbeiter-Rotation erreicht werden.[445] Effizienzsteigernd wirkt ferner das Anlegen von Expertenverzeichnissen, um die schnelle Formierung möglichst schlagkräftiger Projektteams zu erleichtern.[446]

Ein kommunikationsfreundliches Klima ist auch Voraussetzung für effizienten Wissensaustausch mit dem Kunden. Beim Wissensmanagement in Hinblick auf die Konkurrenz steht hingegen ein prozessurales Benchmarking im Vordergrund, das darauf abzielt, Dienstleistungen anzubieten und Unternehmensstrategien zu implementieren, die sich an den jeweiligen „Best Practice" der eigenen Branche orientieren. Allerdings ist auch hier kritisch anzumerken, dass Beratungsprodukte des IVM einen sehr starken Individualcharakter haben, wodurch verbessernde Nachahmungsmöglichkeiten deutlich eingeschränkt sind.

D.I.3.8 Aufbau von Underwritingabteilungen

Dadurch, dass wesentlicher Leistungsbestandteil im Rahmen der Risikohandhabung die Produktentwicklung und -betreuung ist, gehört auch eine detaillierte Preiskalkulation zum Aufgabengebiet des IVM. Strukturelles Erfordernis ist der Aufbau echter Underwritingabteilungen, die es bislang nicht gab. Für den Erstversicherer bedeutet dies, dass sein Backoffice eine auf die Produktnachberechnung und Rentabilitätsüberwachung beschränkte Fachabteilung ist.[447]

---

[444] Zur Nutzung von Groupeware für den Aufbau einer organisatorischen Wissensbasis vgl. Krallmann/Boekhoff/Bogdandy (1996), S. 186f.
[445] Vgl. Empson (2000), S. 11.
[446] Vgl. Hansen/Nohria/Thierney (1999), S. 87.
[447] Vgl. Noehrbass (2000), S. 1106.

Strukturell erwartet Noehrbass[448] bei den Erstversicherern daher eine Aufspaltung in Vertriebs- und Risikoträgergesellschaften. Letztere würden sich in ihrer Arbeitsweise klassischen Rückversicherungsgesellschaften und Venture Capital-Instituten stark annähern und somit beim Kunden wiederum das Bedürfnis nach Beratung und Verbraucherschutz erhöhen.

Entgegen dieser Meinung von Noehrbass wird hier die Ansicht vertreten, dass die Preiskalkulation originäre Aufgabe des Versicherers bleiben muss. Dies soll den IVM jedoch nicht von der Tätigkeit entbinden, vielmehr wird seine Aufgabe in der Produktforschung und -entwicklung, Wirtschaftlichkeitsberechnung und, innerhalb von durch den Risikoträger klar definierten Richtlinien, der Risikobeurteilung gesehen. Der IVM liefert dem Versicherer schrankfertiges Geschäft, die endgültige Entscheidung, Risiken in Deckung zu nehmen, muss der Versicherer treffen. Preiskalkulationen durch den IVM dürfen nicht mehr als Vorkalkulationen darstellen, die dem Versicherer als Entscheidungsgrundlage dienen.

In der Praxis werden zwischen IVM und Versicherer derzeit in vielen Fällen der Zusammenarbeit Versicherungsrahmenverträge, sog. „Underwriting Authorities" oder „Open Cover"-Verträge, abgeschlossen, die dem IVM Zeichnungsvollmachten einräumen und Richtlinien für die Indeckungnahme von Risiken darstellen. Zwar führt diese Tätigkeit zu Arbeitseinsparungen beim Versicherer, doch ist ein derartiger Vertrauensbeweis als äußerst kritisch zu betrachten: Die Versuchung, auch schlechte Risiken in Deckung zu nehmen, ist zu groß: Der IVM wird in seinem eigenen Profitstreben Geschäfte abschließen, die seinen Beurteilungsspielraum ausreizen oder sogar überschreiten könnten. In Extremfällen kann dies bis zur Gefährdung des Fortbestandes des Versicherers führen. Bei Lloyds of London beispielsweise waren

---

448 Vgl. Noehrbass (2000), S. 1108.

es solche Open Cover-Verträge, die für die Probleme von Lloyds in den neunziger Jahren (mit-)verantwortlich waren und daher für die damalige Finanzkrise als (mit-)ursächlich anzusehen sind.

D.I.4 Beispielfälle aus der Praxis

Nach der Durchleuchtung des IVM-Leistungsspektrums aus theoretischer Sicht wird nachfolgend auf sechs Praxisfälle eingegangen, bei denen der IVM ART-Programme[449] konzipierte und erfolgreich am Markt platzierte. Bei den ersten beiden Fällen (A,B) handelt es sich um die Integrated Risk Financing[450]-Programme zweier Kunden von Marsh. Der dritte Fall (C) GlOBAL HOUSE, beschreibt die Möglichkeiten der Zielgruppenausweitung des IVM. Im vierten Fall (D) geht es um Wetterderivate, denen im Bereich ART ein großes Marktpotential vorausgesagt wird.[451] Die beiden letzten Fälle (E,F) beschreiben als Produkterweiterungs-Beispiele einen Residual Value Bond und das von Marsh entwickelte, sog. „Trade Finance"-Konzept.

D.I.4.1 Integrated Risk - Fall A und Fall B

Nachfolgende Beispiele der Absicherungsprogramme eines in der Getränke- und Konsumwirtschaft weltweit tätigen (im Folgenden Kunde X genannt) und eines deutschen Automobilkonzerns (im Folgenden Kunde Y genannt) veranschaulichen die Weitläufigkeit der Risikoarten sowie das Potential an Risikokostenersparnissen, die durch Integrated Risk-Lösungen erzielt bzw. miteinbezogen werden können.

Im Jahre 1999 wurden beide Programme von der Marsh GmbH, deutsche Tochterfirma von Marsh Inc.,[452] konzipiert und anschließend für die drei Folgejahre erfolgreich am Markt platziert.

---

[449] Zu dem theoretischen Hintergrund von Integrated Risk-Programmen s. Abschnitt C.II.1.1.
[450] Im nachfolgenden nur „Integrated Risk-Programm" genannt.
[451] Vgl. Baur/Schanz (1999), S. 33; Müller (2000), S. 216f.
[452] S. Abschnitt D.III.1.5.

Um die für die Kunden erzielte Reduzierung des Total Cost of Risk (TCOR) aufzuzeigen (vereinfachend wird davon ausgegangen, dass der TCOR alleiniges Entscheidungskriterium für die Vorteilhaftigkeit der Absicherungslösung ist), wird nachfolgend ein direkter Vergleich mit den jeweiligen „alten" (traditionellen), bis 1999 eingedeckten, Versicherungsprogrammen gezogen.

D.I.4.1.1 Eckdaten der alten, nach Sparten getrennten Versicherungsprogramme

Kunde X

1) Laufzeit: 1 Jahr

2) Geltungsbereich: weltweit

3) Versicherte Sparten und Versicherungsbedingungen:

*a) **Property** (All Risks incl. Transport and Business Interruption)*

Versicherungsprämie (in US $[453], p.a.):		***32.000.000,-***
Selbstbehalt (pro Schadenereignis):		***10.000.000,-***
Versicherungssumme:		*4.600.000.000,-*
Limit pro Schadenereignis, (nach SB, 2fach gelayert):	*1. Layer*	*300.000.000,-*
	2. Layer	*300.000.000,-*
	Summe	*600.000.000,-*
Limit pro Transport:		*25.000.000,-*
Limit für Maschinenbruch und (daraus resultierende) Betriebsunterbrechung :		*50.000.000,-*

[453] Die Geldeinheiten der Praxisfälle sind für Kunden X in US $ und für Kunde Y in DM angeführt.

b) ***Liability***

Versicherungsprämie (p.a.):		***38.000.000,-***
Selbstbehalt (pro Schadenereignis):		***5.000.000,-***
Limit pro Schadenereignis, (Nach SB, 3fach gelayert):	*1. Layer*	*50.000.000,-*
	2. Layer	*50.000.000,-*
	3. Layer	*50.000.000,-*
	Summe	*150.000.000,-*

c) **Sonstige** (incl. Auto, Kidnap & Ransom, Bonds)

Versicherungsprämie (p.a.):	***4.600.000,-***

4) Summe der jährlichen Versicherungsprämien aus a) – c): ***74.600.000,-***

Kunde Y

1) Laufzeit: 1 Jahr

2) Geltungsbereich: weltweit (Sach auf Deutschland beschränkt)

3) Versicherte Sparten und Versicherungsbedingungen:

a) ***Sach*** *(inkl. Betriebsunterbrechung)*

Versicherungsprämie (in DM, p.a.):	***1.400.000,-***
Versicherungsteuer (15% der VP, p.a.)	***210.000,-***
Versicherungs- und Deckungssumme:	*350.000.000,-*
bzw. für Betriebsunterbrechung	*200.000.000,-*

b) ***Transport***

Versicherungsprämie (p.a.):	***3.600.000,-***
Versicherungsteuer (15% der VP)[454]	***0,-***
Deckungssumme pro Transport:	*30.000.000,-*

[454] Da auf grenzüberschreitende Transporte seit Juli 1995 keine VersSt mehr zu entrichten ist (vgl. Pohlmann (1996), S. 2360), wird sie hier (näherungsweise) mit DM 0,- angenommen.

c) **Haftpflicht** (inkl. Produkthaftpflicht)

Versicherungsprämie (p.a.):	***6.300.000,-***
Versicherungsteuer (15% der VP, p.a.)	***945.000,-***
Selbstbehalt (nur in USA):	***1.000.000,-***
Deckungssumme (ausgenommen USA),	
-pro Schadenereignis:	*30.000.000,-*
-insgesamt:	*60.000.000,-*
Deckungssumme (USA):	
-pro Schadenereignis und insg. p.a.:	*100.000.000,-*

4) Summe der jährlichen Versicherungsprämien aus a) – c): ***11.300.000,-***

4) Summe der jährlichen Versicherungsteuern aus a) – c): ***1.115.000,-***

D.I.4.1.2 Eckdaten der Integrated Risk-Programme

Kunde X

1) Laufzeit: 3 Jahre

2) Geltungsbereich: weltweit

3) Versicherte Sparten und Versicherungsbedingungen:

Durch die Aufhebung der Spartentrennung des alten Programms und der mehrjährigen Vertragslaufzeit konnten alle Risiken integriert und weitere (im Folgenden fettgedruckt) zusätzlich miteinbezogen werden:

*Property, Auto, General and Products Liability, **Foreign Workers Compensation**/Employers Liability, Sponsorship Liability, **Production Wrap-Up**, Umbrella, Transit, **Directors & Officers Liability (D&O)**, Political Action Committee Liability, Kidnap & Ransom, **Fiduciary Liability**, Blanket Crime, Employed Lawyers' Professional Liability, Security Consulting Services Professional Liability, Overredemption **Errors and Omissions, Currency Devaluation, Malicious Product Tampering**.*

Versicherungsprämie (p.a.):		***14.000.000,-***
Selbstbehalt		
	-pro Schadenereignis:	***25.000.000,-***
	-pro Jahr:	***30.000.000,-***
	-über gesamte Vertragsdauer:	***50.000.000,-***

Limit pro Schadenereignis, (4fach gelayert):	*1. Layer*	*100.000.000,-*
	2. Layer	*50.000.000,-*
	Summe	*150.000.000,-*
Property-Layer für Standorte, an denen der PML US $ 150 Mio. übersteigt:		
Limit pro Schadenereignis:	*3. Layer*	*425.000.000,-*
Den SB und 2. Layer (bei allen Sparten außer Property) bzw. 3. Layer (bei Property) übersteigende Deckung pro Schadenereignis:	*4. Layer*	*150.000.000,-*)*

) Bei den letzten 150 Mio. (Layer 4) handelt es sich um einen Stop Loss Layer. Er gewährleistet eine* ***einmalige* *Wiederauffüllungspflicht (bei weiteren Schadenereignissen ist ihr also nicht nachzukommen). Sie ist vom Versicherungsnehmer im Laufe der nachfolgenden 7 Jahre, zu einem (weit unter Marktniveau) liegenden Kreditzinssatz von 2% p.a., abzuleisten.*

Kunde Y:

1) Laufzeit: 3 Jahre

2) Geltungsbereich: weltweit

3) Versicherte Sparten und Versicherungsbedingungen:

Durch die Aufhebung der Spartentrennung des alten Programms und der mehrjährigen Vertragslaufzeit konnten alle Risiken integriert und eine umfangreiche Autohaftpflicht-Exzedentendeckung mit hinzugefügt werden:

Sach, Haftpflicht, Transport, Autohaftpflicht-Exzedentendeckung

Versicherungsprämie (p.a.):			***6.500.000,-***
Versicherungsteuer (15% der VP, p.a.):[455]			***600.000.-***
Selbstbehalt			
	-pro Schadenereignis:		***2.000.000,-***
	-pro Jahr:		***5.000.000,-***
	-über gesamte Vertragsdauer:		***10.000.000,-***
Limit pro Schadenereignis und Vertragsdauer, (3fach gelayert):		*1. Layer*	*100.000.000,-*
(Nur für Sach:)		*2. Layer*	*150.000.000,-*
		Summe	*250.000.000,-*
Stop Loss mit Wiederauffüllungspflicht:		*3. Layer*	*150.000.000,-*

D.I.4.1.3 Total Cost of Risk (TCOR)-Vergleich im Worst Case-Szenario

Bei dem nachfolgenden Total Cost of Risk-Vergleich der dargelegten alten mit den neuen Versicherungsprogrammen der Kunden X und Y wird ein Worst Case-Szenario dergestalt zugrunde gelegt, dass:

- Von einer Schadeneintrittshöhe ausgegangen wird, die bei dem jeweiligen alten Programm keine Zahlungsleistung über die Versicherungsprämie hinaus bewirkt (Anzahl Schadenereignisse gleich Null, d.h. Selbstbehalte werden nicht in Anspruch genommen) und
- bei dem jeweiligen neuen Programm von einer Größenordnung der Schadeneintrittshöhe ausgeht, die zu einer maximalen Ausschöpfung des Selbstbehaltes führt.

[455] Von der eigentlichen Prämienhöhe (DM 6.500.000,-) wird ein fiktiver Transportanteil i.H.v. DM 2.500.000,- abgezogen, auf den keine VersSt zu entrichten ist. Als VersSt-Bemessungsgrundlage wird daher eine VP i.H.v. DM 4.000.000,- angenommen.

Zu den Zahlungsverpflichtungen im neuen Programm wird das Jahreshonorar des IVM i.H.v. US $ Mio. 5 p.a. (Kunde X) bzw. DM 500 Tsd. (Kunde Y) hinzugerechnet. Bei den „sonstigen Gebühren" handelt es sich um Schadenbearbeitungsgebühren für Schäden, die ihrer Höhe nach unterhalb der Selbstbehaltgrenze liegen, sowie für Gebühren für die Ausstellung von lokalen Versicherungsverträgen, sog. „Fronting Fees" und darauf lokal anfallende Versicherungsteuer (unter Berücksichtigung der diesbezüglichen jeweiligen Landesvorschriften). Bei den alten (traditionellen) Versicherungsprogrammen erfolgte die Maklervergütung noch auf Courtagebasis und ist daher bereits in der Versicherungsprämie enthalten.[456] Die Berechnung (s. Tabelle 1) erfolgt entsprechend der Vertragsdauer der neuen Programme für einen Zeitraum von drei Jahren (Vertragslaufzeit der Integrated Risk-Programme).

---

[456] Zu den Auswirkungen einer Maklervergütung auf Honorarbasis s. Abschnitt D.II, insbesondere auch die Beispielfälle aus Abschnitt D.II.2.2.5.

Tabelle 1: Total Cost of Risk-Reduzierung durch Integrated Risk

Absicherungs-programm:	Kunde X Alt:	Kunde X Neu:	Kunde Y Alt:	Kunde Y Neu:
Versicherungs-prämie:	74,6 * 3 = 223,8	14,0 * 3 = 42,0	11,3 * 3 = 33,9	6,5 * 3 = 19,5
VersSt (15% der VP):	0,-	0,-	1,115 * 3 = 3,345	0,6 * 3 = 1,8
Maximaler Selbstbehalt:	0,-	50,0	0,-	10,0
Makler-Gebühr:	0,- 0,-	5,0 * 3 = 15,0	0,- 0,-	0,5 * 3 = 1,5
Sonstige Gebühren:	0,- 0,-	1,5 * 3 = 4,5	0,- 0,-	0,- 0,-
Summe:	223,8	111,5	37,245	32,800
Differenz TCOR (Alt/Neu):	US $ 112,3 Mio.		DM 4,445 Mio.	

D.I.4.1.4 Beurteilung

Die Integrated Risk-Lösungen der Fälle A und B zeigen exemplarisch das Kosteneinsparungspotential solcher Programme. Zugleich begründet es ihre Attraktivität. Der Einsparungseffekt ist nicht nur prämienreduzierungsbedingt. Die Zusammenfassung wesentlicher Versicherungssparten (inkl. Sach-/Haftpflicht-Kombinationen) in einer Police bewirkt auch eine Senkung der Verwaltungskosten des Kunden.

Bei einer Worst Case-Betrachtung in Bezug auf die Annahme der Schadeneintrittshöhe in beiden Programmen ergibt sich durch den Einsatz mehrjähriger Integrated Risk-Programme, ergänzt durch innovative Methoden der Eigenfinanzierung im Rahmen des Selbstbehaltes und in der Finanzierung der

Exzedentenlayerung, für die Industriekunden eine Differenz im TCOR i.H.v. mindestens US $ 112,3 Mio. (Kunde X) bzw. DM 4,445 Mio. (Kunde Y). Dies entspricht einer prozentualen Ersparnis von mindestens 50,2% (Kunde X) bzw. 11,9% (Kunde Y).

Ausgenommen wurde in der vorstehenden Berechnung für *Kunde X* der Fall, dass ein Property-Schaden eintritt, der US $ 600 Mio. übersteigt (SB 25 Mio. + 100 Mio. (Layer 1) + 50 Mio. (Layer 2) + 425 Mio. (Layer 3)) und somit die Deckung durch den 4. Layer beansprucht, was die Wiederauffüllungspflicht auslösen würde.[457] Allerdings wird auch in diesem, unwahrscheinlichen Extremfall (beispielhafte Berechnungen nahmen Property-Schäden von US $ 650 Mio. sowie US $ 1 Mrd. an, s. Tabelle 2) eine Reduzierung der TCOR i.H.v. mindestens US $ 134,9 Mio. erzielt.

---

[457] Gleiches gilt für einen „anderen", also Nicht-Property-Schaden, der US $ 175 Mio. übersteigt (SB 25 Mio. + 100 Mio. (Layer 1) + 50 Mio. (Layer 2)).

Tabelle 2: Kunde X mit Property-Schaden größer als US $ 600 Mio.

	Property-Schaden, US $ 650 Mio.		**Property-Schaden, US $ 1 Mrd.**	
Absicherungs-programm:	**Alt:**	**Neu:**	**Alt:**	**Neu:**
Versicherungs-prämie:	74,6 * 3 = 223,8	14,0 * 3 = 42,0	74,6 * 3 = 223,8	14,0 * 3 = 42,0
Selbstbehalt:	10,0	25,0	10,0	25,0
Limit übersteigende Schadenzahlung:	50,0	7,7)1 * 7 = 53,9	400,0	23,2)2 * 7 = 162,4
Schadenzahlung über Stop Loss	0,-	0,-	0,-	250,0
Makler-Gebühr:	0,- 0,-	5,0 * 3 = 15,0	0,- 0,-	5,0 * 3 = 15,0
Sonstige Gebühren:	0,- 0,-	1,5 * 3 = 4,5	0,- 0,-	1,5 * 3 = 4,5
Summe:	283,8	140,4	633,8	498,9
Differenz TCOR (Alt/Neu):	**US $ 143,4 Mio.**		**US $ 134,9 Mio.**	

)1,2 Entspricht der nach der Annuitätenmethode berechneten jährlichen Nettozahlung des Stop Loss-Layers; jährliche Nettozahlung = 50.000.000 * [0,02(1+0.02)7 / (1+0,02)7-1] bzw. 150.000.000 * [0,02(1+0.02)7 / (1+0,02)7-1].

Vor dem Hintergrund einer durchschnittlichen Property-Sachschadenquote von lediglich 54% und einer Schaden-Maximalhöhe von US $ 50 Mio. beim Kunden X in den vergangenen fünf Jahren wird jedoch deutlich, wie unwahrscheinlich der Eintritt solch gravierender Schäden ist. Diese Tatsache spiegelt sich auch in den vorteilhaften Finanzierungskonditionen wider (Kreditzinssatz 2%, Rückzahlung über einen Zeitraum von 7 Jahren).

Auch für den Versicherer entsteht durch die umfangreiche Prämienreduzierung ein Vorteil: Er muss am Markt weitaus weniger Rückversicherungsschutz - im Vergleich zur Spartentrennung der früheren Programme - kaufen. Insofern profitieren beide Seiten von derartigen Transaktionen. Bemerkenswert ist ferner, dass durch die sehr hohen Selbstbehalte der neuen Programme ein Anreiz für den Kunden geschaffen wird, aktives Risk Management zu betreiben, um seinen Schadenverlauf positiv zu beeinflussen. Dies erwirkt eine Interessenkongruenz mit dem Versicherer, da bestehende Anreiz-Konflikte wirksam reduziert werden.

Eine abschließende Anmerkung betrifft die Platzierung des Programms am Markt. Um eine maximale Senkung der Risikokosten zu erzielen, ist von Fall zu Fall zu prüfen, ob die Beschränkung auf (nur) einen oder zwei Versicherer - und der Abschluss zusätzlicher Exzedentendeckungen bei diesen Versicherern - oder ob der Einbezug mehrerer Gesellschaften in das Basisprogramm vorteilhafter ist. Bei gegebenem Preisvorteil ist Letzteres der Hinzufügung von Exzedentenlayern vorzuziehen, da es die Nutzung unterschiedlicher Stärken der Versicherer ermöglicht (z.B. spartenbezogene Stärken, Kapazitäten im Engineering- oder Katastrophenschadenbereich usw.).

D.I.4.2 GLOBAL HOUSE - Fall C

Der folgende Praxisfall, GLOBAL HOUSE, wird exemplarisch herangezogen, um die Möglichkeiten einer betriebsnotwendigen Zielgruppenausweitung (s. Abschnitt D.I.3.4) des IVM in das kleingewerbliche Geschäft oder - wie hier - ins Massengeschäft aufzuzeigen.

D.I.4.2.1 Grundidee

Bei GLOBAL HOUSE handelt es sich um ein von ***Main & Co.***[458] entwickeltes Finanzierungsprodukt, das als Zielsetzung den Immobilienerwerb[459] durch solche Mieter hat, die auf Grund ihrer Einkommensklasse / finanziellen Situation ohne das Programm nicht in der Lage wären, Eigentum an dem von ihnen bewohnten Objekt zu erwerben.

Auf der Basis günstiger Refinanzierungskosten und geringer Verwaltungskosten der Objekte ist der Grundgedanke des Programms, dass die Mieter durch monatliche Zahlung eines bestimmten Betrages, der die bisherige monatliche Miethöhe nicht übersteigt, im Laufe von zehn Jahren einen Mindestanteil von 50% - und damit (vertraglich geregelt) rechtmäßiges Eigentum - an dem anfänglich von *Main & Co.* zu 100% fremdfinanzierten Objekt erwerben. Den Mindestanteil übersteigende Zins- und Tilgungszahlungen (sowie Zahlungszeiträume für weitere Ableistungen) bleiben später dem Mieter überlassen.

Das Erreichen der Anteilsvorgabe (50%) durch Zinszahlung und Hypothekentilgung wird durch die Verwendung von Cashflow erzielt, der aus drei Quellen stammt:

1. Cashflow, der dadurch entsteht, dass die monatlichen Einzahlungen (in maximaler Höhe des Mietpreises) die Zins- und Tilgungsraten betragsmäßig übersteigen.
2. Die hälftige Beteiligung des Mieters an einem bei Kauf (evtl.) gewährtem Preisnachlass.[460]
3. Die hälftige Beteiligung des Mieters an einem eventuellen Wertzuwachs, den das Objekt im Laufe der Jahre erfährt. (Buchhalterische Größe, die Realisierung

---

[458] Die Angaben beruhen auf der Auswertung einschlägigen Informationsmaterials des australischen Maklerhauses Main & Co.
[459] Vornehmlich in Australien, Neuseeland, Großbritannien und U.S.A.
[460] Preisnachlässe sind vor allem bei hohen Quantitäten, also beim Kauf ganzer Wohnblocks, zu erwarten.

dieses Gewinns ist nur bei Weiterverkauf des Objektes möglich).

D.I.4.2.2 Rechenbeispiel

Das nachfolgende Rechenbeispiel[461] zum GLOBAL HOUSE-Programm verdeutlicht die oben dargestellten Zusammenhänge:

• *Kaufpreis eines Objektes vor Preisnachlass:*	*DM 110.000,-*
• *Kaufpreis nach Preisnachlass:*	*DM 100.000,-*
• *Monatliche Miete:*[462]	*DM 1.000,-*
• *Jährliche Zinsen:*	*6%*
• *Jährliche Tilgungsrate:*	*4%*
• *Zeitraum zum Erwerb der erforderlichen Anteile (50%):*	*10 Jahre*

Bei einer solchen Zahlenkonstellation muss der Mieter im ersten Jahr DM 10.000,- für Zins und Tilgung aufbringen. Durch Zahlung der Mietsumme i.H.v. DM 12.000,- (DM 1.000,- * 12) entstehen DM 2.000,- an überschüssigem Cashflow, der einer weitergehenden Tilgung zur Verfügung steht. Analoges gilt für die Folgejahre. Überschüssiger Cashflow i.H.v. DM 5.000,- entsteht weiterhin durch die Beteiligung am Preisnachlass (einmalig, 50% * DM 10.000,-) und steht neben der Beteiligung am Wertzuwachs[463] des Objektes ebenfalls der weiteren Hypothekentilgung zur Verfügung.

---

461 Das hier gewählte Zahlenmaterial ist frei erfunden und dient lediglich der Veranschaulichung der beschriebenen Zusammenhänge.

462 Erfahrungsgemäß beträgt der Wert eines Mietobjektes in den angelsächsischen Ländern das 100 bis 150fache der monatlichen Miete. Ein monatlicher Mietspreis i.H.v. DM 1.000.- kann somit als realistische Annahme angesehen werden.

463 Sofern der Mieter sich die Beteiligung am Wertzuwachs finanzieren lässt.

Auf diese Weise ist es dem Mieter ohne finanzielle Zusatzbelastungen möglich, innerhalb von zehn Jahren die Sollvorgabe (Anteilserwerb i.H.v. 50%) zu erzielen.

D.I.4.2.3 Beurteilung

GLOBAL HOUSE öffnet dem Mieter die Möglichkeit, ohne Zusatzbelastungen durch Immobilienerwerb finanziell unabhängiger zu werden. Dem Verkäufer bietet es eine Möglichkeit, Cashflow zur Alterssicherung zu generieren.

Die mit GLOBAL HOUSE verbundenen Hauptrisiken sind das Zinsänderungs- und das Insolvenzrisiko. Aus Tabelle 3 geht u.a. hervor, dass eine Sicherstellung der Rentabilität des Projektes nur dann gegeben ist, wenn mit festen (nicht mit variablen) Zinssätzen gerechnet wird. Das Zinsniveau wird von den Finanzinstituten in den jeweiligen Ländern zu Programmbeginn langfristig festgeschrieben (hier 10 Jahre) und Main & Co. zugesichert, wobei sich die Finanzinstitute ihrerseits wiederum mit geeigneten Finanzinstrumenten gegen ungünstige Zinsentwicklungen absichern. Zinsschwankungen nach Programmbeginn wirken sich demnach *nicht* auf das Programm aus, das Projektrisiko wird nicht zusätzlich erhöht.

Zur kostengünstigsten Hypothekentilgung sind Höhe und Zeitpunkt von diesen länderspezifischen (festen) Kreditzinssätzen abhängig. So ist es in folgendem Beispiel bei Objekten in Großbritannien am wirtschaftlichsten, 100% Tilgung in T10 zu leisten, während es sich in Australien, Neuseeland und den USA als vorteilhaft erweist, in t3-t7 jeweils 20% der angestrebten Tilgung zu tätigen (s. Tabelle 3). Ausgangszeitpunkt ist September 1999.

Tabelle 3: Länderbezogene Finanzierungskonditionen für Main & Co.

GOVT BOND YIELD CURVES at 15th September 1999					
Lending Term		**AUS**	**NZ**	**UK**	**US**
1		4,80%	4,94%	5,75%	5,21%
2		5,46%	5,99%	6,06%	5,60%
3		5,64%	6,23%	6,05%	5,65%
4		5,82%	6,48%	6,05%	5,69%
5		6,00%	6,72%	6,04%	5,74%
6		6,06%	6,77%	5,95%	5,77%
7		6,13%	6,83%	5,86%	5,80%
8		6,19%	6,88%	5,77%	5,83%
9		6,26%	6,94%	5,68%	5,86%
10	Fixed Rate	6,32%	6,99%	5,59%	5,89%
SCENARIO 1:	**All funding uses 10 Year Fixed Interest Rates**				
Term	**Funding %**	**AUS**	**NZ**	**UK**	**US**
10	100,00%	6,32%	6,99%	5,59%	5,89%
Program Interest Rate Margin		0,80%	0,80%	0,80%	0,80%
Scenario 1 Program Interest Rate		**7,12%**	**7,79%**	**6,39%**	**6,69%**
SCENARIO 2:	**After**	**3**	**Years**	**20,0%**	**Buy/Year**
Lending Term	**Funding %**	**AUS**	**NZ**	**UK**	**US**
2	-	-	-	-	-
3	20,00%	1,13%	1,25%	1,21%	1,13%
4	20,00%	1,16%	1,30%	1,21%	1,14%
5	20,00%	1,20%	1,34%	1,21%	1,15%
6	20,00%	1,21%	1,35%	1,19%	1,15%
7	20,00%	1,23%	1,37%	1,17%	1,16%
8	/	/	/	/	/
9	/	/	/	/	/
10	/	/	/	/	/
WEIGHTED GOVT BOND RATE		5,93%	6,61%	5,99%	5,73%
Program Interest Rate Margin		0,80%	0,80%	0,80%	0,80%
Scenario 2 Program Interest Rate		**6,73%**	**7,41%**	**6,79%**	**6,53%**
Saving %pa vs Scenario 1		**0,39%**	**0,38%**	**-0,40%**	**0,16%**
Total Interest Saved (vs Scen 1)		**1,95%**	**1,92%**	**-2,00%**	**0,80%**
SCENARIO 3:	**After**	**4**	**Years**	**15,0%**	**Buy/Year**
Lending Term	**Funding %**	**AUS**	**NZ**	**UK**	**US**
2	/	/	/	/	/
3	/	/	/	/	/
4	15,00%	0,87%	0,97%	0,91%	0,85%
5	15,00%	0,90%	1,01%	0,91%	0,86%
6	15,00%	0,91%	1,02%	0,89%	0,87%
7	15,00%	0,92%	1,02%	0,88%	0,87%
8	15,00%	0,93%	1,03%	0,87%	0,87%
9	15,00%	0,94%	1,04%	0,85%	0,88%
10	**10,00%**	0,63%	0,70%	0,56%	0,59%
WEIGHTED GOVT BOND RATE		6,10%	6,79%	5,86%	5,79%
Program Interest Rate Margin		0,80%	0,80%	0,80%	0,80%
Scenario 3 Program Interest Rate		**6,90%**	**7,59%**	**6,66%**	**6,59%**
Saving %pa vs Scenario 1		**0,22%**	**0,20%**	**-0,27%**	**0,10%**
Total Interest Saved (vs Scen 1)		**1,50%**	**1,36%**	**-1,86%**	**0,66%**

Quelle: Main & Co.

Die Absicherung des Insolvenzrisikos hingegen, verursacht etwa durch eine ungünstige Einkommensentwicklung, muss durch traditionelle Ver- und Rückversicherung erfolgen, bei deren Gestaltung der Makler einen entscheidenden Beitrag leistet. Als Risikokriterien beim Rückversicherungs-Layering kommen z.B. der prozentuale Anteil der Miethöhe am Einkommen der am Projekt teilnehmenden Mieter oder die Anzahl der an Main & Co. „zurückfallenden" Objekte, z.B. auf Grund von Zahlungsunfähigkeit der Mieter, in Betracht (s. Tabelle 4).

Tabelle 4: Rückversicherungs-Layering bei GLOBAL HOUSE

Möglichkeit 1	Risikokriterium: *„Prozentualer Mietanteil am Einkommen"*	Pricing: (Prozentuale Aufteilung der Prämie)
1. Layer	30%-40%	50%
2. Layer	20%-30%	30%
3. Layer	10%-20%	20%

Möglichkeit 2	Risikokriterium: *„Anzahl Objekte mit Zahlungsausfall"*	Pricing: (Prozentuale Aufteilung der Prämie)
1. Layer	0 - 100	40%
2. Layer	100 - 500	35%
3. Layer	500 - 1000	25%

Projektfördernd kommt in Neuseeland und Australien die Tatsache hinzu, dass der Staat hier jeweils in Aussicht gestellt hat, das Projekt teilweise zu subventionieren, da auch ein erheblicher Anteil an Sozialwohnungen in Privateigentum übergehen kann und die jeweiligen Regierungen auf diesem Wege die finanzielle Unabhängigkeit von Sozialhilfeempfängern fördern können.

Grundvoraussetzung für das Gelingen von GLOBAL HOUSE ist, dass die Nettorendite (Rendite eines Objektes nach Instandhaltungs- und sonstigen laufenden Kosten) über dem zu Programmbeginn festgelegten Zinsniveau liegt. Damit sind ausreichende Mittel freizusetzen, die eine stetige Erhöhung der Eigenkapitalbasis ermöglichen. Die entscheidenden Erfolgsfaktoren von GLOBAL HOUSE sind demnach:

- Immobilienpreise,
- Mietniveau und -entwicklung,
- Kredit- und Hypothekenzinsniveau,
- Prämienniveau und Marktbedingungen des Versicherungsmarktes,
- Inflationsrate und Einkommensentwicklungen.

Eine mehrjährige Analyse der Erfolgsfaktoren ermöglicht die Erfassung zyklischer Bewegungen und Korrelationen einzelner Parameter, um einen aus wirtschaftlicher Sicht möglichst günstigen Programmanfangszeitpunkt zu realisieren. Für den Großraum Melbourne ermittelte Maine & Co. für 1997 bspw. ein historisch niedriges Zinsniveau, das im 20-Jahresvergleich erstmalig unter der durchschnittlichen Bruttorendite des Wohnungsmarktes lag (s. Abbildung 15).

Abbildung 15: Bruttorenditen-/Zinsratenvergleich in Melbourne, 1977-1997

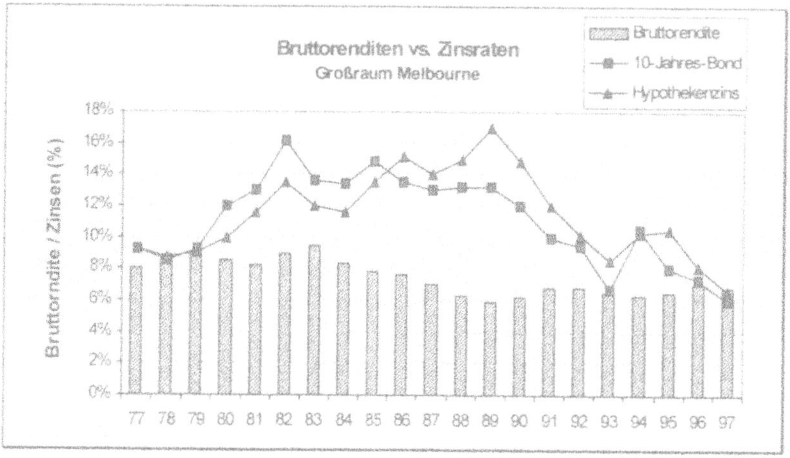

Quelle: Main & Co.

Die Realisierbarkeit des Projektes wird weiterhin dadurch erhöht, dass das Durchschnittseinkommen über den gleichen Zeitraum gesehen um das 1,5fache stärker angestiegen ist, als die durchschnittlichen wöchentlichen Mietkosten (s. Abbildung 16).

Abbildung 16: Einkommens- und Mietpreisentwicklung in Melbourne, 1977-1997

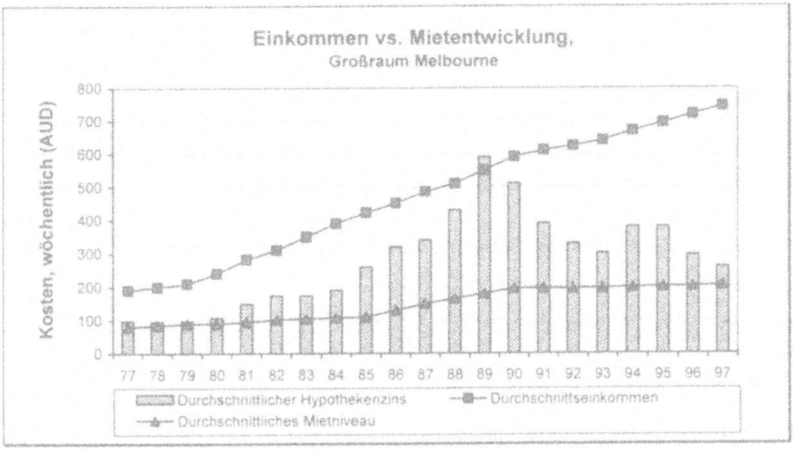

Quelle: Main & Co.

Die Kernleistung des Maklers besteht in der Konzipierung, Realisierung und Betreuung des gesamten Projektes sowie der anfänglichen Zusammenführung der verschiedenen am Projekt beteiligten Parteien (Mieter, Vermieter, Maine & Co., Finanzierungsbank, Ver- und Rückversicherer und Staat). Als innovativ ist GLOBAL HOUSE auf Grund der gleichzeitigen wirtschaftlichen Besserstellung dieser Projektteilnehmer anzusehen, die jeweils gegenläufige Interessen verfolgen.[464] Entscheidend sind dafür die landesspezifischen Immobilienmärkte und Finanzierungskonditionen.

Für den deutschen Markt scheint GLOBAL HOUSE, schon auf Grund der durch hohe Baukosten bedingten hohen Wohnungs-/Mietpreisrelation, im Vergleich zu der in Australien, Großbritannien, Neuseeland und den U.S.A., eher ungeeignet. Allenfalls aus sozialen Beweggründen wäre das Projekt auch hierzulande vorstellbar, etwa um einen subventionierten

[464] Die Besserstellung des Staates ist hier nur mittelbar dadurch gegeben, dass die erlangte finanzielle Unabhängigkeit solcher Mieter, deren finanzielle Mittel zum selbständigen Objekterwerb nicht ausgereicht hätten, langfristig zu einer volkswirtschaftlichen Wohlfahrtssteigerung führt.

Eigentumswechsel staatlicher Sozialwohnungen zu erreichen. Auch die Grundvoraussetzung einer größeren Nettorendite als das Zinsniveau ist nicht unkritisch zu betrachten und könnte sich in der Praxis, je nach Zinsentwicklung, zu einer unüberwindbaren Hürde entwickeln.

D.I.4.3 Wetterderivate - Fall D

D.I.4.3.1 Marktpotential von Wetterderivaten

Mit großem Optimismus blickt man im bislang schleppenden Verlauf des Handelsvolumens bei Versicherungsderivaten der Entwicklung von Wetterderivaten entgegen, denen das größte Markpotential in diesem Bereich vorausgesagt wird.[465] Schätzungen des britischen meteorologische Instituts zufolge ist der Umsatz von mehr als 80% aller Unternehmen wetterabhängig.[466] Laut einer Schätzung des US-Wirtschaftsministeriums beläuft sich der Einfluss des Wetters auf die US-amerikanische Wirtschaft auf etwa US $ 1 Billion.[467] Abbildung 17 zeigt die wetterbedingten Umsatzveränderungen verschiedener Branchen in den USA, im Sommer wie im Winter.

465 Vgl. Baur/Schanz (1999), S. 33; Müller (2000), S. 216f.
466 Vgl. Rudolf (2000), S. 689.
467 Vgl. Hanft/Wichelhaus (2000), S. 102.

Abbildung 17: Wetterbedingte Umsatzabhängigkeit US-amerikanischer Unternehmen

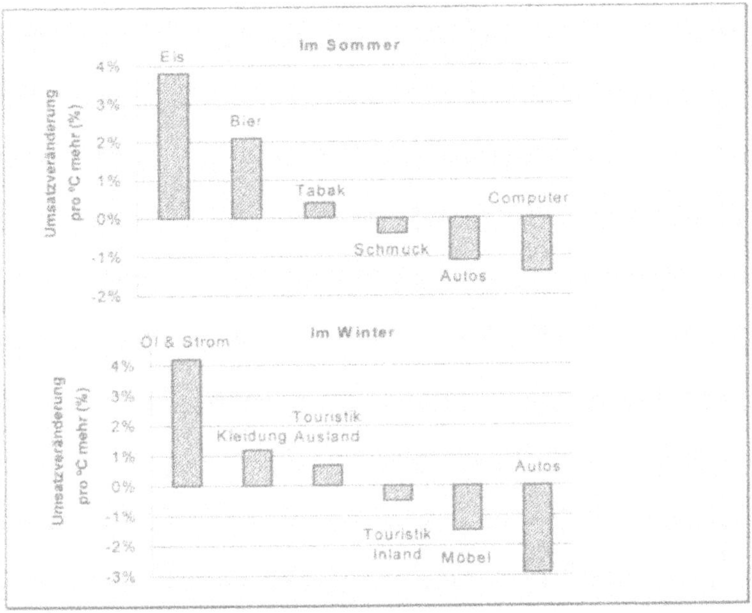

Quelle: Müller (2000), S. 217.

Insbesondere aber die Bilanzen der Energiewirtschaft sind in hohem Maße von Wettereinflüssen abhängig. Dies bedeutet, dass bei mildem Winter / kühlem Sommer Heizungen / Klimaanlagen weniger benötigt werden bzw. bei strengem Winter oder heißem Sommer zusätzlich benötigte Energie, die teuer produziert oder extern bezogen werden muss, zu hohen Umsatzschwankungen führt.[468] Abbildung 18 zeigt den temperaturbedingten Energieverbrauch von Heizungen und Klimaanlagen.

[468] Vgl. Rudolf (2000), S. 689.

Abbildung 18: Temperaturbedingter Energieabsatz

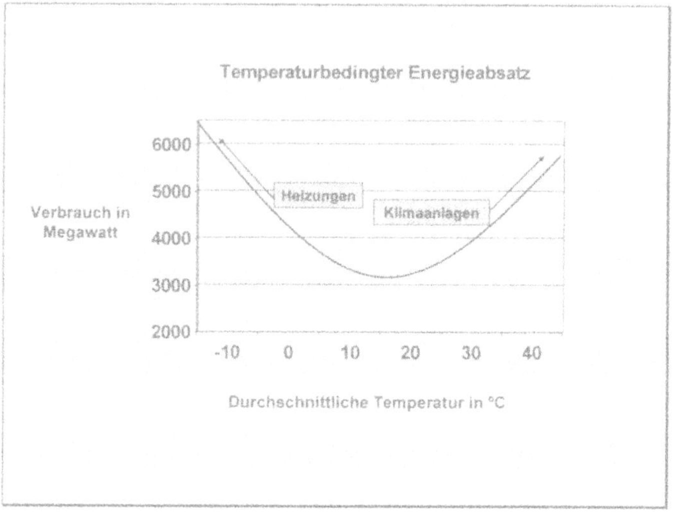

Quelle: Müller (2000), S. 218.

Der Wettereinfluss auf die verschiedenen Branchen legt den Gedanken einer Ertragsglättung durch den Einsatz von Optionen oder den Risikoaustausch zwischen den Branchen nahe. Es ist z.B. durchaus denkbar, dass sich Energieversorger, die Interesse an einem heißen Sommer haben (Stromabsatz auf Grund der Nachfrage nach Klimatechnik) und die Freizeitindustrie, die ein Interesse an gemäßigten Sommertemperaturen hat (größerer Umsatz durch höhere Besucherzahlen), gegenseitig absichern oder Risiken tauschen.[469]

Ein weiteres Beispiel wäre ein Reiseveranstalter, der seinen Kunden für den Urlaub in einem bestimmten Ferienziel eine „Gut-Wetter-Garantie" gibt (er verspricht z.B. hohe Durchschnittstemperaturen bei gleichzeitig „guten" bzw. schwachen Windverhältnissen). Bei schlechtem Wetter werden Urlauber durch Erstattung der Reisekosten vom Veranstalter entschädigt.[470] Vertragspartner könnte hier bspw. die Agrarwirtschaft sein, deren Erträge niederschlagsabhängig

[469] Vgl. Hanft/Wichelhaus (2000), S. 102.
[470] Vgl. Müller (2000), S. 222.

sind, und/oder Stromproduzenten, die sich starke Winde wünschen.

D.I.4.3.2 Grundstrukturen von Wetterderivaten gegen Temperaturschwankungen

Drei viertel aller Wetterderivate sind Optionen, ein viertel sind Swaps, und ein paar wenige Transaktionen beruhen auf komplexeren Optionskombinationen wie Collars, Straddles, Strangles u.a.[471]

Im Unterschied zu anderen Derivaten gibt es bei Wetterderivaten kein „fassbares" zu Grunde liegendes Instrument, wie Aktienindizes oder Rohstoffpreise, das sich als Underlying nutzen ließe.[472] Daher muss für jeden Wetterparameter (hier Temperatur) ein Index konstruiert werden. Im Gegensatz zu anderen Märkten sind Manipulationen, die das Verhalten des jeweiligen Index beeinflussen könnten, nahezu unmöglich, da Wetter weder kontrolliert, noch gelagert oder transferiert werden kann.[473]

Als Index für das Maß der Temperaturschwankungen werden Heiz- und Kühlungsgradtage sog. Heating Degree Days (HDD) und Cooling Degree Days (CDD) zu Grunde gelegt. Diese beschreiben das Maß an Energie, das benötigt wird, um Innenräume auf eine Referenztemperatur von 18°C[474] aufzuwärmen oder abzukühlen. Die Degree Days sind über einen bestimmten Zeitraum (z.B. ein Monat, eine Heizperiode von Oktober bis März oder ein Halbjahr) aufzuaddieren. Sie bilden sich aus der Differenz zwischen der Tagesdurchschnittstemperatur an einem bestimmten, festgelegten Ort und der

---

471 Zu diesen Produkten vgl. die Marktstudie von Choe/Smithson (1999), S. 94f.

472 Vgl. Hanft/Wichelhaus (2000), S. 102.

473 Vgl. Hanft/Wichelhaus (2000), S. 102.

474 Gewöhnlich wird bei Wetteroptionen in Fahrenheit gerechnet. Annäherungsweise kann Fahrenheit mit der Näherungsformel X°F=(X-32)*5/9°C in Celsius-Werte umgerechnet werden.

Referenztemperatur (18°C), negative Werte werden durch null ersetzt. Somit ergibt sich:

$$HDD = \sum_{t=1}^{T} Max(18°C - Temp.(t),0)$$ und

$$CDD = \sum_{t=1}^{T} Max(Temp.(t) - 18°C,0).$$

Der Risikotransfer erfolgt nun durch ein Wetterderivat (meist Optionen in Form von Puts oder Calls), das einen bestimmten Auszahlungsbetrag an den Käufer der Option für den Fall garantiert, dass - je nachdem - der HDD- oder CDD-Wert unter oder über einem bestimmten zu erwartenden Wert, dem sog. „Strikelevel", liegt. Pro Unter- oder Überschreitungspunkt erhält der Käufer einen bestimmten Betrag. Damit die theoretische Verlustmöglichkeit des Verkäufers der Option nicht unendlich groß ist wird zusätzlich ein Höchstauszahlungsbetrag bzw. „Limit" vereinbart.[475]

D.I.4.3.3 Rechenbeispiel

Da 90% aller Wetterderivate der Absicherung gegen Temperaturschwankungen dienen - denkbar ist auch die Absicherung gegen andere Wetterverhältnisse, wie z.B. Windgeschwindigkeiten,[476] Schnee- oder Regenfall[477] - bezieht sich nachfolgendes Rechenbeispiel auf einen Fall, bei dem ein Öl-Handelsunternehmen auf Grund der Erfahrungswerte in den vergangenen Jahren mit einer durchschnittlichen Tagestemperatur von 3°C im Januar im Raum Frankfurt rechnet. Jedes zusätzliche °C führt zu einer Umsatzeinbuße von DM 3 Mio. in diesem Monat. Um dieses Risiko abzugeben kauft das

---

475 Zu vorstehenden Erläuterung der Funktionsweise von Wetterderivaten vgl. Hanft/Wichelhaus (2000), S. 102f.; Rudolf (2000), S. 689 und Werner (2000), S. 1750.

476 Vgl. Rudolf (2000), S. 689.

477 Vgl. Hanft/Wichelhaus (2000), S. 102.

Unternehmen von einem risikoübernehmenden Marktteilnehmer (Vermögensverwaltungsgesellschaft, Hedgefonds) eine Put Option zu folgenden Konditionen:

1. Strikelevel von 465 HDD (= 31 Tage * (18°C - 3°C)),
2. Auszahlungsbetrag pro Unterschreitungspunkt i.H.v. DM 5000.
3. Limit i.H.v. DM 775 Tsd. (entspricht der Auszahlung bei einer Durchschnittstemperatur von 8°C).

Bei einer (wärmeren) täglichen Durchschnittstemperatur bspw. von 5°C betragen die tatsächlichen HDD 403 (= 31 Tage * (18°C - 5°C)). Der Verkäufer der Put Option leistet in diesem Fall eine Auszahlung i.H.v. DM 310 Tsd. (= DM 5000 * (465 HDD - 403 HDD)).

Für den Käufer kann diese Summe eine angemessene Entschädigung für Gewinneinbußen durch temperaturbedingte Nachfragerückgänge nach Heizenergie darstellen. Der risikoübernehmende Vertragspartner hat den Vorteil eines mit anderen Anlageformen unkorrelierten Diversifikationsinstrumentes.[478] Hier existiert ein ideales Hedgingpotential: Wenn es gelingt, einem solchen „zu warm"-Vertrag in gleicher Höhe und am gleichen Ort einen „zu kalt"-Vertrag an die Seite zu stellen hätte man einen „Ertrag ohne Risiko".[479] Allerdings ist einzuräumen, dass ein solcher „perfekter Hedge" in der Realität nur selten möglich sein wird.[480] Eine erhöhte Durchführbarkeit in der Praxis verspricht hingegen das Hedging mit Strompreisen. Auf dem deutschen Markt spielt der Berliner Energieversorger Bewag hier aktuell eine Vorreiterrolle, indem er auf dem Finanzmarkt gegenwärtig ein Wetterderivat erprobt, das Bauunternehmen einen finanziellen Ausgleich für den Fall gewährt, dass eine vereinbarte Durchschnittstemperatur in einem bestimmten

[478] Vgl. Müller/Schaefer (2000), S. 1279f.
[479] Vgl. Müller (2000), S. 220.
[480] Vgl. Müller (2000), S. 220.

Zeitraum unterschritten wird und sich das Bauvorhaben dadurch verlängert.[481] Die Bewag kann sich das dann auch „leisten", da bei niedrigen Temperaturen überdurchschnittlich viel Strom und Fernwärme verkauft wird. Im umgekehrten Fall (höhere Durchschnittstemperatur, das Bauvorhaben kann planmäßig oder noch schneller beendet werden), erhält das Bauunternehmen einen Bonus von seinem Auftraggeber, den es wiederum (zum Teil) als Prämie an die Bewag abgibt.

D.I.4.3.4 Beurteilung

Die Schätzungen des bisherigen Transaktionsvolumens von Wetterderivaten in den USA reichen von etwa $ 4 Mrd.,[482] bis $ 7 Mrd.[483] Der Anteil europäischer Transaktionen beträgt lediglich 1% des amerikanischen Volumens.[484]

Ein Grund für das bislang geringe Transaktionsvolumen von Wetterderivaten in Europa sind nach wie vor extrem hohe Transaktionskosten, die aus den umfangreichen Dokumentations- und Modellierungserfordernissen resultieren. Hinzu kommt eine mangelnde Vertrautheit mit Wetterderivaten, was die risikoabgebenden Unternehmen - bei boomenden Aktienmärkten - dazu bewegte, Investitionen in high-risk-high-return Aktien zu tätigen, deren Wertentwicklung sie (meinten) besser prognostizieren (zu) können.[485]

Ein weiteres Problem sind die hohen Kosten und teilweise schlechte Qualität verfügbarer Wetterdaten.[486] Sie stellen eine Hemmschwelle für Unternehmen dar, sich mit den Korrelationen ihrer betriebswirtschaftlichen Kennziffern mit Wetterdaten zu beschäftigen. Um dieser Markteintritts-

---

481 Vgl. o.V. (2001f), S. 19.
482 Vgl. Müller (2000), S. 216.
483 Vgl. Werner (2000), S. 1750.
484 Vgl. Werner (2000), S. 1750.
485 Vgl. Müller (2000), S. 216.

barriere entgegenzuwirken, bietet die Deutsche Börse[487] für 30 europäische Städte Wetterindizes mit einer bis 1969 zurückreichenden Historie an. Für jede Stadt (in Deutschland sind dies Berlin, Essen, Frankfurt, Hamburg und München) werden HDD- und CDD-Indizes auf täglicher, monatlicher und saisonaler Basis berechnet. Diese Indizes sind leicht nachzuvollziehen und können in Zukunft als Basiswert für Wetterderivate an der Terminbörse, Eurex, dienen.[488]

Da die genannten Hemmnisse für weit verbreiteten Handel mit Wetterderivaten auf zeitlich bedingten Markterscheinungen beruhen (boomende Aktienmärkte und die damit verbundenen Anlagealternativen) bzw. überwindbar scheinen (Reduktion von Transaktionskosten und Verfügbarkeit von Wetterdaten), besteht auf dem europäischen Markt für Wetterderivate ein großes Wachstumspotential. Vor dem Hindergrund des beschriebenen großen Einflusses des Wetters auf die Wirtschaft ist es nur als eine Frage der Zeit anzusehen, wann dieser Markt die nötige Liquidität und Reife erlangen und auf eine weit verbreitete Akzeptanz stoßen wird.[489] Dies gilt keineswegs nur für Energiekonzerne, soz. die „Pioniere" der Entwicklung, sondern vor allem auch für die Fülle an neuen Marktteilnehmern aus den unterschiedlichsten Wirtschaftszweigen: Zu ihnen zählen z.B. das Baugewerbe, Getränke-/Lebensmittelhersteller, Handelsbetriebe, Unternehmen im Freizeitsektor (Schwimmbäder, Bergbahnen, Erlebnisparks usw.), Logistik-/Transportunternehmen und die Landwirtschaft.[490]

---

486 Vgl. Werner (2000), S. 1753.
487 Wetterindizes werden im Internet unter *www.xelsius.com* angeboten.
488 Vgl. Werner (2000), S. 1754.
489 Vgl. o.V. (2001f), S. 19.
490 Vgl. Baur/Schanz (1999), S. 33; Hanft/Wichelhaus (2000), S. 102f.

D.I.4.4 Bilanzschutz - Fall E und Fall F

D.I.4.4.1 Residual Value Bond

Ein Produkterweiterungs-Beispiel ist beim IVM die Entwicklung eines Residual Value Bonds als Finanzierungsinstrument, das dem Vertragspartner eines Leasingvertrages einen bestimmten, festgelegten Wert am Ende der vereinbarten Leasingzeit garantiert. Eine eventuell entstandene Lücke zwischen zu realisierendem Marktwert und ex ante prognostiziertem Restwert kann so abgesichert werden.[491]

Ein derartiges Residual Value Bond konnte 1999 für eine Flugzeug-Leasinggesellschaft, Großkunde von Marsh in Großbritannien, platziert werden. Das langfristige Finanzierungskonzept sichert dem Leasinggeber die zukünftigen jährlichen Leasing-Einnahmen aus einem Portfolio von 203 Turboprop-Flugzeugen für einen Zeitraum von 15 Jahren zu. Die Deckungssumme des Deals beträgt US $ 1,3 Mrd., mit einer Selbstbehaltquote von 10% pro Schadenereignis. Cashflow-Volatilität auf Grund von schwankenden Marktverhältnissen, zunehmendem Wettbewerb / Nachfrageausfällen oder Bonitätsrisiken der Leasingnehmer kann vermieden und somit die Sicherung der jährlichen Zahlungsströme für den Vertragszeitraum erreicht werden[492] (s. Abbildung 19).

Die in die Police mit einbezogenen Versicherungs- und Rückversicherungsgesellschaften waren Winterthur International Strategic Risk Solutions, Swiss Re New Marktes, Mitsui Marine International und AMBAC.[493]

---

491 Vgl. Herold/Paetzmann (1999), S. 43.

492 Als der Deal sich im Markt herumsprach, hatte dies eine nachhaltige Erhöhung des Aktienpreises der Leasinggesellschaft zur Folge. Zwar kann dieser Indikator nicht als eindeutiger Erfolgsmaßstab dienen, dennoch spiegelt er die positive Reaktion der Märkte bzw. der Anleger wider.

493 Vgl. Elliot (2001), o.S.

Abbildung 19: Residual Value Bond

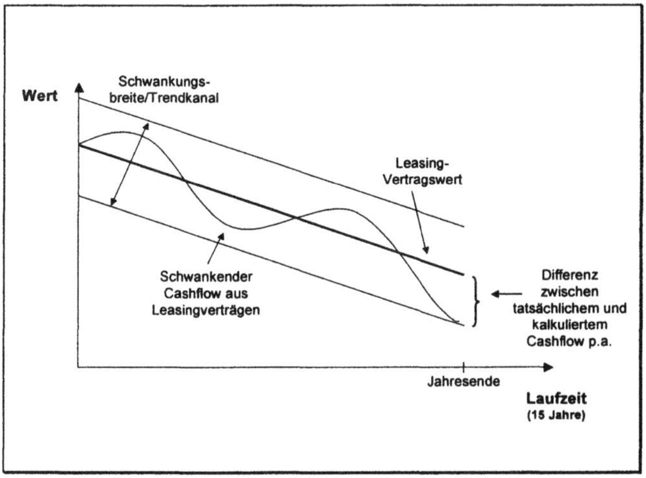

Quelle: Eigene Darstellung in Anlehnung an Herold/Paetzmann (1999), S. 44.

D.I.4.4.2 Trade Finance

„Trade Finance" ist ein Bilanzschutz-Konzept, das Handels-, Finanzierungs- und Versicherungselemente vereint um beim Kunden eine Bilanzverkürzung durch Abschreibungen zu verhindern, die dieser auf Grund eines gesunkenen Marktwerts seiner Lagerbestände (sonst) vornehmen müsste. In den USA findet dieses Risikofinanzierungsinstrument seit 2-3 Jahren Anwendung, auf dem deutschen Markt sind (noch) keine Transaktionen bekannt. Die Funktionsweise des Konzepts soll anhand des nachfolgenden Praxisfalls verdeutlicht werden.

Unternehmen U, Tochtergesellschaft eines Elektronikhandel-Konzerns, hat veraltete Lagerbestände (vor allem veraltete Rechner), deren Marktwert i.H.v. DM 30 Mio. auf DM 20 Mio. gefallen ist. Gemäß dem Imparitätsprinzip der Grundsätze ordnungsmäßiger Buchführung (GoB) müsste dieser Wertverlust des Umlaufvermögens bilanzverkürzend abgeschrieben werden

(§ 252 Abs. 1 Nr. 4 HGB).[494] Das vom IVM gefundene Konstrukt (s. Abbildung 20) schlägt nun jedoch vor:

- Dass U die Lagerbestände zum *Buchwert* (DM 30 Mio.) an die (vom IVM vermittelte) internationale Handelsfirma H, gegen Aktiva (Bargeld / Wertpapiere und/oder Forderungen), verkauft.
- H verkauft die Lagerbestände zum Marktwert (DM 20 Mio.) auf den globalen Absatzmärkten weiter.
- Gleichzeitig gewährt U den Kontraktpartnern von H sog. „Cross Purchase Options" (CPO), die U für einen bestimmten, ex-ante festgelegten Zeitraum (hier fünf Jahre) verpflichten, den Kontraktpartnern (hier ein Energieversorger und zwei Mediengesellschaften) Dienstleistungen zu marktüblichen Preisen in einer bestimmten Größenordnung (hier DM 60 Mio.) abzunehmen. Der exakte Abnahmezeitpunkt innerhalb der fünf Jahre steht nicht fest. Eine Passivierungspflicht dieser Zahlungsverpflichtungen besteht nach GoB *nicht*, da beide Leistungsbereiche (Verkauf der Lagerbestände zum Buchwert / Verpflichtungserklärung zur späteren Abnahme der Dienstleistungen) als zwei getrennte Rechtsgeschäfte zu sehen sind. So stellen die CPO für U Zahlungsverpflichtungen aus schwebenden Geschäften dar, (die Leistungsbeziehung ist ein Dauerschuldverhältnis, das sich aus dem Charakter der geschuldeten Leistungen ergibt), die erst bei tatsächlicher Ausübung bilanziert werden müssen.[495] Da die Leistungen nicht zu überhöhten Preisen bezogen werden, müssen auch keine Rückstellungen für „drohende Verluste aus schwebenden Geschäften"[496] gebildet werden. Anzugeben sind die finanziellen Verpflichtungen nach § 285 Abs. 3 HGB (lediglich) im Anhang des Jahresabschlusses.

---

494 Vgl. Schildbach (1995), S. 118.
495 Vgl. Beck'scher Bilanz-Kommentar (1995), S. 309f.
496 Vgl. hierzu Schildbach (1995), S. 177.

- Bei Nichteinhaltung der - ebenfalls ex ante - vereinbarten Vertragsbedingungen verlieren die CPO vor Laufzeitende mit sofortiger Wirkung ihre Gültigkeit.
- Die Finanzierung von H läuft über eine Bank B.
- Versicherungsgesellschaft V übernimmt gegen Prämienzahlung das Ausfallrisiko.

Abbildung 20: Transaktionsstruktur, Trade Finance

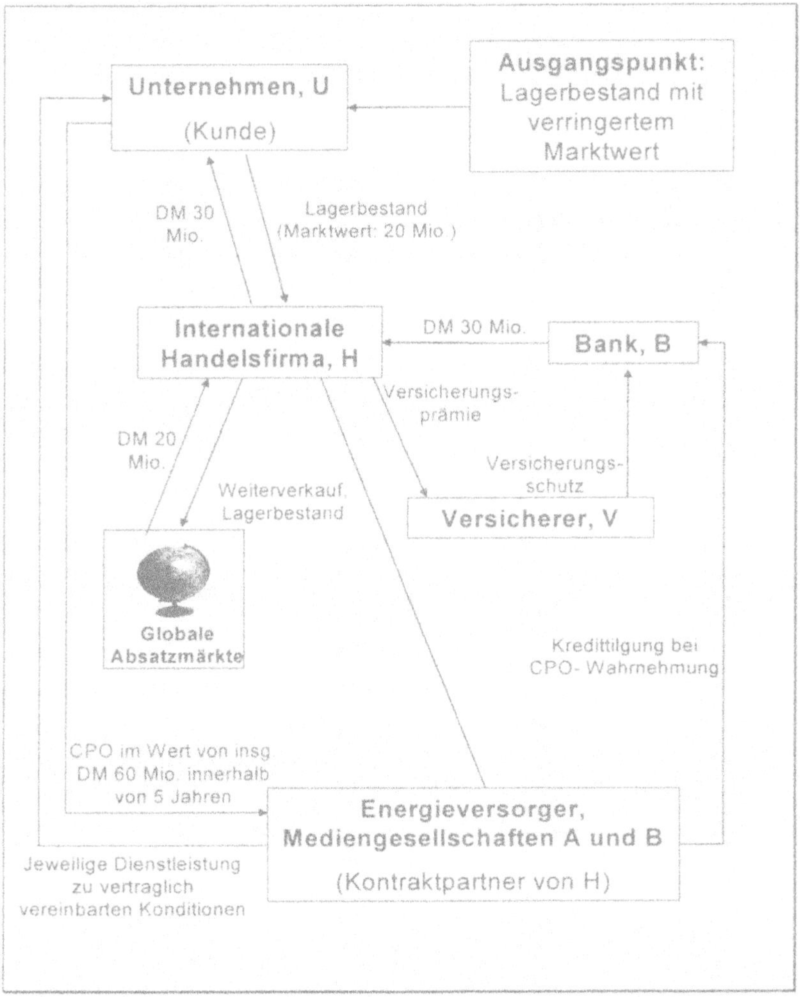

„Trade Finance" ermöglicht dem Kunden so eine Aufwertung seiner Aktiva, in Höhe des Marktwertverlustes des Lagerbestandes, ohne dass dabei Mehrkosten entstehen: Sowohl die Kosten für die vom Energieversorger bezogene Dienstleistung, als auch die an die Mediengesellschaften zu zahlenden Ausgaben für Firmenwerbung waren budgetiert und wären im Vertragszeitraum ohnehin beim Kunden angefallen. Den Kontraktpartnern entsteht der Vorteil, U längerfristig an sich zu binden.

Voraussetzungen für einen erfolgreichen Abschluss von „Trade Finance" sind:

1. Die im Marktwert gesunkenen Lagerbestände müssen auf den Märkten noch absetzbar sein.
2. Eine beiderseitige Rentabilität des Geschäfts ist nur dann gewährleistet, wenn die Lagerbestände nicht „zu sehr" im Wert gesunken sind und wenn genug Kontraktpartner existieren, die auf Grund eines entsprechend hohen Geschäftsvolumens die wirtschaftliche „Last" des Marktwertverlustes tragen können bzw. übernehmen wollen. (Der Effekt kann natürlich auch durch eine verlängerte Vertragslaufzeit erzielt werden).
3. Die genauen Vertragskonditionen (Preis, Qualität, Lieferkonditionen und -sicherheit usw.) müssen zum Zeitpunkt des Vertragsabschlusses feststehen.
4. Kontraktpartner des Handelsunternehmens müssen Anbieter von Gütern/Dienstleistungen sein, die der Kunde ohnehin in Anspruch nimmt, so dass einerseits keine Bilanzierungspflicht zum Zeitpunkt des Vertragsabschlusses besteht und andererseits auch keine (unbudgetierten) Kosten entstehen, die U sonst nicht hätte tragen müssen.

D.I.4.4.3 Beurteilung

Sowohl Residual Value Bonds als auch „Trade Finance" sind geeignete Finanzierungskonzepte, um die Bilanz vor Marktwertschwankungen (Residual Value Bond) bzw. Marktwertverringerungen („Trade Finance") zu schützen und somit eine Ergebnisglättung und erhöhte Cashflow-Stabilität beim Kunden zu erzielen.

In Bezug auf „Trade Finance" muss jedoch kritisch angemerkt werden, dass der Vorteil für das Unternehmen (U), dessen Lagerbestände im Wert gesunken sind, auf einer Auslegung des Charakters der durch die CPO entstandenen Leistungsbeziehung als erfolgsneutrales, schwebendes Geschäft beruht, die nach GoB zu keiner sofortigen Bilanzierungspflicht der Zahlungsversprechen führt. Anzuzweifeln ist daher, ob der Gesetzgeber, wenn „Trade Finance" in Deutschland gängige „Abwertungs-Verhinderungs-Praxis" für wertgemindertes Umlaufvermögen werden sollte, diese Gesetzeslücke nicht umgehend schließt.

Dennoch stellt die Entwicklung beider Konzepte einen eindrucksvollen Beleg für innovative Produkterweiterungsmaßnahmen und zunehmende Verlagerung des Kerngeschäfts beim IVM dar, der sich dem Kunden (hier) als Risikofinanzierungs- und nicht als Versicherungsexperte präsentiert. Seine Wertschöpfung besteht dabei nicht nur in der Entwicklung der Konzepte und der Zusammenführung geeigneter Kontraktparteien sondern darüber hinaus in der konkreten Vertragsgestaltung und anschließenden Abwicklung, Überwachung und Betreuung der Geschäfte.

D.II Vergütungssystem

Bei der nachfolgenden Diskussion um geeignete Vergütungsstrukturen für den IVM vor dem Hintergrund seines stark veränderten Leistungsspektrums steht die kritische Durchleuchtung der bestehenden und altgewohnten Vergütungsform der Courtage[497] sowie einer möglichen Alternativlösung - Entlohnung auf Honorarbasis - im Mittelpunkt.[498] Da die Honorarvergütung aus theoretischer und praktischer Sicht zweckmäßig erscheint, wird die Umstellung auf ein solches System, unter Hinweis auf damit möglicherweise einhergehende Rechtsprobleme, angeregt.

D.II.1 Begriffsdefinition der Prämienarten und Zielanforderungen an das Vergütungssystem

Da die vom VM bezogene Geldleistung der Courtage kalkulatorischer Bestandteil der (vermittelten) Versicherungsprämie ist, erfolgt zunächst eine grundlegende, begriffliche Abgrenzung der Prämienarten. Zu unterscheiden sind Bruttoprämien, Nettoprämien und „Nettoprämien" (in Anführungszeichen), die hier in dieser Reihenfolge definiert werden:

Ist nachfolgend von einer Bruttoprämie die Rede, so bezieht sich diese Bezeichnung auf die in der Versicherungsliteratur herkömmlich anzutreffende Definition einer Versicherungs-(brutto-)prämie. Vereinfacht setzt sich diese kalkulatorische Gesamtprämie des Versicherers mit

---

[497] Vgl. Bruck/Möller (1961), vor § 43, Anm. 102. Der Begriff „Courtage" leitet sich aus dem Lateinischen ab: Curare = 'sorgen für.' Weitere Ableitung aus dem Französischen: le courtier = der Makler. Vgl. Grieß (1988), S. 8.

[498] Die Ausführungen in diesem Abschnitt stellen eine Aktualisierung und einen Ausbau der Erkenntnisse der unveröffentlichten Diplomarbeit des Verfassers dar.

Berücksichtigung der Versicherungsteuer aus folgenden Bestandteilen zusammen:[499]

	Nettorisikoprämie
+	Sicherheitszuschlag
=	Nettoprämie bzw. Bruttorisikoprämie
+	Betriebskostenzuschlag
+	(ggf.) Gewinnzuschlag
=	Bruttoprämie vor VersSt
+	Versicherungsteuerzuschlag
=	**Bruttoprämie nach VersSt**

Hierbei ist die Nettorisikoprämie der planmäßige Beitrag zur Deckung der Schadenkosten, d.h. der Versicherungsleistungen bzw. Entschädigungen. Der Sicherheitszuschlag dient der Deckung zufälliger Überschäden eines Kollektivs und der Finanzierung zufälliger Schwankungen. Der Betriebskostenzuschlag des Versicherers ist der kalkulierte planmäßige Deckungsbeitrag für alle übrigen Kosten.[500] Er setzt sich aus den Hauptbestandteilen Personal-, Verwaltungs-, Vermittler-, Betriebsmittel- sowie „sonstige" Betriebskosten zusammen.[501] Mit der Nettoprämie ist die reine Risikoprämie gemeint. Sie enthält keine Verwaltungs- und Vertriebskostenanteile des Versicherers. Eine „Nettoprämie" (in Anführungszeichen) hingegen bezieht sich auf eine Prämie, die zwar die genannten Bestandteile des Betriebskostenzuschlags des Versicherers, nicht jedoch die Courtage/Provision des Vermittlers beinhaltet. Man spricht hier auch von einer „provisionskostenfreien" Prämie.[502]

499 Vgl. z.B. Helten/Karten (1991), S. 240f.; Farny/Helten/Koch (1988), S. 533.
500 Vgl. Helten/Karten (1991), S. 241.
501 Vgl. Farny, (1992), S. 68f.
502 Vgl. Bräuchle (1996), S. B 11.

In Anlehnung an Kahn[503] sind die wichtigsten Zielanforderungen, die an ein Maklervergütungssystem zu stellen sind, dass

- es die Möglichkeit für das Erzielen eines „angemessenen", d.h. weder überproportional hohen noch unterproportional niedrigen, Gewinnes des IVM bietet (Gewinnmarge über 20% bzw. unter 10%),
- es einen Anreiz für den IVM darstellt, sich im Sinne seines Kunden zu verhalten,
- die Qualität der Dienstleistung der Orientierungsmaßstab für die Vergütung ist,
- die Maklervergütung frei zwischen Kunde und IVM verhandelt und vereinbart werden kann,
- die Vergütungsart eine hohe Transparenz des Systems gewährleistet.

In der nachfolgenden Diskussion wird untersucht, ob das gegenwärtige Courtagesystem und/oder ein etwaiges Alternativ-Vergütungssystem auf Honorarbasis diesen Zielanforderungen gerecht wird.

D.II.2 Die Courtage als Vergütungssystem

Bei dem altgewohnten Vergütungssystem der „Courtage" erhält der VM als Umsatzgröße einen festgelegten Prozent- oder Promillesatz der (vermittelten) Versicherungsprämie. Man spricht daher auch davon, dass die Courtage das rechtliche Schicksal der Versicherungsprämie teilt.[504]

---

503 Vgl. Kahn (1997), S. 1f.

504 Vgl. Bruck/Möller, vor §§ 43-48, Anm. 82, 85, 86; o.V. (1975), S. 186-188.

D.II.2.1 Vorteile des Courtagesystems

Der wesentliche Vorteil des bestehenden Vergütungssystems der Courtage liegt für den Kunden, wie auch für den IVM, vor allem in der Einfachheit der Handhabung.[505] Die langjährige Gewohnheit[506] des Kunden, den IVM nicht direkt, sondern auf dem Weg über die Prämienzahlung zu vergüten, mag eine psychologische Hemmschwelle darstellen, sich mit einem Vergütungssystem auseinander zu setzen, bei dem die Maklervergütung zwischen Kunde und IVM fallweise ausgehandelt werden muss.[507]

Ein weiterer Vorteil liegt eindeutig beim Industrieversicherer, da ein auf Honorarvereinbarungen basierendes Vergütungssystem im großindustriellen und großgewerblichen Geschäft (aus Gründen, die an späterer Stelle Beachtung finden[508]) mit der Umstellung des Industrieversicherers auf eine beschränkte Funktion als reiner Risikoträger ("Capacity Provider") einhergeht. Der Versicherer müsste dann keine Brutto-, sondern Nettoprämien quotieren, was den zukünftigen Prämienabrieb und damit den Druck, Kosten zu reduzieren, weiter verschärft.

D.II.2.2 Kritik an der Courtage als Vergütungssystem

Den obengenannten Argumenten für die Beibehaltung des bestehenden Vergütungssystems stehen eine Vielzahl negativer Aspekte gegenüber.

---

505 Vgl. McCurrach (1992), S. 3; Perez (1995), S. 39; Kutz (1993), S. 568.

506 Vgl. Baumann (1996), S. 169.

507 Vgl. McCurrach (1992), S. 3.

508 S. Abschnitt D.III.2.4.

D.II.2.2.1 Der Versicherer als Courtageschuldner

Ein Charakteristikum bei der Vergütung des VM ist, dass, abweichend von § 99 HGB[509], der Versicherer die Courtage zu entrichten hat, obwohl der VM in erster Linie der Interessenvertreter des Versicherungsnehmers ist.[510] Die Eigenart, dass der Versicherer die Courtage schuldet, ist historisch bedingt. Zu Beginn des 19. Jahrhunderts waren in einem Käufermarkt stark unter Wettbewerbsdruck stehende Versicherer erstmals bereit, ihren Kunden die wirtschaftliche Last der Courtage abzunehmen, um ein Risiko in Deckung nehmen zu können.[511] Betriebswirtschaftlich gesehen bringt diese durchaus ungewöhnliche Entgeltpolitik mit der vom Versicherungsunternehmen zu zahlenden Courtage den VM unter zweiseitigen Druck: einerseits seitens der Versicherer, die ein möglichst geringes Entgelt oder aber bei gegebenem Entgelt eine möglichst weitgehende Beteiligung an den versicherungsbetrieblichen Aufgaben bei Wahrung der Versicherungsinteressen anstreben. Andererseits wünschen sich die Maklerkunden für die Courtage, die sie - jedenfalls indirekt - zahlen, ein Maximum an Leistung und Qualität.[512]

Trinkhaus[513] rechtfertigt die gewohnheitsrechtliche Handhabung[514] dadurch, dass der Abschluss von Versicherungsverträgen schließlich dem Versicherer zugute komme, dieser sei „Nutznießer der Produktion". Zugrunde liegt dieser Argumentationsweise der Gedanke, dass die Beratungs- und Betreuungsleistungen des VM keine bedeutsame Rolle spielen.[515]

---

509 Gemäß § 99 HGB hat jede Partei den Maklerlohn grundsätzlich zur Hälfte zu entrichten.

510 Vgl. Sandkühler (2000), S. 668. Zu der Rechtsbeziehung zwischen VM und Versicherungsnehmer sowie einer grundsätzlichen Erläuterung der Rechtsgrundlagen deutscher VM s. Abschnitt B.I.2.

511 Zur historischen Entwicklung der Vergütungsfrage vgl. Grieß/Zinnert, (1992), S. 113; Vgl. außerdem Grieß (1988), S. 7 f.

512 Kromschröder (1997), S. 60.

513 Vgl. Trinkhaus (1955), S. 170.

514 Vgl. Bosselmann (1994), S. 185; Bruck/Möller (1961), vor § 43-48 Anm. 73; Trinkhaus (1955), S. 133.

515 Vgl. Scheiper (1996), S. 49.

Diese Begründung ist jedoch aus zwei Gründen zeitlich überholt. Zum einen machen wie gezeigt - gerade bei IVM im Gegensatz zu kleineren VM - die Beratungs- und Betreuungsleistungen einen Großteil ihrer Leistungsschwerpunkte aus. Zum anderen wird die Courtage als kalkulatorischer Bestandteil der Versicherungsprämie im wirtschaftlichen Ergebnis ohnehin vom Kunden des VM bezahlt.[516] Dies erscheint auch sinnvoll, da der VM nicht Absatzorgan des Versicherers ist, sondern in erster Linie Beschaffungsorgan des Versicherungsnehmers.[517]

Ein weiterer Kritikpunkt betrifft die Undurchsichtigkeit der Bestandteile der vom Versicherer quotierten Bruttoprämie. Weder für den Kunden noch für den IVM ist ersichtlich, welcher Anteil der Versicherungsprämie die Vertriebs- und Verwaltungstätigkeiten des Versicherers vergütet.[518] Auf der einen Seite entsteht hierdurch die Gefahr überhöhter Preise, da die Versicherungsprämie ein Entgelt für Serviceleistungen enthält, die der IVM dem Versicherer in großem Maße abgenommen hat.[519] Beispiele dieser Tätigkeiten sind die Policenausfertigung, die Vertragsbearbeitung und das Schadenmanagement. Gerade im industriellen Geschäft mangelt es, auf Grund der Individualität der Versicherungsbedürfnisse von Industriekunden, in vielen Fällen an Vergleichbarkeit der angebotenen Versicherungsprodukte. Der Makler und sein Kunde sind in diesen Fällen auf das Bruttoprämienangebot des Versicherers angewiesen.

Auf der anderen Seite birgt das Pauschalvergütungssystem auch die Gefahr, dass der Kunde für den erhaltenen Service zu wenig bezahlt, wenn nämlich die Courtage nicht die Kosten deckt, die er beim IVM durch seine Leistungsinanspruch-

---

516 Vgl. Prölss/Martin (1992), nach § 48, Anm. 1 B; Bruck/Möller (1961), vor §§ 43-48, Anm. 82.
517 Vgl. Farny (1971), S. 81; Farny (1986), S.430.
518 Vgl. Scheiper (1996), S. 111f.
519 S. auch Abschnitt D.III.2.4.

nahme verursacht.[520] In einem solchen Szenario sind Dienstleistungen wie z.B. Schadenverhütungs-, Umweltschutzberatung, Risikoanalysen und das Erarbeiten alternativer Risikobewältigungskonzepte für den Kunden „kostenlos."[521]

D.II.2.2.2 Courtagevergütung und die Prinzipal-Agenten-Theorie

Entscheidender Schwachpunkt des Courtagevergütungssystems ist, dass der Kunde keine Möglichkeit hat, die Höhe des Maklerentgeltes zu bestimmen, da dieses zwischen Versicherer und IVM ausgehandelt wird.[522] Nach der Prinzipal-Agenten-Theorie bedeutet dies, dass die Courtage ein Vergütungssystem für die Prinzipal-Agenten-Beziehung zwischen Versicherer und IVM ist.[523] Der Versicherer ist hierbei derjenige, der durch positive (finanzielle) Leistungsanreize den IVM dazu veranlassen kann, sich - zumindest teilweise - in seinem Sinne zu verhalten, d.h. Versicherungsprodukte abzusetzen.[524] Auf diese Weise entsteht eine Tendenz zur Koalitionsbildung zwischen Versicherer und IVM.[525] Dem IVM erwächst hieraus eine unangenehme Konfliktsituation. Auf der einen Seite hat er als „Bundesgenosse[526]" des Versicherungsnehmers in erster Linie dessen Interessen zu vertreten. Sein eigener wirtschaftlicher Erfolg wird jedoch dann gefördert, wenn er die Interessen des Versicherers wahrnimmt, indem er das Produkt „Versicherungsschutz" in möglichst großem Umfang vermittelt.[527]

---

520 Vgl. Kutz (1993), S. 565.
521 Vgl. Spielberger (1988), S. 130, 132.
522 Vgl. Bosselmann (1994), S. 185.
523 Vgl. Bosselmann (1994), S. 186.
524 Vgl. Kutz (1993), S. 565.
525 Vgl. Kutz (1993), S. 565.
526 Vgl. Möller (1970), S. 1004; Bruck/Möller (1961), vor §§ 43-48, Anm. 13.
527 Vgl. Durstin (1996), S. 1041; Matusche (1993), S. 141; Sandkühler (2000), S. 668.

Nur wenn die Interessen von Versicherer und Versicherungsnehmer gleich wären, entstünde die aufgezeigte Konfliktsituation nicht. Davon ist im Allgemeinen jedoch nicht auszugehen.[528] Diese Interessenkollision begründet ökonomische Ineffizienzen der Courtage:[529] Durch die Möglichkeit des Versicherers, die Vergütung des VM maßgeblich zu gestalten, besteht die Gefahr der Vernachlässigung einer qualitativ hochwertigen Beratung des Versicherungsnehmers. Dies kann z.B. dazu führen, dass Versicherungsschutz gegenüber anderen risikopolitischen Instrumenten vorgezogen wird und dass zu hohe Prämiensummen das Resultat unnötig hoher Deckungen sind. Auch muss die Subventionierung von Kundengruppen mit großem Beratungsbedarf durch Kundengruppen befürchtet werden, die verhältnismäßig wenig Beratung benötigen.[530]

D.II.2.2.3 Courtage als Pauschalvergütung

Der IVM verdient mehr (weniger) je höher (niedriger) die Prämie der jeweiligen Versicherungspolice ist, die er vermittelt.[531] Dabei ist das Zustandekommen eines Versicherungsvertrages zwischen Versicherer und Versicherungsnehmer notwendige Voraussetzung für den Courtageanspruch.[532] Die Abhängigkeit der Courtage vom tatsächlichen Vermitteln eines Versicherungsvertrages begründet die üblicherweise getroffene Einstufung als „Erfolgsvergütung."[533] Allerdings ist der Begriff des Vermittlungserfolges in der Praxis nicht so streng an das tatsächliche erstmalige Herbeiführen einer Versicherungsvermittlung geknüpft. Bei einem Maklerwechsel steht dem neuen Makler der Anspruch auf

528 Vgl. Bosselmann (1994), S. 187.
529 Vgl. Scheiper (1996), S. 55 f.; Bosselmann (1994), S. 185 f.; Kutz (1993), S. 565 f.; Kromschröder (1997), S. 78-79.
530 Vgl. Kutz (1993), S. 566.
531 Vgl. Bosselmann (1994), S. 185; Sandkühler (2000), S. 668.
532 Vgl. Baumann (1996), S. 127; Scheiper (1996), S. 47; Grieß/Zinnert (1992), S. 114.
533 Vgl. Bruck/Möller (1961), vor §§ 43-48, Anm. 71; Scheiper (1996), S. 3, 47.

die Courtage auch dann zu, wenn er nicht der ursprüngliche Vermittler der Police war.[534] Spielberger[535] spricht hier von der „Fiktion" eines Vermittlungserfolges, wobei der Makler den gleichen Vergütungsanspruch für diese „Quasi-Vermittlung[536]", also für den fingierten Erfolg, haben soll, den er bei einer ursprünglichen Vermittlungsleistung gehabt hätte.

Wenn man nun das Angebot des Versicherers als ein zu kaufendes Produkt ansieht, welches ähnlich wie eine durch einen Kaufvertrag abzusetzende Ware einmalig veräußert wird,[537] dann wäre dies eine durchaus akzeptable Rechtfertigung für eine vermittlungs-erfolgsabhängige Entlohnung des IVM. Sobald die „Ware" verkauft ist, hat der IVM die von ihm erwartete Leistung erbracht, und ihm steht der Anspruch auf eine Gegenleistung zu.[538] Die Problematik, auf die man bei dieser Betrachtungsweise jedoch stößt, ist, dass die Ware „Versicherungsschutz" ein auf Dauer ausgerichtetes Wirtschaftsgut ist, welches nicht lediglich verkauft und sodann verbraucht wird. Vielmehr ist der Versicherungsschutz Teil eines umfangreichen Dienstleistungsangebots, in welchem Informations-, Beratungs- und Betreuungsleistungen von immer größerer Bedeutung sind.[539]

Zwar enthält die Courtage von IVM neben dem Vermittlungs- auch ein Betreuungselement,[540,541] aber dies ändert nichts an der starren Orientierung an der Prämiensumme. Es bestimmt

534 Vgl. Spielberger, (1984), S. 1017.
535 Vgl. Spielberger, (1984), S. 1016.
536 Vgl. Spielberger, (1984), S. 1016; vgl. auch Werber (1988), S. 1164.
537 Vgl. Haller (1989), S. 272.
538 Vgl. Scheiper (1996), S. 54.
539 Vgl. Haller (1989), S. 280.
540 Vgl. Prölss/Martin (1992), nach § 48, Anm. 4.
541 Auch in der kalkulatorischen Zusammensatzung der Courtage spiegelt sich demzufolge die vom Versicherungsnehmer erwartete - und vom IVM erbrachte - fortlaufende Betreuung der Versicherungsbestände des Kunden wider. Versicherungsabhängig werden ca. 40% der in der Prämie enthaltenen Courtage vom IVM als Entgelt für die Betreuung betrachtet. Eine entscheidende Rolle spielt dies insb. in Bezug auf die steuerliche Relevanz der Courtage. (Ein erhöhter Betreuungsan-

also nicht die Qualität der IVM-Dienstleistung, sondern die Höhe der Versicherungsprämie die Höhe der Maklervergütung.[542] Bei stark pauschalisierten Courtagesätzen,[543] die bei etwa 7,5% bis 20% der Prämiensumme liegen,[544] ist es daher als ein Charakteristikum des bestehenden Vergütungssystems anzusehen, dass es i.d.R. noch nicht einmal zu einer Übereinstimmung der Courtagevergütung mit den Kosten kommt, die der Versicherungsnehmer durch seine Leistungsinanspruchnahme beim IVM verursacht.[545]

D.II.2.2.4 Marktabhängigkeit der Courtage

Eine Pauschalvergütung, deren Bemessungsgrundlage die Höhe der Versicherungsprämie ist, führt zu dem weiteren Nachteil, dass ihre Höhe davon abhängt, ob der Markt weich oder hart ist. Der IVM verdient in weichen (harten) Märkten weniger (mehr), da die vermittelten Prämiensummen geringer (höher) sind. Der harte Markt in den achtziger Jahren (bis 1994) führte bspw. zu einem kartellähnlichen Verhalten der Industrieversicherer, in dem es kaum Versicherungsalternativen gab. Der Umsatz von IVM fiel trotz erheblich reduziertem Suchaufwand (durch Ausschreibungen, Erstellen alternativer Selbstbehaltmodelle nach Prüfung verschiedener Selbstbehaltalternativen usw.) entsprechend hoch aus.

Auch umgekehrt ergibt sich die paradoxe Situation, dass das Entgelt des IVM gerade dann geringer ausfällt, wenn er auf Grund eines größeren Versicherungsangebotes einen größeren Suchaufwand betreiben muss. In einem weichen Markt bekommt der IVM also trotz kostenintensiverer Dienstleistung - die

teil führt zur Verringerung der steuerlichen Bemessungsgrundlage im Vermittlungsjahr).

542 Sandkühler (2000) spricht vor dem Hintergrund ansteigender Vergütungshöhe bei Vermittlung „schlechter" und „sinnloser" Produkte davon, dass sich der VM in „Logikwölkchen" auflöst. Vgl. ebenda, S. 668.

543 Vgl. Kutz (1993), S. 565.

544 Vgl. Baumann (1996), S. 219; Spielberger (1988), S. 123.

545 Vgl. Kutz (1993), S. 565.

für den Kunden das Resultat eines besseren, d.h. preiswerteren oder bei gleichem Preis qualitativ hochwertigeren Versicherungsschutzes hervorrufen soll - ein geringeres Entgelt als in einem harten Markt.

D.II.2.2.5 Wettbewerbsnachteile im internationalen Vergleich

Ein wichtiger Aspekt bei der Vergütung des IVM ist der wachsende Wettbewerbsdruck,[546] den der EU-Versicherungsbinnenmarkt und die Globalisierung der Wirtschaft mit sich bringen. Die Vielzahl der sich auf Grund der Dienstleistungsfreiheit ergebenden Geschäftsfelder sind in Abbildung 21 dargestellt. Für den deutschen IVM bedeutet dies nicht nur, dass sich der innereuropäische Konkurrenzdruck verstärkt. Im Wettbewerb mit der ausländischen Konkurrenz muss er sich nun auch intensiver um deutsche Kunden bemühen.[547]

---

546 Vgl. Surminski (1989), S. 171; Farny (1993a), S. 353.
547 Vgl. Farny (1993a), S. 353.

Abbildung 21: Geschäftsfelder von IVM, gegliedert nach Standorten der IVM, Versicherungsnehmer (VN) und Versicherungsunternehmen (VU)

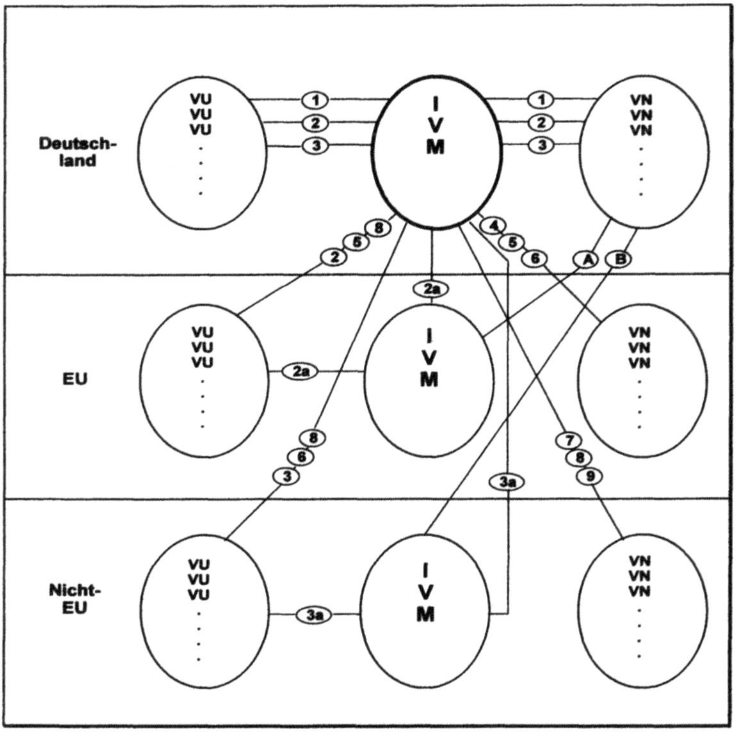

Fälle 1-3: Makler mit Kunden in Deutschland,
Fälle 4-6: Makler mit Kunden in (anderen) EU-Ländern,
Fälle 7-9: Makler mit Kunden in Drittländern,
Fälle 1,4,7: Deckung bei Versicherer in Deutschland,
Fälle 2,5,8: Deckung bei Versicherer in (anderem) EU-Land,
Fälle 3,6,9: Deckung bei Versicherer in Drittland.

Quelle: Farny (1993), S. 351.

Welche Rolle spielt vor diesem Hintergrund nun das Vergütungssystem? Die hier aufgestellte These ist, dass die Courtage als Vergütungsform in Einzelfällen zu Wettbewerbsnachteilen deutscher IVM im internationalen Vergleich führt. Dieser Sachverhalt soll anhand folgender, der Praxis entstammender Zahlenbeispiele verdeutlicht werden. Ausgangspunkt ist ein real existierender Fall, in dem ein deutscher IVM mit einem englischen IVM im direkten Wettbewerb um das Mandat eines deutschen Industriekonzerns stand.

In den für 1999 vorgeschlagenen Risikobewältigungskonzepten der IVM führte die Anwendung von ART in beiden Fällen (Beispielfall 1, Sachversicherungsportefeuille; Beispielfall 2, Transportversicherungsportefeuille) zu erheblichen Prämienreduzierungen. Aus Gründen der Vergleichbarkeit wird hier unterstellt, dass die Konzepte beider IVM (inhaltlich) identisch waren. Der mit dem Versicherer vereinbarte Courtagesatz wird mit 15% Prozent angenommen. Weiterhin wird vereinfachend davon ausgegangen, dass die Entscheidungsgrundlage des Kunden dem Prinzip der Wirtschaftlichkeit folgend allein der Preis für die vom IVM erbrachten Leistungen war.

Das Honorar des konkurrierenden englischen IVM wurde anhand der Time Valuation Method (Zeitbewertungsmethode) ermittelt, auf die in Abschnitt D.II.3.4.2 eingegangen wird. Grundsätzlich sind nun bezüglich der Vergütung der IVM drei verschiedene Szenarien denkbar. Die Courtage des deutschen IVM kann höher oder geringer ausfallen als das Honorar des englischen IVM oder aber gleich hoch:

Szenario 1: Die Courtage des deutschen IVM fällt **höher** aus als das Honorar des englischen IVM.

Wie aus Tabelle 5 hervorgeht, wurde das bestehende Versicherungsportefeuille in diesem Fall dahingehend verändert, dass (durch alternative Risikoabsicherungskonzepte) eine Reduzierung der Versicherungsprämie von DM 52 Mio. auf DM 20 Mio. erzielt wurde, wobei der Kunde einen aggregierten Selbstbehalt von DM 20 Mio. p.a. trägt.

Wenn man nun vor diesem Hintergrund den (Courtage-)Umsatz des deutschen IVM mit dem Honorar des englischen IVM vergleicht, stellt man fest, dass die Courtage mit DM 3 Mio. wesentlich **höher** ausfällt als das Honorar, welches nur DM 1 Mio. beträgt.

Tabelle 5: Beispielfall 1; Sachversicherungsportefeuille eines deutschen Industriekonzerns[548]

Jahr	1998		1999	1999
Vergütungssystem	Courtage		Courtage	Honorar
Versicherungspramie (DM)	52 Mio	->	20 Mio	17 Mio *1)
Selbstbehalt, aggregiert p.a. (DM)	0 Mio	->	20 Mio	20 Mio
Courtage (15% der VP, DM)	7,8 Mio		3 Mio	
Vereinbartes Honorar (DM)				1 Mio *2)
Rechnerisch maximale Ver- bzw. Absicherungskosten des Kunden (DM)	52 Mio		40 Mio	37 Mio
Durch den Kunden (maximal) zu tragende Gesamtkosten (DM)	52 Mio		40 Mio	38 Mio
Umsatz des IVM (DM)	7,8 Mio		**3 Mio**	**1 Mio**

*1) Dieser Betrag ist eine "Nettoprämie" bzw. "provisionskostenfreie" Prämie.
*2) Angabe basiert auf gemäß der Time Valuation Method berechneten Honorar.

Es ist demnach davon auszugehen, dass der Kunde auf Grund der erheblichen Kostenersparnis von DM 2 Mio. bei der Vergütung seines Maklers dem englischen IVM das Mandat erteilt. Somit besteht in diesem Szenario ein direkter Wettbewerbsnachteil des deutschen IVM.

Szenario 2: Die Courtage des deutschen IVM fällt **geringer** aus als das Honorar des englischen IVM.

Wiederum führten alternative Risikoabsicherungskonzepte zu einer extremen Reduzierung der Versicherungsprämie (s. Tabelle 6) von DM 70 Mio. (1998) auf DM 7,06 Mio. (1999), wobei der Kunde einen aggregierten Selbstbehalt von DM 40 Mio. p.a. trägt. Die Vergütung des englischen IVM wurde, auch hier gemäß der Time Valuation Method, mit DM 4 Mio. berechnet. Im direkten Vergleich zeigt sich, dass der

(Courtage-)Umsatz des deutschen IVM mit DM 1,06 Mio. deutlich **geringer** ausfällt als die, nach dem tatsächlichen Arbeitsanfall, berechneten DM 4 Mio. Honorar des englischen IVM. Zwar liegt der Schluss nahe, dass der deutsche IVM das Mandat - auf Grund der für den Kunden erzielten Kostenersparnis von DM 2,94 Mio. bei der Vergütung seines Maklers - erhält. Ob er dieses jedoch annimmt, ist eine andere Frage, da die erforderlichen Verwaltungs- und Betreuungstätigkeiten (Risikobesichtigung, Schadenbearbeitung, Statistiken, Überwachung des Aggregates usw.) nicht kostendeckend ausgeführt werden können.

Tabelle 6: Beispielfall 2; Transportversicherungsportefeuille eines deutschen Industriekonzerns[548]

Jahr	1998		1999	1999
Vergütungssystem	Courtage		Courtage	Honorar
Versicherungsprämie (DM)	70 Mio	->	7, 06 Mio	6 Mio *1)
Selbstbehalt, aggregiert p.a.(DM)	0 Mio	->	40 Mio	40 Mio
Courtage (15% der VP, DM)	10,5 Mio		1,06 Mio	/
Vereinbartes Honorar (DM)	/		/	4 Mio *2)
Rechnerisch maximale Ver- bzw. Absicherungskosten des Kunden (DM)	70 Mio		47,06 Mio	46 Mio
Durch den Kunden (maximal) zu tragende Gesamtkosten (DM)	70 Mio		47,06 Mio	50 Mio
Umsatz des IVM (DM)	10,5 Mio		**1,06 Mio**	**4 Mio**

*1) "Nettoprämie".
*2) Angabe basiert auf gemäß der Time Valuation Method berechneten Honorar.

Bei einer Prämiensumme von lediglich DM 7,06 Mio. ist ein kostendeckendes Arbeiten nicht möglich.[549] Vergleichsmaßstab ist hierbei das anhand der TVM berechnete Honorar des

[548] Die Zahlen beruhen auf der Auswertung einschlägigen Informationsmaterials der Marsh GmbH. Zur TVM s. Abschnitt D.II.3.4.2.

[549] Vgl. Meyer (1999), S. 24. Vgl. auch Bosselmann (1994), S. 188, der auf die Problematik kostendeckenden Arbeitens im Courtagesystem bei geringen Prämiensummen hinweist.

englischen IVM von DM 4 Mio. Auch in diesem Fall stößt man demnach auf einen Wettbewerbsnachteil im internationalen Vergleich, da es die fehlende Kostendeckung dem IVM unmöglich macht, längerfristig im Wettbewerb zu bestehen.

Szenario 3: Die Courtage des deutschen und das Honorar des englischen IVM fallen **gleich hoch** aus.

In diesem Szenario ist nicht von einem Wettbewerbsnachteil auszugehen. Auf Grund der quantitativen Abhängigkeit der Courtage von der Höhe der Prämiensumme einerseits, sowie der direkten Kostenorientierung von Honorarberechnungen andererseits, ist eine solche Fallkonstellation jedoch eher theoretischer Natur und in der Praxis äußerst unwahrscheinlich.

Die Qualität der Dienstleistung des IVM sollte die Höhe seiner Vergütung bestimmen[550] - und nicht umgekehrt, die Vergütung Art und Inhalt der Beratung. Die geschilderten Szenarien verdeutlichen jedoch, wie unangemessen und willkürlich der Umsatz von IVM, im Hinblick auf die Qualität der Dienstleistung, ausfallen kann. Vor diesem Hintergrund lässt sich folgende Feststellung treffen: Beim bestehenden Vergütungssystem beeinträchtigt das nur allzu normale eigene Streben des IVM nach wirtschaftlichem Erfolg zwangsläufig die absolute Objektivität seiner Beratungsleistung zum Nachteil seiner Kunden.[551]

D.II.2.3 Beurteilung der Kritikansätze

Gegenstand der folgenden Abschnitte ist eine kritische Auseinandersetzung mit bisher diskutierten Schwachpunkten bei der Courtagevergütung. Manche Kritikansätze werden abge-

---

550 Vgl. Scheiper, (1996), S. 55.
551 Vgl. Looman (1988), S. 94.

schwächt oder gar verworfen, andere hervorgehoben und unterstützt.

D.II.2.3.1 Haftung des IVM

Der Kritik einer Beeinträchtigung der Beratungsleistung ist das Argument der Haftung entgegenzuhalten. Richtungsweisend ist hier das sog. „Sachwalter-Urteil"[552] des BGH vom 22. Mai 1985, in dem der VM als „treuhänderischer Sachwalter" des Versicherungsnehmers anderen Experten wie z.B. Rechtsanwälten oder Steuerberatern gleichgestellt wird.[553] Die deutliche Verschärfung des Haftungsrisikos wurde im Ergebnis zu einer Art Garantiehaftung des VM dafür, dass der von ihm beschaffte Versicherungsschutz und die von ihm geleistete Beratung dem Bedarf des Kunden bestmöglich entsprechen.[554] Auch die Auswahl des Versicherers und die Höhe der zu zahlenden Prämie sollen „angemessen" sein.[555]

Wenn aus einer Pflichtverletzung des VM eine unvollständige bzw. fehlende Risikodeckung folgt, so kann dies im Versicherungsfall für den VM eine Schadensersatzpflicht für den nicht gedeckten Teil des Risikos zur Folge haben.[556] Hierbei liegt die Beweislast beim VM, der bei einem Schaden des Kunden darlegen muss,

- dass der Versicherungsnehmer trotz korrekter Beratung seinem Rat nicht gefolgt ist und
- dass auch bei korrekter und rechtzeitiger Beratung der Versicherungsnehmer den Schaden erlitten hätte.[557]

---

552 Vgl. BGHZ 94, S. 356 f.
553 Vgl. Kuntz (1991), S. 34; Müller-Stein (1996), S. 1062.
554 Vgl. Lahno (1987), S. 433.
555 Vgl. Lahno (1987), S. 433.
556 Vgl. Matusche (1993), S. 1.
557 Vgl. Prölss/Martin (1992), nach § 48, Anm. 1 A.

Weitergehend verschärft wird das Haftungsrisiko zudem durch den Einfluss, den die Deregulierung der Versicherungsmärkte auf den VM hat.[558,559] Bei der Beratung des Kunden und der Auswahl der Produkte trifft den VM eine umfassende Aufklärungspflicht, wobei er, unter Berücksichtigung der individuellen Bedürfnisse seines Kunden, den bestmöglichen Versicherungsschutz zu besorgen hat.[560]

Zusammenfassend bleibt festzustellen, dass die marktexogene[561] Institution der Haftung, bestimmt durch die Interpretation des Sachwalter-Urteils und weiter gefördert durch die Deregulierung der Versicherungsmärkte, in der Praxis die Wahrscheinlichkeit einer Schlecht- oder gar Falschberatung durch den - sich im Doppelrechtsverhältnis[562] und somit im Spannungsfeld zweier Interessen (optimale Beratung seines Kunden / umfangreiche Versicherungsvermittlung) befindenden - IVM deutlich verringert. Diese Aussage wird durch zahlreiche Gerichtsurteile bekräftigt: So hat z.B. das OLG Düsseldorf[563], der Rechtsprechung des BGH ausdrücklich folgend, am 20.12.1996 eine Schadensersatzhaftung eines VM wegen einer schuldhaften Vertragsverletzung angenommen.[564] In diesem Fall ging es um einen VM, der für eine Unternehmung, die sich mit dem Transport von Klavieren befasst, eine Transportversicherung abschließen sollte. Hierbei unterließ es der VM, eine gesonderte Trageversicherung abzuschließen, was im Falle des eingetretenen Schadens beim Transport eines Konzertflügels zur Folge hatte, dass die Versicherung den Schaden nicht übernahm, weil dieser von einer Trageversicherung hätte gedeckt sein

---

558 Vgl. Benkel/Reusch (1992), S. 1302-1319.
559 S. auch Abschnitt D.III.1.3.3.
560 Vgl. Benkel/Reusch (1992), S. 1318-1319.
561 Haftung ist eine marktexogene Institution, da sie von außen, d.h. von staatlicher Seite, vorgegeben ist.
562 Vgl. dazu Matusche (1993), S. 37-39; Grieß/Zinnert (1992), S. 53-55.
563 Vgl. Urteil des OLG Düsseldorf, v. 20.12.1996, in: NJW-RR 12/1997, S.756-757.
564 Zu den Möglichkeiten der VM, vertragsmäßig und/oder durch Abschluss eigener Berufshaftpflichtversicherungen ihre Haftung zu begrenzen vgl. auch Abram (2000), S. 63ff.

müssen. Auch in weiteren vergleichbaren Fällen hat die Rechtsprechung ebenfalls die zivilrechtliche Schadensersatzhaftung des VM angenommen.[565]

D.II.2.3.2 Kündigungsmöglichkeit des Kunden

Die marktendogene Institution der Konkurrenz stellt einen weiteren Anreiz für den IVM dar, die Interessen seines Kunden bestmöglich zu vertreten. Dem Kunden ist es nämlich jederzeit möglich, dem IVM sein Mandat zu kündigen und zur Konkurrenz abzuwandern, da der zwischen Kunde und IVM geschlossene Betreuungs- oder Maklerauftrag als Geschäftsbesorgungsvertrag den Kunden bei den meisten IVM zeitlich gar nicht, bei anderen nur verhältnismäßig kurz (die Kündigungsfrist beträgt maximal 1 Jahr) an den Makler bindet.[566]

D.II.2.3.3 Das Argument der Subventionierung

Die Kritik von Kutz[567], durch die starre Orientierung der Maklervergütung an der Prämiensumme würden solche Kundengruppen, deren Versicherungsbedürfnisse komplex und für den IVM zeitaufwendig sind, diejenigen Kundengruppen mit „einfachen" Versicherungsbedürfnissen und/oder hohen eigenen „Vorkenntnissen" subventionieren, wird in dieser Form nicht vollständig geteilt. In der Regel subventionieren nämlich Kunden mit hohen Versicherungsprämien diejenigen, die trotz gleicher Inanspruchnahme aller Serviceleistungen und professioneller Beratung auf Grund niedrigerer Prämiensummen dem IVM einen geringeren Courtageumsatz einbringen. Hat ein

---

[565] Vgl. folgende Urteile: BGH v. 22.5.1985, in: VersR 38/1985, S. 930-932; BGH v. 25.3.1987, in: VersR 26/1987, S. 663-665; OLG Düsseldorf v. 26.10.1990, in: VW 21/1993, S. 1397-1398; OLG Düsseldorf v. 10.11.1995, in: r+s 5/1997, S. 219-220.

[566] Vgl. Jauering (2001), S. 425. Zum Maklervertrag als Geschäftsbesorgungsvertrag i.S.v. § 675 BGB vgl. Bruck/Möller (1961), vor §§ 43-48, Anm. 38; Matusche (1993), S. 28-31.

Kunde einen hohen Beratungsbedarf, so bedeutet dies nicht unbedingt, dass er auch hohe Versicherungsprämien zur Deckung seiner Risiken benötigt.

D.II.2.3.4 Fehlende Leistungsbezogenheit

Neben den bisher genannten Kritikpunkten liegt der größte Nachteil des Courtagesystems in der fehlenden Leistungsbezogenheit. Pauschalisierte Courtagesätze, deren Bemessungsgrundlage die Versicherungsprämie ist, bedingen die Unmöglichkeit einer wertmäßigen Äquivalenz zwischen Leistung und Gegenleistung.[568] In erster Linie sind die Absicherungsbedürfnisse des Kunden - und nur zweitrangig die erwarteten Gewinnerzielungsmöglichkeiten - für den unter Konkurrenzdruck stehenden IVM für die Aufnahme einer bestimmten Dienstleistungskomponente ausschlaggebend.[569] Vor diesem Hintergrund kann die Courtage auch nicht der Zielanforderung entsprechen, eine Grundlage für das Erzielen eines „angemessenen" Gewinnes darzustellen. Die Praxis bestätigt diese Aussage: überproportional hohe Erträge sowie unterproportional niedrige Erträge sind bei technischen VM keine Seltenheit.[570]

D.II.3 Das Honorar als Vergütungssystem

D.II.3.1 Vorteile einer Umstellung auf Honorar

Die bereits beschriebenen Entwicklungen des zunehmenden internationalen Wettbewerbsdrucks, der Globalisierung der Wirtschaft und der weltweiten Vernetzung von IVM,[571] das

---

567 Vgl. Kutz (1993), S. 566.
568 Vgl. Sandkühler (2000), S. 668.
569 Vgl. Vogel (1978), S. 312-313.
570 Vgl. Durstin (1996), S. 1041; Meyer (1999), S. 24; Spielberger (1988), S. 125.
571 Vgl. Nowitzky (1995), S. 94, 95; Schirmer (1994), S. 45; Winston (1995), S. 7.

Motiv der Steuerersparnis[572] und vor allem der Wunsch nach einer leistungsbezogenen Vergütung bewegen deutsche IVM dazu, sich mit anderen, aus angelsächsischen Märkten „importierten",[573] Vergütungssystemen auseinander zu setzen.[574] In diesen Märkten ist es im Marktsegment des industriellen und großgewerblichen Geschäfts üblich, dass der IVM nicht durch Courtage über den Versicherer, sondern auf Honorarbasis[575] durch den Kunden vergütet wird.[576]

D.II.3.1.1 Für den IVM

Im Gegensatz zur Courtage erfüllt das Honorar alle in Abschnitt D.II.1 definierten Zielanforderungen:

- Das Vergütungssystem auf Honorarbasis eröffnet dem IVM die Möglichkeit, *leistungsbezogen* für seine Arbeit vergütet zu werden, da alle erbrachten Serviceleistungen ihren - in der Höhe angemessenen - Niederschlag in der Entlohnung des IVM finden[577] (Grundlage des Vergütungssystems zum Erzielen eines angemessenen Gewinnes).
- Dem IVM entsteht nicht der Konflikt, auf der einen Seite Interessenvertreter des Kunden zu sein, jedoch seine finanziellen Leistungsanreize durch die Gebundenheit an das Produkt „Versicherungsschutz" vom Versicherer zu bekommen[578] (Anreiz, sich im Sinne seines Kunden zu verhalten).
- Auch die Problematik der Abhängigkeit der Vergütung von der Versicherungsprämie und von den Marktverhältnissen

572 Vgl. Pohlmann (1996), S. 2360.
573 Vgl. dazu Sieger (1983), S. 56; Cockerell/Shaw (1979), S. 111.
574 Vgl. Stürz/Birkental/Wissmann (1998), S. 396.
575 Der Begriff des Honorars wird aus dem Lateinischen abgeleitet: 'Honorarium' = Ehrengabe, Ehrensold, Belohnung. Vgl. Grieß (1988), S. 9.
576 „Es gibt bei den englischen Maklern heutzutage kaum noch einen Großkunden, der nicht Nettoprämien zahlt und selber den Makler mit einem von der Prämie unabhängigen Fixum honoriert." Vgl. Gumbel (1991), S. 528; Baumann (1996), S. 44.
577 Vgl. Ewert (1997), S. 1248; o.V. (1996), S. 9.
578 Vgl. Bosselmann (1994), S. 189; Sandkühler (2000), S. 669.

(weich/hart)[579] besteht bei einer erfolgsunabhängigen Entlohnung auf Gebührenbasis nicht (Qualitätsorientierung der Vergütung). Das Honorar ermöglicht so dem IVM bei volatilen Märkten eine Stabilisierung seiner Ergebnisse.[580]

- Die Höhe der Entlohnung kann in jedem Einzelfall verhandelt und vereinbart werden.
- Zusätzlich trägt eine von der Versicherungsprämie losgelöste Vergütung zu einem profilierten Berufsbild des IVM bei, das ihn als professionellen Berater seiner Kunden im Risk Management-Bereich von „einfachen" Maklern und vertraglich gebundenen Absatzorganen des Versicherers abhebt.

D.II.3.1.2 Für den Kunden

Für den Kunden führt die Vergütung auf Honorarbasis zu einer erhöhten Transparenz der Maklerdienstleistung.[581] Er kann selbst Einfluss auf die Höhe des Maklerentgeltes nehmen. Dabei kann er sich aussuchen, welche Leistungen des IVM er in Anspruch nehmen will.[582] Nur diese ist er verpflichtet zu vergüten. Bspw. kann der Kunde sich nur das Produkt 'Risikoanalyse' einkaufen und alle anderen Dienstleistungen des IVM nicht in Anspruch nehmen.[583] Hierdurch wird dem Kunden auch die Möglichkeit eröffnet, verschiedene IVM mit verschiedenen Aufträgen zu betrauen,[584] wobei er eine größere Gewissheit hat, dass der von ihm betraute IVM - nun losgelöst von Vergütungsanreizen durch Gebundenheit an das Produkt „Versicherungsschutz" - seiner Rolle als

579 S. Abschnitt D.II.2.2.4.
580 Vgl. o.V. (1998f), S. 21. Zu Umsatzrenditen-Verringerungen der Makler in den vergangenen Jahren, die auf die Zyklizität des Versicherungsgeschäftes zurückzuführen sind, vgl. Illner (1998a), S. 227.
581 Vgl. Ewert (1997), S. 1248; Spielberger (1988), S. 133.
582 Vgl. o.V. (1996), S. 9; Perez (1995), S. 40.
583 Vgl. Bosselmann (1994), S. 188.
584 Vgl. o.V. (1996), S. 9.

„treuhändischer Sachwalter[585]" des Kunden besser gerecht wird.[586]

Ferner beseitigt die Honorarvergütung das Problem einer Subventionierung solcher Kunden mit geringen Prämiensummen durch Kunden mit hohen Prämiensummen.[587] Dies bedeutet allerdings, dass sich Honorare auf diejenigen Kundengruppen negativ auswirken werden, die trotz geringer Prämiensummen qualitativ gleich hochwertige Serviceleistungen des IVM erhalten, da sie bei einem leistungsbezogenen Vergütungssystem höhere Preise als bisher für die erhaltenen Dienstleistungen bezahlen müssen.

Befürchtungen, dass Industriekunden allgemein nicht bereit seien, Honorare für die Maklerdienstleistung zu bezahlen,[588] sind unbegründet.[589] Weder die Informationen deutscher IVM noch eine Untersuchung von Alexander & Alexander Services Inc.[590] über die Präferenzen amerikanischer Risk Manager bezüglich der Vergütungsfrage bestätigen dieses Argument. Die Untersuchung ergab, dass 78% der Risk Manager eine Honorarlösung bevorzugen, lediglich 11% sprachen sich für die Courtage als Vergütungsform aus. Die restlichen 11% bevorzugten „andere" Vergütungsmethoden. Für die Bereitschaft, Honorare zu zahlen, spricht auch die Überlegung, dass Kunden für einen hohen Produktnutzen bereit sind, auch entsprechend hohe Preise zu bezahlen.[591] Eine (Produkt-)Nutzeneinschätzung ist allerdings von der Möglichkeit, die Qualität der Maklerdienstleistung zu beurteilen, abhängig.[592] Für eine bessere Qualitätsbeurteilung könnten Industriekunden sich das in Abschnitt D.II.5 beschriebene Qualitätsmodell zu Nutzen machen.

---

585 Vgl. z.B. Trinkhaus (1955), S. 132.
586 Vgl. McCurrach (1992), S. 7.
587 Vgl. Bannister (1995), S. 20.
588 Vgl. Bosselmann (1994), S. 189.
589 Vgl. Durstin (1996), S. 1041.
590 Vgl. o.V. (1996), S. 9.
591 Vgl. Bosselmann (1994), S. 189.
592 Vgl. Spielberger (1988), S. 137.

D.II.3.1.3 Im internationalen Geschäft

Das Honorar als entgeltliche Gegenleistung für die im Wege des „Outsourcing" an den IVM übertragenen Risk Management-Aufgaben wird mit zunehmender Häufigkeit zentral erhoben und beim IVM intern auf die verschiedenen operierenden Einheiten in den jeweiligen Ländern verteilt.[593] Ein bekannter Beispielfall ist IBM: Der in 55 Ländern tätige Konzern übertrug 1994 den IVM Marsh Inc. (damals noch Marsh & McLennan Inc.) und Johnson & Higgins (im März 1997 durch Marsh & McLennan übernommen[594]) alle Versicherungs- und Risk Management-Aufgaben.[595] Für deren Erfüllung wurde ein weltweites Honorar in nicht publizierter Höhe vereinbart. Dem für IBM-Deutschland zuständigen IVM, Marsh GmbH, wurde dadurch die Vergütung auf Honorarbasis von Seiten der Muttergesellschaft Marsh Inc. einfach zugewiesen.[596]

Dass der Fall IBM keine Ausnahme darstellt, zeigen ähnliche Entwicklungen bei anderen Konzernen, wie z.B. Coca-Cola, Ford und General Motors, deren deutsche IVM sich vor das gleiche Problem gestellt sehen. Die Risk Management-Programme dieser Konzerne wurden alle komplett von (externen) Maklerhäusern erarbeitet und werden von diesen zentral gesteuert.

Wenngleich der Aspekt der Handhabung des landesübergreifenden Honorarvergütungsanspruches ausländischer Muttergesellschaften kein direktes Argument für die Wirtschaftlichkeit der Honorarvergütung im Vergleich zur Courtagevergütung darstellt, so führt diese internationale Entwicklung dennoch zu einem Veränderungsdruck beim IVM, der

---

593 Vgl. Howard (1994), S. 62-63.
594 Vgl. JP Morgan Securities (1997), S. 6; Newsletter (1997), o.S.
595 Vgl. Howard (1994), S. 62-63.
596 Ob eine Vergütung auf Honorarbasis in Deutschland überhaupt zulässig ist, ist eine (noch) offene Rechtsfrage. S. Abschnitt D.II.6.

entscheidend zur Umstellungsgeschwindigkeit des Vergütungssystems beiträgt.[597]

D.II.3.2 Das „Nettoprämienmodell"

D.II.3.2.1 Ausgestaltung

Da das Honorar zunehmend an Bedeutung gewinnt[598] und nachdem die Gründe für das Honorar als vorzuziehende Vergütungsmethode dargelegt wurden, soll nachfolgend auf ein in Deutschland (in Einzelfällen) bereits praktiziertes Honorarvergütungsmodell eingegangen werden. Seit einigen Jahren bieten Versicherer in Deutschland Unternehmenstarife an, die keine Vermittlerkosten enthalten, sog. provisionskostenfreie Tarife.[599] Vermittelt der IVM zu diesem Tarif einen Versicherungsvertrag, so erhält er keine Courtage von Seiten des Versicherers.[600] An ihre Stelle tritt im sog. „Nettoprämienmodell" ein zwischen IVM und Kunden frei ausgehandeltes Honorar.

Die in der Versicherungsliteratur vorgeschlagene Möglichkeit einer „Mischlösung", in der zu zahlende Honorare auf die vom Versicherten geleistete Courtage anzurechnen wären,[601] findet an dieser Stelle - der Problemstellung gemäß - keine weitere Beachtung, da sich die Höhe der Maklervergütung bei dieser Vergütungsvariante ohnehin nach der als „angemessen" erachteten Höhe des berechneten Honorars richtet. Auch auf eine denkbare Staffelung von Courtagesätzen nach dem Grad der Leistungsübernahme durch den VM wird nicht näher eingegangen, da diese Lösung dem

---

597 William sieht ein weltweit einheitliches Vergütungssystem von IVM zudem als einen Teilaspekt, der der Schaffung einer global einheitlichen Unternehmensidentität bzw. -kultur dient. Vgl. William (1996), S. 70.

598 Vgl. Illner (1998a), S. 228.

599 Vgl. Bräuchle (1996), S. B 11.

600 Vgl. Eickstädt (2001), S. 97.

601 Vgl. Scheiper (1996), S. 160-161.

angestrebten Ziel der Unabhängigkeit der Vergütungshöhe von der Versicherungsprämie nicht gerecht wird.

D.II.3.2.2 Kritische Würdigung

Trotz aller allgemeinen Vorteile, die dem IVM, wie auch dem Kunden durch die Vergütung auf Honorarbasis entstehen, ist sie im „Nettoprämienmodell“ nicht die Ideallösung aller Vergütungsmöglichkeiten. Problematisch ist vor allem die Tatsache, dass die Versicherungsprämie als provisionskostenfreie Prämie weiterhin einen erheblichen, von Versicherer zu Versicherer unterschiedlichen Verwaltungskostenanteil enthält, ohne dass ihm entsprechende Dienstleistungskomponenten gegenüberstehen.[602,603]

Da sich die Funktion des Versicherers im „Nettoprämienmodell“, wie auch in angelsächsischen Märkten üblich, faktisch auf die eines reinen Risikoträgers beschränken sollte, ist es erstrebenswert, dass die Versicherer eine Bruttorisiko- bzw. Nettoprämie im ursprünglichen Sinne (Nettorisikoprämie zuzüglich Sicherheitskostenzuschlag) quotieren, um allein schon hierdurch eine saubere und für alle Wirtschaftsteilnehmer transparente Tätigkeitsabgrenzung zu gewährleisten.[604] Dies führt beim Versicherer zu erheblichen Prämienausfällen[605] auch dadurch, dass die von den Versicherern abgeführten Provisionen in ihrer buchhalterischen Betrachtung „Deckungsbeitragskomponenten enthalten, die nun (im Falle einer Nettoprämienquotierung) nicht mehr zur Verfügung stehen“[606]. Da der Industriekunde, bei zunehmender Transparenz der Preiskalkulation, kaum

602 Vgl. Bräuchle (1996), S. B 11; Keil (1990), S. 314.
603 Bei der Allianz Versicherungs-AG schätzt man den Bruttokostensatz (Verwaltungskostenanteil zuzüglich Courtage) auf 30% - 40% der Gesamtprämie.
604 Vgl. Spielberger (1988), S. 137.
605 Die Prämienausfälle betrugen seit 1990 durchschnittlich 4,5%. Vgl. Herold (1999), S. 519. Dieser Trend wird sich auch in den kommenden Jahren fortsetzen. S. auch Abschnitt D.III.2.4.1.
606 Vgl. Riedle (1996), S. 68.

gewillt sein wird, Doppelarbeiten finanziell zu tragen, werden sich die Industrieversicherer gezwungen sehen, Vorhaltekosten abzubauen[607] und vom IVM übernommene Dienstleistungselemente an diesen zu übertragen bzw. sie ihm zu überlassen.[608]

D.II.3.2.3 Die Divergenz zwischen Brutto- und Nettoprämien - Benachteiligung der versicherungsgebundenen Vermittler?

Das Quotieren von Nettoprämien hat zur Folge, dass Versicherer zwei verschiedene Arten von Versicherungsprämien kalkulieren: Bruttoprämien für das mittlere, kleingewerbliche und Privatkundengeschäft und „Nettoprämien" für das industrielle und großgewerbliche Geschäft. Scheiper befürchtet bei einem derartigen Auseinanderfallen der Prämien die Benachteiligung von versicherungsgebundenen Vermittlern, die auf Bruttoprämienbasis arbeiten, weil sich „auf dem Markt nur noch Nettoprämien behaupten könnten".[609] Da Nettoprämien allerdings nur im großindustriellen und großgewerblichen Geschäft quotiert werden, ist diese Befürchtung unbegründet, weil sich der Anteil der Ausschließlichkeitsorganisationen des Versicherers in diesen Geschäftsbereichen zunehmend verringert und ohnehin nur etwa 4% bis 5% aller Absatzorgane ausmacht.

D.II.3.3 Ein zweiseitiges Vergütungssystem

Denkbar ist, dass der IVM auch vom Versicherer eine Vergütung für Leistungsbestandteile erhält, die sonst der Versicherer zu erhöhten Transaktionskosten vorhalten

607 Vgl. Hoock/Schönberg (1990), S. 211.
608 S. auch Abschnitt D.III.2.4.
609 Vgl. Scheiper (1996), S. 160. Ebenso Spielberger (1988), S. 141.

müsste.[610] Eine derartige Vergütungspraxis ist in den angelsächsischen Ländern seit einigen Jahren üblich und kann aus Sicht des Versicherers als Transaktionskosten-Minimierungsaufwand und als Gegenleistung für alle ihm abgenommenen Tätigkeiten, die dieser im Zuge seiner eigenen Kostenreduzierungs- und Outsourcingbestrebungen[611] dem IVM überträgt[612], gesehen werden. Die Vergütung des IVM in diesem System muss hierbei geringer sein als die Ersparnis des Industrieversicherers durch eine umfangreiche Tätigkeitsübertragung auf den IVM. Dies bedeutet, dass die Kosten der Versicherer letztlich niedriger sein müssen als im Courtagesystem. Der Versicherer wird verstärkt als Kunde des IVM verstanden.[613]

Voraussetzung für das Funktionieren eines solchen Systems ist allerdings eine klare Arbeitsteilung bzw. Tätigkeitsabgrenzung[614] zwischen IVM und dem Versicherer sowie die Transparenz der Vergütungshöhe für alle am Geschäft beteiligten Parteien, um Doppelarbeit und unangemessene Vergütungsforderungen des IVM auszuschließen.[615] Verbraucherschutzverbände setzen die Assekuranz v.a. im Lebensversicherungs- aber auch im Industriebereich (die Interessen von Unternehmen als Versicherungsnehmer werden in Deutschland vorrangig vom DVS Deutscher Versicherungs-Schutzverband e.V., in Bonn, vertreten) zunehmend unter Druck, die im Versicherungsbeitrag enthaltenen Provisionen auszuweisen.[616] Bei den IVM machte 1999 Aon einen ersten Schritt in diese Richtung, durch die Veröffentlichung eines „Verhaltenskodex", in dem das Unternehmen sich

---

610 Zu den übertragenen Leistungsbestandteilen s. Abschnitt D.III.2.4.2.
611 Vgl. Illner (1996a), S. 114.
612 Vgl. Meyer (1999), S. 24.
613 Vgl. Bruhn (1999), S. 115.
614 Um eine klarere Tätigkeitsabgrenzung sicherzustellen, stehen Versicherer seit 1996 in Gesprächen mit IVM, um Vereinbarungen zu treffen, die die Verringerung von Doppelarbeiten und teilweise aufwendigen Abstimmungs- und Verhandlungsprozessen zum Gegenstand haben. Vgl. Illner (1996a), S. 116.
615 Vgl. o.V. (1997b), S. 192.
616 Vgl. Meyer (1999), S. 25.

verpflichtet, dem Kunden die Vergütungshöhe, aufgeschlüsselt in Courtage und Gebühren, mitzuteilen.[617]

D.II.3.4 Berechnung der Höhe von Honoraren

Soweit ersichtlich existiert bis heute keine deutsche Literatur, in der konkrete Berechnungsmethoden zur Bestimmung von Maklerhonoraren vorgeschlagen werden. Im Folgenden werden zwei Honorarvergütungsmodelle vorgestellt. Im ersten Modell dient als Bemessungsgrundlage des Honorars eine nachzuweisende Prämieneinsparung, die sich bei der Risikohandhabung auf Grund alternativer Risikoabsicherungskonzepte ergibt. Im zweiten Modell berechnet sich das Honorar nach Stundensätzen. Auf Grund eines fehlenden Kausalzusammenhangs stößt man auch bei der Honorarvergütung auf die Schwierigkeit, Gemeinkosten den Produkten verursachungsgerecht zuordnen zu können. Die hier vorgeschlagenen Honorarberechnungsmethoden sind vor diesem Hintergrund daher als „second-best"-Lösungen zu sehen.

D.II.3.4.1 Prämieneinsparungen als Bemessungsgrundlage

Es wäre denkbar, die Höhe von Honoraren als fest vereinbarten Prozent- oder Promillesatz der jeweilig erzielten Prämieneinsparung zu berechnen.[618]

Für Beispielfall 1 aus Abschnitt D.II.2.2.5 (s. Tabelle 5) bedeutet dies, dass man bei der dort erzielten Prämieneinsparung von DM 32 Mio. und einem Berechnungssatz von 5% auf ein Honorar von DM 1,6 Mio. käme. Im Beispielfall 2 (s. Tabelle 6) käme man bei der Prämieneinsparung von knapp DM 63 Mio. bei analoger Berechnung auf ein Honorar von DM 3,15 Mio.

---

617 Vgl. o.V. (19991), S. 201.
618 Vgl. Traub (1995), S. 156.

Die Bewertung einer Prämienersparnis (quantitative Dimension) ist jedoch problematisch, da die Verringerung der Prämienhöhe auch eine Verschlechterung des Versicherungsschutzes (qualitative Dimension) zur Folge haben kann.[619] Des Weiteren ist es durchaus möglich, den Versicherungsschutz bei gleichbleibender oder sogar verringerter Prämienhöhe zu verbessern.[620] Zudem stößt man, wie auch bei der Courtagevergütung, auf eine Abhängigkeit der Maklerentlohnung von der Prämiensumme, wenn auch mit entgegengesetzten Vorzeichen: Je höher (geringer) die Prämieneinsparung, desto höher (geringer) fällt das Entgelt des IVM aus. Das angestrebte Ziel der Unabhängigkeit der Maklervergütung von der Versicherungsvermittlung wird demnach auch hier nicht erreicht.

Auch der Aspekt der Langfristigkeit neuerer Risikoabsicherungskonzepte spricht gegen dieses Modell, da die Prämieneinsparungen als einmalig anzusehen sind. In der Regel fällt der - die Prämienersparnis ermöglichende - Arbeitsaufwand beim IVM nur im ersten Jahr des Absicherungszeitraumes an, was eine verursachungsgerechte Verteilung des Honorars auf die Folgejahre nahezu unmöglich macht. Ein weitaus geringeres „Betreuungshonorar" ist nämlich für letztere zu vereinbaren. Der Anreiz, Prämienvolumen mit Hilfe eines ART-Programms zu reduzieren, kann bei einer Vergütung die an Prämienersparnisse gekoppelt ist somit beeinträchtigt werden, da der IVM möglicherweise mit Umsatzeinbussen in den Folgejahren rechnet. Es besteht so die Gefahr qualitativ minderwertigerer Dienstleistungen.

---

619 Vgl. Thürnagel (1997), S. 34.
620 Vgl. Thürnagel (1997), S. 34.

D.II.3.4.2 Die Time Valuation Method (TVM)

In Anlehnung an Kahn[621] und der von Marsh & McLennan[622] entwickelten sog. „Time Valuation Method" (Zeit-Bewertungsmethode) wird nachstehend ein systematisches Zeitbewertungssystem vorgestellt, das auf der aus der Kostenrechnung bekannten Methode der Zuschlagskalkulation[623] beruht. Die Vorteile dieses Systems liegen vor allem in der Einfachheit der Honorarberechnung und dem geringen Zeitbedarf für die Datenerhebung, da diese nur einmal jährlich stattfinden muss.[624]

Mindestens 40% aller Kosten des IVM sind Lohn- und Gehaltsaufwendungen für die Angestellten.[625] Die TVM beruht auf einer Kalkulation, die folgende Größen berücksichtigt:

- die Bruttolöhne der Angestellten, die für den jeweiligen Kunden tätig sind,
- den erfassten Zeitaufwand des Angestellten für diesen Kunden und
- die Sachmittel-, Neben- und sonstigen Betriebskosten des Unternehmens.[626]

Alle Mitarbeiter, die nicht nur dem administrativen Bereich zuzuordnen sind, müssen den prozentualen Anteil ihrer Gesamtarbeitszeit inkl. Reisezeit, den sie für den jeweiligen Kunden aufwenden, bestmöglich erfassen und in einem Zeiterhebungsbogen ("Time Sheet") eintragen. Um Falschangaben[627] zu vermeiden, ist es notwendig, die Mitarbeiter davon zu überzeugen, dass die von ihnen angegebenen Informationen nur einer Kostenbewertung dienen und nicht

621 Kahn (1997), S. 3-8.
622 Vgl. Marsh & McLennan (1988), o.S.
623 Vgl. dazu Haberstock (1987), S. 177ff; Kloock/Sieben/Schildbach (1993), S. 143ff.
624 Vgl. Marsh & McLennan (1988), o.S.
625 Vgl. Kahn (1997), S. 2.
626 Vgl. Kahn (1997), S. 3-4.

der Beurteilung, wie sie die ihnen zu Verfügung stehende Zeit nutzen.

Durch Multiplikation der dem Kunden direkt zuzurechnenden Summe der Gehaltsaufwendungen mit einem geeigneten Gewinn- und Ausgabenmultiplikator ergibt sich das zu berechnende Jahreshonorar. Der Gewinn- und Ausgabenmultiplikator dient zum einen der Deckung von Betriebs-, Sachmittel- und Nebenkosten, zum anderen dem Erzielen eines angemessenen Gewinns. Für Kahn liegt dieser Faktor bei amerikanischen IVM typischerweise bei etwa 3.[628]

Tabelle 7 zeigt die Gewinn- und Ausgabenmultiplikatoren zweier führender deutscher und eines englischen IVM und deren Berechnung. Die sich unter Berücksichtigung der Betriebs-, Sachmittel und Nebenkosten sowie einer geeigneten Gewinnmarge ergebenden Multiplikatoren liegen bei 2,51, 2,66 und 2,77.

Tabelle 7: Gewinn- und Ausgabenmultiplikatoren[629]

Kostenart	Relative Kosten pro DM 100.000,- Gehalt		
	IVM I (Deutschland)	**IVM II (Deutschland)**	**IVM III (England)**
Gehalt (p.a.)	100.000 DM	100.000 DM	100.000 DM
Betriebskosten	33.000 DM	40.000 DM	45.000 DM
Sachmittelkosten	40.000 DM	48.000 DM	42.000 DM
Nebenkosten	26.000 DM	20.000 DM	34.000 DM
Gesamtkosten	199.000 DM	208.000 DM	221.000 DM
Gewinnmarge	52.000 DM	58.000 DM	56.000 DM
Summe	**251.000 DM**	**266.000 DM**	**277.000 DM**
Multiplikator	**= 2,51**	**= 2,66**	**= 2,77**

627 Zu der Problematik von Falschangaben vgl. auch Kahn, (1997), S. 4.

628 Vgl. Kahn (1997), S. 3.

629 Die Angaben beruhen auf der Auswertung einschlägigen Informationsmaterials dieser Maklerbetriebe.

Eine stark vereinfachte beispielhafte Darstellung dieses Honorarberechnungsmodells findet sich in Tabelle 8.

Tabelle 8: Beispielrechnung für Jahreshonorare anhand von Personalkosten und einem Gewinn- und Ausgabenmultiplikator

Name des Angestellten	Anteilige Tätigkeit (in %)	Jahresgehalt (DM)	Direkte Gehaltskosten (DM)
Angestellter A	10%	240.000	24.000
Angestellter B	20%	180.000	36.000
Angestellter C	50%	120.000	60.000
Angestellter D	50%	90.000	45.000
Angestellter E	90%	90.000	81.000
Angestellter F	100%	75.000	75.000
Summe der direkten Gehaltskosten			321.000
Gewinn- und Ausgabenmultiplikator			2,66
Höhe des Jahreshonorars			**853.860**

Eine weitere Möglichkeit, Gebühren zu berechnen, teilt alle Mitarbeiter, die nicht dem administrativen Bereich zuzuordnen sind, je nach Einkommensklasse und Hierarchiestufe in vier Beratungskategorien ein. Unterschieden werden „einfache", „qualifizierte", „senior", und „top" Beratung. Um einen Stundensatz für jede Kategorie zu berechnen, werden die Jahresdurchschnittsgehälter in dieser Kategorie mit dem bereits erwähnten Gewinn- und Ausgabenmultiplikator multipliziert und das Ergebnis (Beratungshonorare in DM/Jahr) durch die Anzahl der Jahresarbeitsstunden geteilt. In Tabelle 9 sind die - auf diese Weise berechneten - derzeitigen Stundensätze der drei IVM aufgeführt.

Tabelle 9: Beratungskategorien - Bezeichnung und Stundensätze bei den führenden IVM (Stand: Januar 2001)[630]

Maklerbetrieb	Beratungskategorie (Bezeichnung)	Stundensätze: Berechnung anhand der TVM
IVM I (Deutschland)	1) "Einfach"	215,-
	2) "Qualifiziert"	270,-
	3) "Senior"	340,-
	4) "Top"	390,-
IVM II (Deutschland)	1) "Einfach"	190,-
	2) "Qualifiziert"	260,-
	3) "Senior"	360,-
	4) "Top"	410,-
IVM (England)[631]	1) "Normal"	255,-
	2) "Top"	345,-

Durch die anhand der beschriebenen Zeiterhebungsmethode ermittelte anteilige Arbeitszeit jedes Angestellten für einen bestimmten Kunden kann die Anzahl der gearbeiteten Stunden für jede Beratungskategorie ermittelt werden. Die einfache Multiplikation der Stundensätze mit der Anzahl der in dieser Kategorie gearbeiteten Stunden und die Aufsummierung der Ergebnisse ergibt das zu berechnende Jahreshonorar (s. Tabelle 10).

630 Die Angaben beruhen auf der Auswertung einschlägigen Informationsmaterials dieser Maklerbetriebe.

631 Angaben in DM, umgerechnet nach dem amtlichen Mittelkurs, DM zu GBP, vom 09.03.01 (1 GBP = 3,06 DM).

Tabelle 10: Beispielhafte Berechnung eines kundenspezifischen Stundensatzes

Beratungskategorie	Name des Ang.	Anteilige Tätigkeit *1)	Anzahl der gearbeiteten Stunden für den Kunden *2)	Durchschnittsstundensatz der jeweiligen Kategorie *3)	Jahreshonorar der jeweiligen Kategorie
"Einfach"	Ang. A	100%	1800		
	Ang. B	70%	1260		
	Ang. C	30%	540		
	Ang. D	10%	180		
	Ang. E	10%	180		
Summe			**3960**	* **190**	= **752.400 DM**
"Qualifiziert"	Ang. F	60%	1080		
	Ang. G	50%	900		
	Ang. H	20%	360		
	Ang. I	5%	90		
Summe			**2430**	* **260**	= **631.800 DM**
"Senior"	Ang. J	100%	1800		
	Ang. K	30%	540		
	Ang. L	10%	180		
Summe			**2520**	* **360**	= **907.200 DM**
"Top"	Ang. M	20%	360		
	Ang. N	10%	180		
Summe			**540**	* **410**	= **221.400 DM**
			Jahreshonorar, gesamt		= **2.512.800 DM**
			Kundenspezifischer Stundenatz *4)		**266 DM/Std**

*1) *Erfasster, prozentualer Anteil der Gesamtarbeitszeit des Angestellten (inkl. Reisezeit).*

*2) *Gemessen an einer jährlichen Arbeitsstundenzahl von 1800 (=Annahme).*

*3) *Stundensätze beruhen auf dem Jahresdurchschnittsgehalt dieser Kategorie, geteilt durch 1800.*

*4) Der kundenspezifische Stundensatz ergibt sich durch Teilung des Jahreshonorars durch die für diesen Kunden ermittelte aufgewandte Jahresarbeitsstundenzahl.

Da die Beratungsbedürfnisse verschiedener Kunden stark variieren, ergeben sich von Kunde zu Kunde unterschiedliche Durchschnitts-Stundensätze („Mischsätze"). Sie geben Aufschluss über die Beratungsintensität beim jeweiligen Kunden. Hohe Mischsätze sind auf hohe Beratungsintensitäten zurückzuführen, geringe Mischsätze lassen hingegen auf rein operative Aufträge schließen, die nur einen relativ geringen Anteil „teurer" Berater erfordern.

D.II.4 Das Vergütungssystem unter informationsökonomischen Gesichtspunkten

D.II.4.1 Versicherungsmarkt- und Versicherungsmaklertheorie

Während die volkswirtschaftliche Versicherungsmarkttheorie von asymmetrisch verteilten Informationen zugunsten der Versicherungsnehmer gegenüber dem Versicherer ausgeht, sehen sich nach der Versicherungsmaklertheorie die Versicherungsnehmer mit einer Besserinformiertheit der Versicherer konfrontiert.[632] Eingeschränkte Markttransparenz sowie mangelnde Kenntnis und Beobachtbarkeit der Versicherer führen bei den Versicherungsnehmern zu Qualitäts- und Verhaltensunsicherheiten.

Der Begriff „Qualitätsunsicherheit" beschreibt den Sachverhalt, dass Versicherungsnehmer Schwierigkeiten haben, die Qualität von Versicherungsprodukten zu beurteilen. Verhaltensunsicherheiten ergeben sich aus der Problematik, dass der Versicherungsnehmer weder vor noch nach dem Kauf eines Versicherungsproduktes in der Lage ist, das Verhalten des Versicherers zu beobachten. So ist der Versicherungsnehmer der Gefahr ausgesetzt, dass der Versicherer vor Vertragsschluss Leistungserwartungen erweckt, die er danach nicht erfüllt („hold up"[633] oder „ex ante-Opportunismus"[634]). Zum anderen besteht die Gefahr, dass der Versicherer Entscheidungs- und Handlungsspielräume nach Vertragsschluss opportunistisch zu Lasten der Versicherungsnehmer ausnutzt („moral hazard"[635] oder „ex post-Opportunismus"[636]).[637] Sofern Anbieter nicht in der Lage sind, ihren Nachfragern glaubhaft zu signalisieren, dass sie die asymmetrisch verteilten

---

[632] Vgl. Kromschröder (1997), S. 72-73.
[633] Vgl. Kromschröder (1997), S. 73.
[634] Vgl. Bosselmann (1994), S. 71.
[635] Vgl. Traub (1995), S. 105.
[636] Vgl. Bosselmann (1994), S. 72.
[637] Vgl. Bosselmann (1994), S. 68-72; Kromschröder (1997), S. 72-73.

Informationsstände nicht zu opportunistischem Handeln nutzen, besteht die Gefahr des Marktversagens.[638] Um dies zu verhindern, müssen Institutionen geschaffen werden, die einen glaubhaften und kostengünstigen Informationstransfer ermöglichen.[639]

Der zunächst naheliegende Versuch, den VM in die Position einer Institution zu rücken, die Informationsdefizite überwindet, scheitert, da sich hierdurch die Probleme „nur eine Stufe nach oben" verschieben: Der Versicherungsnehmer steht nun vor dem neuen Problem, die Qualität der Maklerdienstleistung - und nicht mehr der Versicherungsdienstleistung - beurteilen zu müssen (und dies nicht in einem befriedigendem Ausmaß zu können).[640]

D.II.4.2 Das Vergütungssystem als Instrument zur Reduzierung von Qualitäts- und Verhaltensunsicherheiten?

Da die Courtage ein Vergütungssystem für die Prinzipal-Agenten-Beziehung zwischen Versicherer und VM ist, die für den VM finanzielle Leistungsanreize schafft, sich im Sinne des Versicherers zu verhalten, ist sie nicht geeignet, die gegebenen Moral Hazard-Probleme befriedigend zu reduzieren.[641] Auch eine Offenlegung der Höhe des Maklerentgelts ändert an diesem Ergebnis nichts, da die Kunden auf Grund der „Vertrauenseigenschaft" der Maklerdienstleistung i.d.R. nicht beurteilen können, wie geeignet die empfohlenen Produkte zur Deckung der eigenen Risikosituation sind.[642] Vielmehr sind die Prinzipal-Agenten-Probleme beim Courtagevergütungssystem als „institutionell verankert" anzusehen.[643]

---

638 Vgl. Akerlof (1970), S. 488-500.
639 Vgl. Akerlof (1970), S. 488-500.
640 Vgl. Kromschröder (1997), S. 74.
641 Vgl. Bosselmann (1994), S. 187.
642 Vgl. Bosselmann (1996), S. 884.

Auch bei der Vergütungsform des Honorars besteht grundsätzlich die Gefahr einer Ausnutzung der asymmetrischen Informationsverteilung durch den VM zu Lasten der Kunden.[644] Problematisch[645] erweist sich vor allem die Frage, wie ein Beratungshonorar konzipiert sein müsste, damit sich der VM im Sinne seines Kunden verhält.[646] In der Literatur gibt es bis heute - soweit ersichtlich - keinen Vorschlag, der eine Honorarvergütung derart zu gestalten weiß, dass die oben genannten Prinzipal-Agenten-Probleme vollständig überwunden werden. Dies kann nicht überraschen: Natürlich „garantiert" die bloße Vergütung des IVM auf Honorarbasis dem Kunden keine optimale Beratungs- und Betreuungsleistung. Genauso wenig, wie alle anderen in der informationsökonomischen Literatur genannten Instrumente, jedes für sich gesehen, dies bewirken können[647] - auch gesetzliche Regelungen sind hierzu nicht geeignet.

Bestes Beispiel dafür ist das in Großbritannien im Financial Services Act gesetzlich geregelte Qualitätsgebot des "Best Advice,"[648] welches den angestrebten Zweck einer optimalen Beratung und Betreuung nicht sicherzustellen vermag.[649] Wenn „Best Advice" als Handlungsmaxime verstanden und damit auch nur angedacht wird, „Best Advice" verpflichte den Makler zur „besten" Beratung und Betreuung sowie zur Auswahl des Versicherers mit dem „besten" Produkt, „besten" bzw. „günstigsten" Preis, „besten" Service usw., wird der Sache des VM ein Bärendienst erwiesen: Hier werden bei potentiellen Kunden Erwartungshaltungen erweckt, die unrealistisch sind, weil sie angesichts der Komplexität des Versicherungsmarktes selbst

643 Vgl. Gäfgen/Endres (1989), S. 22.
644 Vgl. Bosselmann (1994), S. 189.
645 Zu den Problemen, die der Versuch, Beratungshonorare „anreizkompatibel" zu gestalten, aufwirft vgl. insb. Schade/Schott (1993), S. 502.
646 Vgl. Hartmann-Wendels (1989), S. 714.
647 Vgl. Kromschröder (1997), S. 75.
648 Zum Prinzip des „Best Advice" vgl. Grieß/Zinnert (1992), S. 205-215, S. 221; Werber (1992), S. 917-923; Finsinger (1991), S. 49-84.
649 Vgl. Bosselmann (1994), S. 225-226.

von fachkundigen, professionellen Maklerbetrieben nur in seltenen Fällen in vollem Umfang (sondern nur nach bestem Wissen und Möglichkeiten) eingelöst werden können.[650]

Dennoch bewirkt die Honorarlösung, bei der das Maklerentgelt direkt bezahlt und fallweise ausgehandelt werden kann, eine Entschärfung der Anreiz-Konfliktsituation, da sich der VM hier in einem weit geringeren Maße im Spannungsfeld zweier Interessenlagen[651] befindet. Er kann so seiner Funktion als „Bundesgenosse[652]" des Versicherungsnehmers besser gerecht werden. Dadurch werden Verhaltensrisiken für die Versicherungsnehmer reduziert.[653]

D.II.4.3 Kritik des informationsökonomischen Ansatzes

Festzuhalten ist, dass weder das Courtage- noch ein Honorarvergütungssystem noch gesetzliche Regelungen jeweils als alleiniges Instrument zur vollständigen Lösung der sich aus der asymmetrischen Informationsverteilung ergebenden Probleme geeignet sind. Um einer Überbewertung dieser Aussage und einer (voreiligen) pauschalen Abkehr von Vergütungen auf Honorarbasis entgegenzuwirken, sollen jedoch drei kritische Anmerkungen hinsichtlich des informationsökonomischen Ansatzes gemacht werden: Erstens ist eine gewisse Willkürlichkeit des Ansatzes[654] auf Grund der „einfachen" Kehrtwendung von Informationsdefiziten auf Seiten der Versicherer hin zu Informationsdefiziten auf Seiten der Versicherungsnehmer nicht von der Hand zu weisen - trotz aller Realitätsnähe der letzteren Version.[655] Zweitens ist die VM-Dienstleistung kein reines Informationsprodukt, wie die Vielzahl der „Durchführungs-

---

650 Vgl. Sandkühler (2000), S. 670.
651 Vgl. Bosselmann (1996), S. 884.
652 Vgl. z.B. Möller (1970), S. 1004; Bruck/Möller (1961), vor §§ 43-48, Anm. 13.
653 Vgl. Bosselmann (1994), S. 189.
654 Zu einer kritischen Auseinandersetzung mit aktuellen Hypothesen der Prinzipal-Agenten-Theorie vgl. Kürsten (1994).

und Gestaltungsleistungen" in der Servicepalette von IVM eindrucksvoll zeigen. Drittens, und dies ist das gewichtigste Argument, sollte es für den Versicherungsnehmer nicht darum gehen, Risiken auf Null zu reduzieren, sondern lediglich darum, bei gegebenem Informationsstand zu einem bestimmten Zeitpunkt eine optimale Nutzen-Risiko-Position zu realisieren.[656]

D.II.5 Qualitätsmodell für die IVM-Dienstleistung als Vergütungsgrundlage

Eine Einschätzung der Nutzenstiftung durch den IVM ist nur möglich, wenn der Kunde im Stande ist, die Qualität der IVM-Dienstleistung und damit die leistungsbezogene Angemessenheit des vereinbarten Honorars zu beurteilen.[657] Um die Lücke zwischen erwarteter und erhaltener Dienstleistung zu verkleinern[658], dadurch bestehende Qualitätsunsicherheiten zu reduzieren und um ferner zu beurteilen, inwiefern Qualitätsunterschiede bei IVM deren Preisunterschiede rechtfertigen, könnten sich IVM-Kunden das nachfolgend vorgestellte Qualitätsmodell als Entlohnungsgrundlage zu Nutzen machen (s. Tabelle 11).[659]

---

655 Vgl. Kromschröder (1997), S. 76.
656 Vgl. Kromschröder (1997), S. 76.
657 Vgl. Spielberger (1988), S. 137.
658 Zu einer detaillierten Analyse aller denkbarer Qualitätslücken vgl. Bruhn (1999), S. 117-124.
659 Das Modell basiert konzeptionell auf einem von Kromschröder/Buchwieser/Gründl/Haindl entwickelten Qualitätsmodell für das Produkt des Versicherers (Versicherungsschutz). Vgl. dazu ebenda (1992), S. 43-74. Im Unterschied zu dem Modell von Kromschröder/Buchwieser/Gründl/Haindl werden die verschiedenen Qualitätsmerkmale allerdings nicht auf Versicherungsunternehmen, sondern auf IVM angewandt.

Tabelle 11: Qualitätsmodell für die IVM-Diensteistung

IVM Dienstleistung / Eigenschaften	RISK CONSULTING		
	Risikoanalyse (Diagnose)	**Risikohandhabung (Therapie)**	**Information, Beratung & Betreuung**
Verfügbarkeit	umfassende Risikoanalyse	Erarbeiten eines "maßgeschneiderten" & "schlanken" Risikobewältigungskonzepts	bedarfsgerechte Information, Beratung & Betreuung
Sicherheit	Sicherheit nach Art & Zeit	Erfüllungssicherheit	Informationssicherheit (insb. bzgl. Bonität der Risikoträger)
Flexibilität	Kundenorientierung (zeitliche Dimension)	Anpassungsfähigkeit des Risikobewältigungskonzepts	Anpassungsfähigkeit der Informationen, Beratung & Betreuung
Transparenz	Transparenz der Risikoanalyse bzgl. Inhalt & Ergebnis	Verständlichkeit des Absicherungs- & Versicherungskonzeptes	Klarheit und Verständlichkeit der Informationen

Die Qualitätsmerkmale *Verfügbarkeit, Sicherheit, Flexibilität* und *Transparenz* werden mit den IVM-Dienstleistungskategorien *Risikoanalyse, Risikohandhabung* sowie *Information, Beratung* und *Betreuung* verbunden und auf diese angewandt. Jede Merkmalskategorie ist durch ein Bündel von Einzelmerkmalen zu operationalisieren.

Das erste Qualitätsmerkmal *Verfügbarkeit* beschreibt die Möglichkeit, für den Kunden ein „maßgeschneidertes", d.h. qualitäts- und kostenorientiertes Absicherungskonzept (einschließlich Versicherungskonzept) zu erstellen. Auch die zeitliche Dimension, also die Geschwindigkeit der Erstellung dieses Konzeptes, ist von Bedeutung. Sie beschreibt die Möglichkeit des IVM, die individuelle Risikosituation des Industriekunden anhand einer umfassenden Risikoanalyse zu ermitteln und ihn schnell und bedarfsgerecht im Hinblick auf in Frage kommende Risikohandhabungskonzepte zu beraten.

Das Ziel sollte sein, ein für den Kunden möglichst preiswertes, alle relevanten Risiken nach Art und Höhe einbeziehendes Risikobewältigungskonzept zu erstellen. Dies beinhaltet - in Absprache mit dem Kunden - die Entscheidung über bedarfsgerechte Risikominimierungsmaßnahmen, über die Höhe der Selbsttragung und über die Form der Finanzierung des nach der Risikominimierung verbleibenden Risikos (alternative Risikoabsicherungsmethoden / Versicherungsschutz).

Auch die Beratungs- und Betreuungsleistungen müssen permanent verfügbar und bedarfsgerecht sein. Beim Schadenmanagement beinhaltet dies z.B. die Bestimmung der Schadenbearbeitungs-Zuständigkeit durch das Festlegen geeigneter Working Deductibles und „Good Faith"-Beträge.

Im Gegensatz zum Merkmal der Verfügbarkeit, welches auf das leistungsbezogene Potential des IVM - also auf die Möglichkeit der bedarfsgerechten Erarbeitung eines Risikobewältigungskonzeptes - abstellt, beschreibt das zweite Qualitätsmerkmal der *Sicherheit* die Übereinstimmung der Leistungserwartungen des Kunden mit der tatsächlichen Leistung des IVM. Hier gilt es für den Kunden, sich der verschiedenen Arten von Qualitätslücken bewusst zu werden und diese inhaltlich und hinsichtlich ihrer Auswirkungen auf erhaltene Dienstleistungen zu beurteilen. Sechs potentielle Arten von Qualitätslücken können unterschieden werden:[660]

1. Diskrepanz zwischen Erwartung an die Dienstleistung und der Wahrnehmung dieser Erwartung durch den IVM.
2. Diskrepanz zwischen der Wahrnehmung der Erwartung und Spezifikation der Dienstleistungsqualität.

---

660 Vgl. Bruhn (1999), S. 120-124.

3. Diskrepanz zwischen Spezifikation der Dienstleistungsqualität und Erstellung der Dienstleistung.
4. Diskrepanz zwischen Kommunikation über die Dienstleistung und tatsächlicher Leistungserstellung.
5. Diskrepanz zwischen erstellter Dienstleistung und Wahrnehmung der eigenen Dienstleistung.
6. Diskrepanz zwischen erwarteter und wahrgenommener Dienstleistung (Qualitätsbeurteilung).

Bei Betrachtung der verschiedenen potentiellen Qualitätslücken wird deutlich, dass mit Ausnahme von Lücke 3 (Diskrepanz zwischen Spezifikation der Dienstleistungsqualität und Erstellung der Dienstleistung beim IVM) alle Qualitätsunsicherheiten des Kunden auf mangelhafte Kommunikation mit dem IVM zurückzuführen sind. Für die Risikoanalyse und Risikohandhabung bedeutet dies, dass das resultierende Absicherungskonzept nicht zur Folge haben sollte, dass Risiken im Schadenfall nicht gedeckt sind, von deren Deckung der Kunde ausging. Für den IVM hat dies zur Konsequenz, dass er durch regelmäßige Rücksprache mit dem Kunden während des Leistungserstellungsprozesses ständig darum bemüht sein muss, die restlichen potentiellen Qualitätslücken (1,2 und 4-6) so gering wie möglich zu halten, um einerseits die Erwartungshaltung des Kunden selbst präzise einschätzen zu können und andererseits keine „falschen" Erwartungen zu wecken. Umfragen[661] bestätigen, dass vertrauensbildende Maßnahmen für die längerfristige Kundenbindung und -zufriedenheit mindestens ebenso wichtig sind wie die gegenseitige Kommunikation und das inhaltliche Leistungsangebot selbst. Die nach wie vor feststellbare unzureichende Öffentlichkeitsarbeit wird allgemein als großer Schwachpunkt der deutschen Maklerschaft gesehen.[662] Eine weitgehende Übereinstimmung von Leistung des IVM und Leistungserwartung des Kunden kann daher zusätzlich dadurch

[661] Vgl. Albers (1997), S. 156-159.

gefördert werden, dass Informationsveranstaltungen und Werbemaßnahmen hinsichtlich des Leistungsangebotes stärker als in der Vergangenheit eingesetzt werden.[663]

Mit dem Aspekt der Informationssicherheit bei der Beratung und Betreuung ist die Richtigkeit, Exaktheit, Aktualität und Vollständigkeit der Informationen gemeint. So muss sich der Kunde auf die Richtigkeit der vom IVM erhaltenen Informationen verlassen können. Entscheidend sind hier vor allem auch die Kriterien, die ein IVM der Bestimmung der Bonität von Risikoträgern zu Grunde legt. Gerade im Zuge des EU-Binnenmarktes gewinnt die Beurteilung der Bonität von ausländischen Versicherern durch IVM an Bedeutung, da auch diese für die Platzierung eines Risikos in Betracht kommen. Im Anhang ist eine aktuelle, von Marsh Inc. erstellte exemplarische Bonitätsbeurteilung eines Versicherers (hier der Allianz Versicherungs-AG) als Modell wiedergegeben.

Das dritte Qualitätsmerkmal ist die *Flexibilität* der IVM-Dienstleistung. Sie stellt auf die Frage ab, ob der IVM in der Lage ist, regelmäßig Risikoanalysen seiner Kunden durchzuführen sowie seine Beratung und Betreuung stets an die sich verändernden gesellschaftlichen, politischen, unternehmerischen und ökonomischen Rahmenbedingungen des Kunden anzupassen. Dies bedeutet demnach auch ein ständiges Überwachen des bestehenden Absicherungskonzeptes und die Angleichung desselben an veränderte rechtliche Gegebenheiten, wie z.B. an das veränderte Produktsicherheitsgesetz, Transportrechtsreformgesetz (TRG)[664] oder eine EU-einheitliche Bestimmung, die Produkt-Haftpflicht auszudehnen.[665] Ein wichtiger Aspekt ist hierbei auch die *Transparenz* aller

---

662 Vgl. Sandkühler (2000), S. 669.

663 Einer Befragung von gewerblichen Maklerkunden zufolge konnten sich nur 7% aller befragten Unternehmen an Werbemaßnahmen der Maklerhäuser erinnern. Sogar nur 1% konnte sich noch an die Art der Werbe- oder PR-Maßnahmen, erinnern. Vgl. Sartorius/Vick (1998), S. 327.

664 Vgl. Grothaus (1998), S. 477.

665 Vgl. Kromschröder/Buchwieser/Gründl/Haindl (1992), S. 59.

Dienstleistungselemente. Um sie zu gewährleisten ist ein klares Tätigkeitsprofil erforderlich. Der Kunde muss erkennen können, für welche Aufgaben der IVM zuständig ist und für welche nicht. Nicht nur die Art der Risikoanalyse, die Beratung und die Betreuung müssen klar und verständlich sein, sondern auch das Risikoabsicherungskonzept als solches. Hierbei ist es Aufgabe des IVM, dem Kunden darzulegen, was dessen Rechte und Pflichten innerhalb des Vertragsverhältnisses mit dem Versicherer sind, um z.B. den bestehenden Versicherungsschutz nicht zu gefährden.[666]

D.II.6 Zulässigkeit von Honorarvereinbarungen - Rechtliche Situation

Ob und inwieweit zwischen Kunden und IVM frei ausgehandelte Honorare als Vergütung rechtlich zulässig sind, ist eine (noch) offene Rechtsfrage.[667] Nicht zuletzt aus diesem Grund ist der honorarbedingte Umsatzanteil bei IVM in Deutschland noch sehr gering.[668] Zwar werden Honorarvereinbarungen mit zunehmender Häufigkeit getroffen und können möglicherweise als gewohnheitsrechtliche Vergütungspraxis angesehen werden. Juristische Unstimmigkeiten existieren jedoch im Hinblick auf das Rechtsberatungsgesetz, das Provisionsabgabeverbot und die Besteuerung von Honoraren.[669]

D.II.6.1 Abgrenzung des VM zum Versicherungsberater und Probleme durch das Rechtsberatungsgesetz

Der Hauptunterschied zwischen dem VM und dem Versicherungsberater liegt in der Tätigkeit der Versicherungsver-

---

666 Vgl. Kromschröder/Buchwieser/Gründl/Haindl (1992), S. 61.

667 Vgl. Brauckmann (1999), S. 465; Heinz (1999), S. 64.

668 Bei Aon Jauch & Hübener belief er sich 1998 noch auf ca. 10%. Vgl. o.V. (1998e), S. 28. Bei der Marsh GmbH betrug er für das Jahr 2000 ca. 15%.

669 Vgl. Bräuchle (1996), S. B 11, B 15. Zu einer Erläuterung der steuerlichen Problematik s. Abschnitt D.II.6.3.

mittlung, die dem Versicherungsberater nicht gestattet ist.[670] Das hiermit verfolgte Ziel ist die rechtliche Gewährleistung einer neutralen und objektiven Beratung.[671] Prinzipiell schließen sich Versicherungsberatung und Versicherungsvermittlung demnach aus[672], da erstere nach Art. 1 Abs. 1 Nr. 2 RBerG eine erlaubnispflichtige Rechtsberatung ist, die nur Versicherungsberater gegen Honorar ausführen dürfen.[673]

Zahlreiche Berufe, so auch der des IVM, lassen sich jedoch ohne gleichzeitige rechtliche Beratung nicht sachgemäß ausüben.[674] Da die inhaltliche Ausgestaltung der Versicherungsvermittlungs-Tätigkeit aus den einschlägigen Gesetzestexten nicht eindeutig hervorgeht,[675] besteht ein Definitionsspielraum für die Festlegung des Umfangs der Versicherungsvermittlung.[676] Sieht man die Herbeiführung von Versicherungsverträgen als den Kern der Maklertätigkeit an, dann stellen die damit einhergehenden und nicht von der Kernleistung abzukoppelnden Beratungs-, Betreuungs- und Informationselemente der Dienstleistung eine Restmenge dar, die nur von untergeordneter Bedeutung ist, da sich das wirtschaftliche Interesse des VM lediglich auf den Versicherungsabschluss richtet.[677] Farny betont indes zu Recht, dass Versicherungsvermittlung aus wirtschaftlicher Sicht nicht ausschließlich und nicht in erster Linie im Abschluss neuer Verträge besteht, sondern - wegen der Langfristigkeit der Beziehung zwischen Versicherungsnehmer, Vermittler und Versicherer - in der „Erhaltung und im Ausbau der Versicherungsbestände durch Geschäfte mit alten und neuen Kunden".[678] Die bei VM die Vermittlertätigkeit begleitende

---

670 Vgl. Hübener (1993), S. 131-135.
671 Vgl. Traub (1995), S. 31.
672 Vgl. Brauckmann (1999), S. 465.
673 Vgl. Bräuchle, (1996), S. B 11; Urteil des Bundesverfassungsgerichts v. 5.5.1987, in: Anwaltsblatt 12/1987, S. 615 f.
674 Vgl. Thürnagel (1997), S. 20.
675 Vgl. Matusche (1993), S. 10.
676 Vgl. Traub (1995), S. 43; Keil (1990), S. 311.
677 Vgl. Voß/Höft/Müller-Stein (1991), S. 776 und S. 782f.
678 Farny (1989), S. 531.

Beratung ist der Ausnahmeregelung des Art. 1 § 5 Nr. 1 RBerG zufolge demnach dann zulässig, wenn sie den Charakter einer Hilfstätigkeit hat und in „unmittelbarem Zusammenhang" mit dem eigentlichen Zweck des Gewerbebetriebs steht.[679]

Die entscheidende Frage ist daher, ob Beratung auf Honorarbasis durch Art. 1 § 5 Nr. 1 RBerG gedeckt ist. Zu dieser Frage, also wann die Grenze von der erlaubnisfreien Vermittlungsberatung im Sinne des Art. 1 § 5 Nr. 1 RBerG zur erlaubnispflichtigen Versicherungsberatung im Sinne des Art. 1 § 1 Abs. 1 Nr. 2 RBerG überschritten wird, hat sich bisher in der Rechtsprechung und Literatur noch keine einheitliche Meinung herauskristallisiert[680]: Im Jahre 1990 erachtete das OLG Stuttgart eine Vereinbarung, wonach dem VM nicht nur eine Courtage zustand, sondern daneben auch noch ein erfolgsunabhängiges Beratungshonorar - falls kein Versicherungsvertrag zustande kommt -, als zulässig.[681] Für eine Beratung könne der VM mit dem Versicherungsnehmer eine erfolgsunabhängige Vergütung vereinbaren, ohne gegen die Erlaubnis gemäß Art. 1 § 1 Abs. 1 Nr. 2 RBerG zu verstoßen.[682] Solange die Beratung durch einen Versicherungsvermittler im Rahmen eines Maklerauftrages betrieben werde, sei sie zulässig. Das Vertragsverhältnis zwischen dem VM und dem Versicherungsnehmer werde nämlich dadurch gekennzeichnet, dass der VM eine umfassende Beratung in allen Versicherungsangelegenheiten übernimmt.

Auf der anderen Seite hat der BGH den Begriff des unmittelbaren Zusammenhangs im Sinne des Art. 1 § 5 Nr. 2 RBerG stets sehr eng ausgelegt.[683] Die mit der Versicherungsver-

---

679 Vgl. Hübener (1993), S. 131-135; Prölss/Martin (1992), nach § 48 Anm. 1 A a; Werber (1988), S.1164; Altenhoff/Busch/Chemnitz (1993), Rn. 501.

680 Vgl. Meyer (1999), S. 24f.

681 Vgl. Urteil des OLG Stuttgart, in: VersR (1991), S. 883.

682 Vgl. zustimmend auch Kollhosser, in: Prölss/Martin (1992), nach § 48 Anm. 1B. Zur Grundsätzlichen Unzulässigkeit vgl. o.V. (2001b), S. 131.

683 Vgl. z.B. Urteil des BGH, abgedruckt in: NJW (1988), S. 561.

mittlung verbundene Beratung dürfe nur eine unselbständige Nebenleistung im Rahmen der Vermittlung als der eigentlichen Tätigkeit des VM darstellen.[684]

D.II.6.2 Das Provisionsabgabeverbot

Durch eine VAG-Novelle vom 19.7.1923 räumte der Gesetzgeber der Versicherungsaufsichtsbehörde die Kompetenz ein, den Versicherungsunternehmen und Vermittlern von Versicherungsverträgen durch Anordnung zu untersagen, dem Versicherungsnehmer Sondervergütungen zu gewähren und Begünstigungsverträge abzuschließen. Die Rechtsgrundlage für den Erlass solcher Anordnungen stand zunächst in § 64 Abs. 2 VAG, heute in § 81 Abs. 2 Satz 3 VAG.

Auf der Grundlage vorstehender Verordnungsermächtigung erließen das Reichsaufsichtsamt und später das Bundesaufsichtsamt, auf das die Kompetenz zum Erlass der Rechtsverordnung durch Verordnung vom 8.12.1978[685] übergeleitet wurde, zahlreiche Gesetzesnormen, Anordnungen und Rechtsverordnungen, die es dem VM und dem Versicherungsnehmer untersagen, Provisionsabgabe- und Provisionsteilungsabreden zu treffen.[686] Es kann infolge dieser Verordnungen als herrschende Meinung angesehen werden, dass es dem VM untersagt ist, Provisionen ganz oder teilweise an den Versicherungsnehmer weiterzuleiten. Dies wird durch eine Entscheidung des EuGH[687] vom 17.11.1993, wie auch durch

---

[684] Vgl. Urteile des BGH, abgedruckt in: NJW (1976), S. 1635-1636; NJW (1978), S. 322-323; NJW (1981), S. 873-874. Die Rechtsprechung folgt damit nicht der allgemeinen, in der Praxis vorherrschenden Meinung, die der Beratung durch den IVM keineswegs den Charakter einer Nebenleistung (vgl. z.B. Scheiper (1996), S. 26-28 und S. 31f.) zumisst.

[685] Vgl. BGBl I (1978), S. 2021.

[686] Vgl. Deutscher Reichsanzeiger Nr. 186 v. 14.8.1923 sowie Rundschreiben Reichsaufsichtsamts für Privatversicherung v. 31.7.1923, in: VerAfP (1924), S. 19-20; Deutscher Reichsanzeiger und Preußischer Staatsanzeiger Nr. 58 v. 9.3.1934; VerAfP (1934), S. 98 f.; Bundesanzeiger Nr. 21 v. 31.1.1967, BGBl I (1982), S. 1243.

[687] Vgl. hierzu NJW (1994), S. 1717.

mehrere Rundschreiben des BAV, insbesondere durch das Rundschreiben R 3/94 vom 10.11.1994, bestätigt.[688]

Der Zweck des Provisionsabgabeverbotes besteht nach herrschender Meinung[689] darin, die Belange der Gesamtheit der Versicherten vor Gefahren zu schützen, die auf einer übermäßigen Belastung der Versicherer beruhen.[690] So soll „insbesondere verhindert werden, dass VM nach der Provisionsweitergabe zur Sicherung ihrer Einkünfte von den Versicherern eine Erhöhung der Provision fordern und damit zum Nachteil der Gesamtheit der Kunden die Kosten des Versicherungsabschlusses in die Höhe treiben".[691]

Der dargelegte Gesetzeszweck würde durch Honorarvereinbarungen, die ihrer Höhe nach unter einer ansonsten als angemessen und üblich zu erachtenden Provision liegen, unterlaufen, da im wirtschaftlichen Ergebnis eine Honorarvereinbarung einer verdeckten Provisionsweiterleitung gleichkommen kann. Somit ist in derartigen Vereinbarungen ein Verstoß gegen § 81 Abs. 2 Satz 3 VAG zu sehen. Allerdings werden diesbezüglich auch andere Meinungen vertreten.[692] Kollhosser ist beispielsweise der Ansicht, dass die Vereinbarung erfolgsunabhängiger Honorare nicht gegen das Provisionsabgabeverbot verstößt, da der VM regelmäßig nicht zu weitergehenden Provisionsforderungen gegen die Versicherer angetrieben werde.[693]

Wenngleich man sich im Allgemeinen über die Reformbedürftigkeit des geltenden Provisionssystems einig ist, wird mit einer Abschaffung des Provisionsabgabeverbotes vorerst *nicht* gerechnet.[694] Auf Grund des Grundsatzurteils von 1993

688 Vgl. Rundschreiben R 3/1994 des BAV v. 10.11.1994. Vgl. insb. Satz 2 der Klausel 1.1 des Rundschreibens.
689 Vgl. BGHZ 93, S. 177, S. 180f.
690 Vgl. Bräuchle (1996), S. B 15.
691 Vgl. Bräuchle (1996), S. B 15.
692 Vgl. Moll-Iffland (1998), S. 1761f.
693 Vgl. Prölss/Martin (1992), nach § 48 Anm. 6 b.
694 Vgl. Harte/Trollmann (2000), S. 71.

ist das Verbot auch im Zuge der gesetzlichen EU-Harmonisierung nicht gefallen, da der EuGH *keine* grundsätzliche Unvereinbarkeit einer staatlichen Regelung, durch die es Versicherungsvermittlern untersagt ist, die von den Versicherungsgesellschaften erhaltenen Provisionen ganz oder teilweise an ihre Kunden abzugeben, mit geltendem Europarecht (Art. 3 f, 5 II und 85 I des EWGV) sah.[695] Art. 85 EWGV (heute Art. 81 EGV) regle nach seinem Wortlaut nur das Verhalten der Unternehmen selbst, nicht auch das des jeweiligen Gesetzgebers. Gesetzliche Regelungen der Mitgliedsstaaten auf diesem Gebiet, in diesem Fall das zur Diskussion stehende Provisionsabgabeverbot, sind demzufolge durch Art. 85 EWGV nicht grundsätzlich ausgeschlossen.[696]

Es bleibt dennoch zu hoffen, dass zumindest die vom BAV (zuletzt 1979 und 1982) initiierte Diskussion um die Aufhebung des zeitlich überholten Verbotes baldmöglichst wieder aufgegriffen wird.[697]

D.II.6.3 Honorarvergütung unter steuerlichen Gesichtspunkten

Im Gegensatz zur Courtage entfällt auf Honorare keine VersSt. Dies wurde vom Bundesfinanzministerium in einer Stellungnahme zu einem Erlass des Baden-Württembergischen Finanzministeriums bestätigt.[698] Bei Entlohnung gegen Honorar wird somit offensichtlich kein Verstoß gegen § 42 Abgabenordnung gesehen, demzufolge solche Gestaltungen steuerrechtlich unwirksam sind, die nur zur Umgehung einer Besteuerung gewählt wurden.

---

695 Vgl. VersR (1995), S. 445.
696 Vgl. NJW (1994), S. 1717.
697 Beispielsweise wurde in den Niederlanden das - dort bis dahin ebenfalls geltende - Provisionsabgabeverbot zum 01.01.2000 aufgehoben. Vgl. o.V. (1999i), S. 1874.
698 Vgl. o.V. (1997a), S. 982.

Unter dem Motiv der Steuerersparnis bieten sich aus Sicht des Versicherungsnehmers alternative Risikoabsicherungsmethoden mit gering(er)en Versicherungsprämien, hohen Selbstbehalten, einem überschaubaren Risiko und der Entlohnung des IVM auf Honorarbasis demnach an, um Steuerzahlungen zu vermeiden,[699] zumal das Honorar nach dem Wortlaut von § 4 Nr. 11 Umsatzsteuergesetz auch von der Umsatzsteuer befreit ist, sofern es ein Entgelt für eine Maklertätigkeit i.S. von § 93 Abs. 1 HGB[700] darstellt. Insofern ist auf alle VM-Honorare - im Gegensatz z.B. zu den Honoraren für die in § 93 Abs. 2 HGB ausdrücklich ausgenommenen Immobilienmakler - keine Umsatzsteuer zu entrichten.

Die wirtschaftlichen Konsequenzen dieser Rechtslage seien in folgendem Beispiel[701] verdeutlicht: Bei der Versicherungsprämie einer Industriepolice von DM 1 Mio. ist eine VersSt i.H.v. 15% der Versicherungsprämie, also DM 150 Tsd., vom Versicherungsnehmer zusätzlich zu bezahlen. In dem bereits beschriebenen „Nettoprämienmodell", bei dem der IVM anstelle einer fünfzehnprozentigen Courtage beispielsweise durch ein Honorar i.H.v. DM 150 Tsd. entgolten wird, ist VersSt nur auf eine Prämie von DM 850 Tsd. zu entrichten. Durch die „Nettoquotierung" mindert sich die steuerliche Bemessungsgrundlage um die Höhe der Courtage.[702] Die Kostenersparnis beim Kunden liegt somit bei 15% von DM 150 Tsd., also bei DM 22,5 Tsd. Dies sind immerhin knapp 2% der gesamten Versicherungskosten und stellen bisher nur die Steuerersparnis bei („unechter") Nettoquotierung dar; bei reinen Risikoprämien ist eine ebenso hohe Minderung der Steuerlast erzielbar.

Auch in den beispielhaften Fällen aus Abschnitt D.II.2.2.5 wird durch das „Nettoprämienmodell" eine VersSt-Ersparnis

699 Vgl. Pohlmann (1996), S. 2360.
700 Zu einer Erläuterung von § 93 HGB s. Abschnitt B.I.1.
701 Vgl. Bräuchle (1996), S. B 11.

von DM 450 Tsd. (s. Tabelle 12, Zahlenmaterial beruht auf Beispielfall 1 aus Abschnitt D.II.2.2.5), bzw. DM 160 Tsd. (Zahlenmaterial beruht auf Beispielfall 2, auch aus Abschnitt D.II.2.2.5), erzielt.

Tabelle 12: Beispielhafte VersSt-Ersparnis bei Honorarvergütung

Jahr	1998		1999	1999
Vergütungssystem	Courtage		Courtage	Honorar
Versicherungsprämie (DM)	52 Mio	->	20 Mio	17 Mio (*1
Versicherungsteuer (15% der VP, DM)	7.8 Mio		3 Mio	2,55 Mio
Selbstbehalt, aggregiert p.a. (DM)	0 Mio	->	20 Mio	20 Mio
Courtage (15% der VP, DM)	7,8 Mio		3 Mio	
Vereinbartes Honorar (DM)				1 Mio (*2
Durch den Kunden (maximal) zu tragende Gesamtkosten (DM)	59,8 Mio		43 Mio	40,55 Mio
Umsatz des IVM (DM)	7,8 Mio		3 Mio	1 Mio
VersSt-Ersparnis gegenüber Courtagevergütung			450.000 DM	

*1) "Nettoprämie".
*2) Angabe basiert auf gemäß der Time Valuation Method berechneten Honorar.

Die Größenordnungen dieser beispielhaften Steuerersparnisse deuten die Ausmaße des Steuerausfalls an, den der Fiskus erleidet bzw. der dem Fiskus droht, wenn man bedenkt, dass der Industrieversicherungsbereich ein geschätztes Prämienvolumen von DM 12,2 - 30,6 Mrd. hat.[703]

Die Umsatzsteuerbefreiung von Honoraren bedarf an dieser Stelle noch einer kritischen Anmerkung. Dadurch, dass Maklerhonorare im Gegensatz zur Courtage *nicht* der VersSt unterliegen, ist der wesentliche Grund für die Umsatzsteuerbefreiung gemäß § 4 Nr. 11 Umsatzsteuergesetz nicht mehr gegeben. Bräuchle[704] sieht in der unterschiedlichen Behand-

702 Vgl. Postinett (1997), S. 24.
703 Vgl. Bräuchle (1996), S. B 11; Doenecke (1994), S. 62; s. auch Abschnitt B.II.2.
704 Vgl. Bräuchle (1996), S. B 11.

lung von Courtage und Honorar zu Recht einen steuerrechtlichen Wertungswiderspruch. Im Fall der Courtagevergütung ist auf die entgeltliche Gegenleistung Steuer zu entrichten, während die Honorarvergütung keiner Besteuerung unterliegt. Aus diesem Grunde bieten Versicherer „Nettoprämien" derzeit auch nur unter dem schriftlichen Vorbehalt an, dass die Versicherungsteuer ohne Rücksicht auf Verjährungsregelungen nachgefordert werden kann, falls die Finanzverwaltung Bemessungsgrundlagen anzweifelt oder steuerrechtlich abweichend bewertet.[705]

Ist die Lösung einer steuerlichen Ungleichbehandlung von Courtagen und Honoraren folglich in einer nach vorstehender Argumentation naheliegenden Aufhebung der Umsatzsteuerbefreiung für Maklerhonorare zu sehen? Sicherlich nicht - die Aufhebung der Umsatzsteuerbefreiung[706] für Honorare wäre allenfalls ein erster Schritt in Richtung Gleichbehandlung der beiden Vergütungsarten. Er wäre dennoch äußerst problematisch, da eine Ungleichheit dann weitergehend darin bestünde, dass bei der Umsatzsteuer - anders als bei der VersSt - die Möglichkeit des Vorsteuerabzuges besteht. Eine baldige Aufhebung des Vorsteuerabzugverbotes bei der VersSt, systematisch zwar richtig und gerecht, ist unwahrscheinlich. Zum einen würde dies erhebliche Steuerausfälle des Fiskus zur Folge haben, zum anderen steht die Versicherungsteuer dem Bund alleine zu. Bei einer Umwandlung in eine Mehrwertsteuer müsste er sich das Aufkommen mit den Ländern teilen.[707]

---

705 Bräuchle (1996), S. B 11.
706 § 4 Nr. 11 Umsatzsteuergesetz.
707 Vgl. Pohlmann (1996), S. 2360.

D.III Organisationsstruktur

Die Organisationsstruktur ist das dritte bedeutende, auf den berufsständischen Veränderungsprozess bezogene Themengebiet. Nachfolgend werden als erstes die derzeitigen Strukturverhältnisse deutscher IVM dargelegt. Kernpunkt bildet die Rechtfertigung der Formierung weltweiter sog. „Broker-Netzwerke". In einem zweiten Schritt werden strukturelle (Weiter-)Entwicklungsmöglichkeiten für den IVM formuliert. Im Mittelpunkt dieser Diskussion stehen die Fragestellungen um neue geeignete Marktpartner für den IVM sowie die Art der organisatorischen Einbindung bzw. Zusammenarbeit mit diesen Organisationen. Als Ergebnis der Überlegungen wird der abschließende Vorschlag unterbreitet, den IVM in ein transnational organisiertes Finanzkonglomerat einzubinden.

D.III.1 Gegenwärtige Struktur

D.III.1.1 Der IVM als Teil eines Versicherungsnetzwerkes

Versicherungsvermittler agieren zusammen mit Versicherungsgesellschaften und Kunden auf dem Versicherungsmarkt. Um strukturelle Weiterentwicklungsmöglichkeiten beim IVM zu erörtern ist es zunächst wichtig, die Art der Wettbewerbsstrukturen auf diesem Markt aufzuzeigen und den IVM organisatorisch in diesen einzuordnen.

Durch ein komplexes und sich ständig änderndes Beziehungsgeflecht zwischen Versicherer und IVM, IVM und Kunden sowie Kunden und Versicherer bilden diese Parteien ein Versicherungsnetzwerk, das als gemeinsamer Handlungskontext verstanden werden kann.[708] Abweichend vom Ansatz der

---

[708] Vgl. Sydow (1994), S. 11.

institutionellen Ökonomie und der neoklassischen Markttheorie, die sämtliche transaktionsrelevanten Informationen im Preis widergespiegelt sehen, spielt bei Versicherungsnetzwerken das bestehende Geflecht von Beziehungen beim Zustandekommen von Transaktionen eine entscheidende Rolle.[709] Hierbei ist ein gewisses Maß an Vertrauen oftmals Voraussetzung - und Ergebnis - solcher stark beziehungsorientierten Transaktionen.[710]

Hinsichtlich der Wettbewerbsausprägungen innerhalb der Versicherungsnetzwerke muss also zwischen Leistungs- und Beziehungswettbewerb unterschieden werden. Eindeutige Zuteilungen von Entscheidungsursachen der Wirtschaftssubjekte zu den beiden Wettbewerbsarten sind nur beschränkt möglich, da die Grenze zwischen ihnen fließend ist.[711] Beim Leistungswettbewerb erfolgt der Ausleseprozess des Marktes über den Preis und über die objektive Produktqualität. Beziehungswettbewerb entsteht in Versicherungsnetzwerken hingegen durch die latente Möglichkeit und Drohung, aus dem Netz ausgeschlossen zu werden, und bewegt die Teilnehmer ständig dazu, eine Gratwanderung zwischen autonomem und abhängigem Handeln zu unternehmen und damit den Wettbewerb innerhalb des Versicherungsnetzwerkes aufrechtzuerhalten.[712] Ihm wird in der Praxis des deutschen Industrieversicherungsgeschäfts eine hohe Bedeutung beigemessen.[713] In Bezug auf das Risk Management von Industrieunternehmen sind - neben Versicherungsgesellschaften, Vermittlern und Kunden als Hauptakteuren - Verbände, Rückversicherer, Unternehmensberater und Investmentbanken weitere Teilnehmer im Versicherungsnetzwerk. Sie alle entwickeln, verändern und „weben" an dem Versicherungsnetzwerk, indem sie:

709 Vgl. Frey (1996), S. 1186.
710 Vgl. Sydow (1994), S. 11.
711 Vgl. Hoß (1993), S. 25ff.
712 Vgl. Sydow (1994), S 12.
713 Vgl. Altenburger (1975), S. 463.

- Geschäftsbeziehungen aufbauen (oder abbrechen),
- personelle Beziehungen pflegen und nutzen und infolgedessen Geschäftsverbindungen stabilisieren oder destabilisieren,
- sich informationstechnisch vernetzen, indem sie unternehmensübergreifende Informations- und Kommunikationsinstrumente entwickeln und nutzen.[714]

Von hoher Bedeutung für den Kunden ist die Pflege einer vertrauensvollen partnerschaftlichen Beziehung zum IVM.[715] Da der IVM auch seinerseits eine möglichst langfristige Bindung mit seinem Kunden anstrebt, wurde seine Internationalisierung zum „Wettlauf mit der Zeit", um mit der internationalen Ausrichtung der Kunden Schritt halten zu können. In den nachfolgenden Abschnitten wird daher auf die Fragestellung der wirtschaftlichen Notwendigkeit dieser Internationalisierung und auf die Art und Weise, in der sie beim Makler vollzogen wurde, eingegangen.

D.III.1.2 Konzentration im Weltmarkt - Strukturelle Notwendigkeit?

Globale Präsenz, globale Strategien und Produkte sind zum einen auf veränderte Kundenbedürfnisse vor dem Hintergrund ihrer eigenen Internationalisierung zurückzuführen.[716] Zum anderen fußen sie auf der vergleichsweise günstigeren Refinanzierbarkeit von Rationalisierungs- und Produkterneuerungsmaßnahmen.[717] Mit der Öffnung der Märkte und der zunehmend grenzüberschreitenden Tätigkeit der Kunden des IVM wurde im Laufe der 80er Jahre die Möglichkeit der Erstellung globaler Lösungen zu einem entscheidenden Wettbewerbsfaktor beim IVM.[718] Seine Internationalisierung

---

714 Vgl. Sydow (1994), S. 13.
715 Vgl. Sartorius/Vick (1998), S. 269.
716 Vgl. Brühwiler (1994), S. 299.
717 Vgl. Noehrbass (2000), S. 1104.
718 Vgl. Brühwiler (1994), S. 299.

hatte eine existenzsichernde Funktion[719] und ermöglichte es ihm, Versicherungsprogramme grenzüberschreitend zu beschaffen[720] und anzubieten. Äußerungen von Industriekunden, die den Konzentrationstendenzen der Makler reserviert gegenüberstehen,[721] weil sie dadurch einen Verlust an Verhandlungsmacht befürchten,[722] stehen im Gegensatz zu ihrem Wunsch nach Globalität der Absicherungslösungen.

Im Folgenden soll die Notwendigkeit der in Abschnitt B.II beschriebenen Fusionswelle erörtert werden, die zu der Formierung von (lediglich) drei großen Insurance Brokers geführt hat. Die dabei zu klärenden Einzelfragen sind zum einen, welche Beweggründe den Zusammenschlüssen zugrunde liegen und was als Fusionsmotor angesehen werden kann (aktiver vs. reaktiver Prozess). Zum anderen ist zu erörtern, wer von dem Konzentrationsprozess in welcher Weise profitiert.

D.III.1.3 Praxiserfahrungen bei Ausweitung der Geschäftstätigkeit ins Ausland

Grundsätzlich sind drei Formen der Ausweitung der Geschäftstätigkeit ins Ausland denkbar: erstens der eigenständige Aufbau von Auslandsniederlassungen, zweitens der Aufbau eines Korrespondenzmakler-Netzwerkes durch Maklerhaus-Kooperationen oder drittens die Schaffung einer globalen Präsenz durch Unternehmensübernahmen und die daraus resultierende Formierung sog. Broker-Netzwerke. Die zeitliche Abfolge der Internationalisierung entsprach der hier genannten Reihenfolge (s. Abbildung 22).

---

719 Noehrbass (2000), S. 1108.
720 Vgl. Doenecke (1994), S. 77.
721 Vgl. z.B. o.V. (1998g), S. 22; Postinett (1997), S. 24.
722 Vgl. Godfrey (1998), S. 10.

Abbildung 22: IVM-Internationalisierung im zeitlichen Ablauf

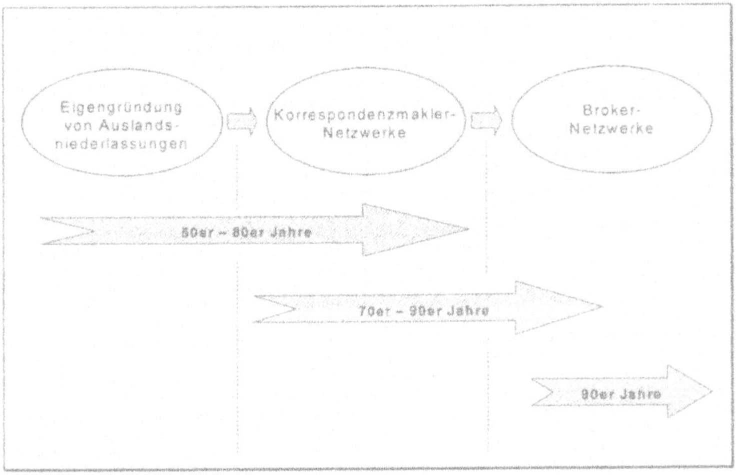

Die Auslandsausweitungs-Formen unterscheiden sich in den Faktoren Kapitaleinsatz, Kosten der Koordination, Identifikation der Mitarbeiter, Konfliktpotential durch unterschiedliche Unternehmenskulturen und Zeitaufwand (s. Abbildung 23).

Abbildung 23: Kritische Faktoren im Vorfeld von internationalen Maklerkooperationen

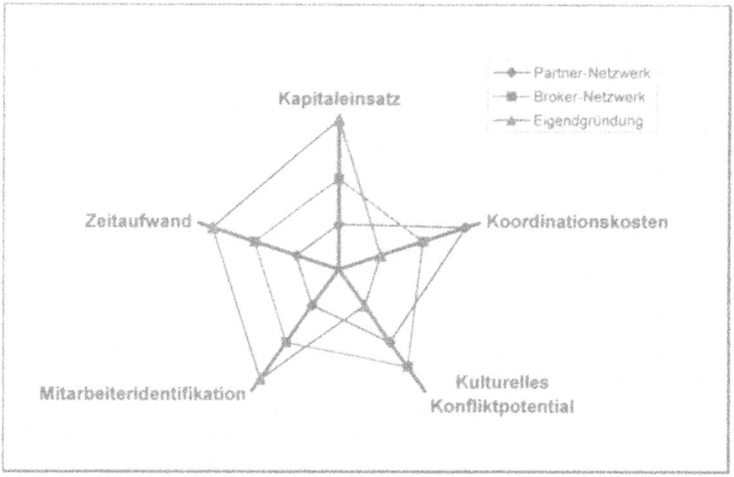

Quelle: Eigene Darstellung in Anlehnung an Süchting (1991), S. 188.

D.III.1.3.1 Aufbau eigener Auslandsniederlassungen

Die Ausweitungen deutscher IVM-Geschäftstätigkeit ins Ausland in den 50er bis (einschließlich) 80er Jahren waren rein reaktiv und folgten im Wesentlichen der Internationalisierung ihrer Kunden. Gradmann und Holler baute bspw. Mitte der 50er Jahre eine eigenständige Niederlassung in Brasilien auf, als deren Großkunde, die VW AG, dort erstmalig Produktionsstätten errichtete.

Diese vereinzelten Internationalisierungstendenzen führten beim IVM in den 80er Jahren zu Überlegungen, in einem nächsten Schritt weitere Auslandsniederlassungen in den verschiedensten Ländern, unabhängig von der geographischen Ausweitung des Kunden, soz. „proaktiv", aufzubauen. Diesbezügliche Bestrebungen scheiterten jedoch daran, dass die Kapitalbasis nationaler IVM in Deutschland für den hohen Investitionsbedarf, den eigene, flächendeckende Auslandsniederlassungen erfordert hätten, bei weitem nicht ausreichend war. Zudem kollidierten Gewinnentnahmeinteressen der Gesellschafter (damals waren fast alle deutschen IVM noch Personengesellschaften) mit markt- und zukunftsstrategischen Einsichten, da sich die erforderlichen Investitionen - unabhängig vom Risiko - erst nach Jahrzehnten amortisiert hätten.[723] Ferner bestanden Zweifel, ob man sich mit einer solchen internationalen Ausweitung gegen die, schon damals international führenden, angelsächsischen Broker behaupten können würde. So hat sich denn auch kein einziger europäischer IVM mit eigenen Niederlassungen in alle wesentlichen Länder der EU ausgeweitet.

D.III.1.3.2 Korrespondenzmakler-Netzwerke

Um Kunden, die im Ausland tätig waren, dort auch den gleichen Service wie in Deutschland bieten zu können, suchten sich IVM Marktpartner in den jeweiligen Ländern. Im Rahmen von Kooperationsverträgen wurde die gegenseitige Geschäftszuführung und -betreuung gesichert. Diese Entwicklung prägte den Begriff des „Korrespondenzmakler-Verhältnisses" bzw. des „Korrespondenzmakler-Netzwerkes" und stellte die bei IVM gängige Internationalisierungspraxis dar.[724] Hinsichtlich der Vergütung war es üblich, die Umsätze zwischen zuführenden und dem lokal ansässigen IVM durch sog. „Splitting" der Courtage im Verhältnis 25%-30% (zuführender IVM oder „Introducing Broker") und 75%-70% (lokal ansässiger IVM oder „Servicing Broker") aufzuteilen.

Der Hauptvorteil von Korrespondenzmakler-Netzwerken lag in der geringen Kapitaleinsatznotwendigkeit bei ihrem Auf-

723 Bei Gradmann & Holler wurden 1986/1987 entsprechende, detaillierte Berechnungen vorgenommen und ergaben eine Amortisationsdauer von ca. 30 Jahren.

724 Vgl. Noehrbass (2000), S. 1102.

bau.[725] Allerdings stellten sich der hohe Koordinations- und Zeitaufwand und eine zu geringe Identifikation der Mitarbeiter mit „fremdem" Geschäft als problematisch heraus. Der stärkere Partner war unter diesen Umständen ständig bestrebt, das Korrespondenzmakler-Netzwerk dadurch schlagkräftiger zu machen, dass er die Zusammenarbeit über den Erwerb von Kapitalmehrheiten nach eigenen Vorstellungen steuert.[726] Infolgedessen stellten Korrespondenzmakler-Netzwerke allenfalls organisatorische Interimslösungen auf dem Weg zum globalen Broker dar und scheiterten, mit einer Ausnahme,[727] an den durch fehlende Kapitalverflechtung hervorgerufenen divergierenden Unternehmensinteressen und der damit oft verbundenen negativen Geschäftsauslese. Dieser Sachverhalt soll anhand des folgenden Praxisfalls verdeutlicht werden: Ein in der Werkzeugindustrie tätiger Großkunde von Marsh, der auf Grund seines weltweiten Engagements ein zentral gesteuertes, durch einmalige Jahresgebühr vergütetes, globales Absicherungsprogramm zur Bedingung seiner Zusammenarbeit mit Marsh macht, hat seit geraumer Zeit auch eine Niederlassung in Kasachstan. Eine Einbindung dieser Niederlassung wäre in dem Fall divergierender Unternehmensinteressen eines Korrespondenzmakler-Netzwerkes deshalb kaum denkbar, weil die Kosten der Betreuung dieser Niederlassung erheblich höher als deren Erträge wären. Das weltweite Absicherungspaket des Großkunden als Ganzes - auch unter Einbeziehung der schlechten Risiken aus Kasachstan (oder ähnlichen Fällen) - ist indes immer noch rentabel, was den Stellenwert einer

725 Vgl. Süchting (1991), S. 189.
726 Vgl. Süchting (1991), S. 189.
727 Mit der Unterzeichnung einer Kooperationsvereinbarung zwischen der europäischen The Synergy Group und Assurex (Verbund unabhängiger nordamerikanischer Versicherungsmakler) entstand Ende 1999 ein neues globales Makler-Netzwerk. Zu The Synergy Group, dem europäischen Teil des Netzwerkes, gehören Leue & Nill, Deutschland, Groupe Verspieren, Frankreich, Pulsar Group, Italien, sowie HSBC Insurance Brokers, Großbritannien. Im Gegensatz zu bestehenden Broker-Netzwerken besteht Synergy/Assurex aus weiterhin rechtlich und wirtschaftlich unabhängigen Unternehmen mit einem weltweiten Umsatz von ca. $ 2 Mrd. Vgl. o.V. (1999k), S. 466.

kongruenten Interessenlage beim internationalisierten IVM hervorhebt.

Bestes deutsches Beispiel einer gescheiterten Korrespondenzmakler-Strategie war die Jauch & Hübener KGaA, deren Netzwerk um Johnson & Higgins[728] an diversen Organisationsschwierigkeiten krankte und letztendlich durch die Übernahme von Johnson & Higgins durch Marsh zerbrach. Jauch & Hübener, plötzlich ohne internationale Servicemöglichkeiten, wurde 1997 in direkter Konsequenz durch Aon übernommen.[729] Ähnlich erging es Jaspers Wuppesahl Industrie Assekuranz, die nach der Übernahme des Netzwerk-Partners Alexander & Alexander durch Aon nun mit Willis verflochten sind.[730]

D.III.1.3.3 Unternehmensübernahmen und die Schaffung von Broker-Netzwerken

Ende der 80er und im Laufe der 90er Jahre nahm der Druck durch kapitalstarke angelsächsische Broker und die damit einhergehende Gefahr von Marktanteilsverlusten an mögliche Auslandsniederlassungen dieser Makler deutlich zu. Deutschen IVM drohte ein massiver Bedeutungsverlust und eine weitreichende Beschränkung ihrer Tätigkeit auf kleineres, rein innerdeutsches Geschäft, was eine „nationale Degression" bedeutet hätte. Nur die direkte Kapitalverflechtung konnte das zukünftige Überleben der IVM sicherstellen.[731] Durch Einbringung in ein Broker-Netzwerk und die dadurch bedingte Aufgabe ihrer Unabhängigkeit erkauften sich nationale IVM die Gewissheit zukünftigen Fortbestandes und Wachstums sowie die Möglichkeit organisatorischer - und wirtschaftlich beteiligter -

728 Das Netzwerk operierte unter dem Namen Unison. Johnson & Higgins war der größte und stärkste darin vertretene Partner.
729 Vgl. o.V. (1997c), S. 690; Stürz/Birkental/Wissmann (1998), S. 396.
730 Vgl. o.V. (1997c), S. 690. Willis hält eine Minderheitsbeteiligung an Jaspers Wuppesahl Industrie Assekuranz GmbH & Co. KG.

Bestandteil eines Anbieters globaler Absicherungslösungen zu sein.[732] Weitere Vorteile sind in dem unbegrenzten Know-how-Transfer, im viel geringeren Zeitaufwand[733] sowie in den strategischen, finanziellen, personellen und organisatorischen Synergieeffekten des Zusammenschlusses zu sehen, die sich direkt im Unternehmenserfolg niederschlagen.[734]

Als Fusionsmotor sind nicht allein externe Faktoren, nämlich die Kunden und deren veränderte Bedürfnisse und veränderte Marktrahmenbedingungen (gesetzlich / aus Wettbewerbsgründen) ausschlaggebend („Fusions-Push"). Auch die Insurance Brokers selbst dynamisierten in ihrem Streben nach Produktinnovationen, Synergieeffekten, Produktivität und Reputation den Unternehmenszusammenschluss-Prozess („Fusions-Pull").

Wenngleich der Zusatznutzen der Fähigkeit eines globalen Brokers, globale Lösungen „vor Ort" anbieten zu können, aus Marketingsicht unumstritten ist, bleibt fraglich, ob dies auch für die betriebswirtschaftliche Erfolgsrechnung gilt. Landesübergreifendes Geschäft ist für den IVM teuer und im Regelfall von durchschnittlicher Rendite. Dies liegt zum einen daran, dass die Kosten von Internationalisten in Deutschland auf Grund ihrer begrenzten Anzahl und des daraus resultierenden Lohnniveaus außerordentlich hoch sind, und zum anderen daran, dass ein eventuell höheres Einnahmenniveau eines Großkunden infolge der Masse an Abgaben an Captive-Brokers oder andere Stellen zunichte gemacht wird.[735] Kundenmandate, die kürzer als drei Jahre ohne Ausschreibung laufen, erwirtschaften durch hohe

---

[731] Vgl. Doenecke (1994), S. 77.

[732] S. den Beispielfall aus Abschnitt C.II.1.1.

[733] Vgl. Süchting (1991), S. 188.

[734] Eine ähnliche Entwicklung ist bei Wirtschaftsprüfungsgesellschaften und Anwaltskanzleien zu beobachten. Auch hier gibt es heute nur wenige, aber große marktführende Unternehmen, die durch Zusammenschlüsse ihren nachhaltigen Unternehmensfortbestand zu sichern suchen. (Bei den Wirtschaftsprüfungsgesellschaften sind dies Anderson, KPMG und Ernst & Young, bei den Anwaltskanzleien Clifford Chance u.a.).

[735] S. auch Abschnitt D.II.2.3.3.

Vorlaufinvestitionen und hohe Verwaltungskosten i.d.R. eine weit unter Normalgeschäft (Rendite von 10% - 20%) liegende Rendite von 1,5% - 2,5%.[736]

Es ist zu erwarten, dass sich diese Situation in Zukunft weiter verschlechtern wird. Auf Grund neuerer Absicherungsprodukte, die das sog. „World Wide Local Services"-Konzept stark unterlaufen und Konkurrenz in den eigenen Strukturen hervorrufen,[737] sind Geschäftsanteilsverluste zugunsten von externen sowie konzernverbundenen Investmentbanken und Finanzberatern zu befürchten.

Auch das mit der Maklertätigkeit verbundene Haftungspotential wurde durch die Internationalisierung deutlich erhöht.[738] Im Umgang mit ausländischen Produkten schlummert die Gefahr von Beratungsfehlern, unzureichender Aufklärung, unterlassener notwendiger Hinweise usw. Außerdem haftet der IVM nicht nur dafür, dass er seinem Kunden den richtigen Risikoschutz verschafft, sondern auch dafür, dass er ihm einen leistungsfähigen Versicherer präsentiert. Vor diesem Hintergrund gewinnt das Anfertigen und ständige Aktualisieren von Solvabilitätsanalysen beträchtlich an Bedeutung, denn das Insolvenzrisiko - auch deutscher Versicherungsgesellschaften - ist mit der Entstehung des EU-Binnenmarktes deutlich gestiegen.[739]

Grund zur Skepsis liefert auch die Praxis des Broker-Netzwerk-Geschäftes. Es gibt keine „exklusiven Netzwerke". Wer lokale Büros der Großmakler kontaktiert, kann von dort in aller Regel auch Dienstleistungen für regionales Geschäft

[736] Vgl. Noehrbass (2000), S. 1102.
[737] Vgl. Noehrbass (2000), S. 1102.
[738] Vgl. Benkel/Reusch (1992), S. 1302-1319; vgl. hierzu auch Abram (2000), S. 63ff und S. 99ff, der sich eingehend mit den Gestaltungsmöglichkeiten und Deckungsumfängen von Berufshaftpflichtversicherungen für Versicherungsmakler beschäftigt.
[739] Vgl. zu diesem Absatz Doenecke (1994), S. 87.

bekommen, denn die Standorte werden als Profitcenter geführt und sind an den meisten Geschäften interessiert.[740]

Die Formierung von Broker-Netzwerken birgt weitere, mit Mergers & Acquisitions üblicherweise verbundene, Gefahren[741]: Zwar deutet die gegenwärtige Stimmungslage im Markt auf das Gegenteil hin, dennoch muss sich erst herausstellen, ob der zum Erwerbszeitpunkt erwartete zukünftige Cashflow die z.T. erheblichen Akquisitionskosten (Such- und Verhandlungskosten zuzüglich Kaufpreis) übersteigen wird. (Allein die von Marsh und Aon in der Zeit von 1997 bis 1999 insgesamt aufgewendeten Akquisitionskosten betrugen ca. US $ 7 Mrd.![742]) Erweisen sich die Zukäufe als unrentabel, so müssten die Broker einräumen „marktpolitische" Preise bezahlt zu haben, die allenfalls reputativ zu rechtfertigen wären. Die größten Gefahren einer tatsächlichen Fehlinvestition resultieren dabei zum einen aus einer Überschätzung der sich ergebenden Synergieeffekte und zum anderen aus einer Unterschätzung der Integrationskosten, verursacht nicht zuletzt durch die kulturellen Unterschiede zwischen den angelsächsischen Brokern und den erworbenen Unternehmen.

Anders als bei den Versicherern erwachsen dem IVM auch keine direkten Vorteile aus dem Zukauf von Geschäftsvolumen. Der Versicherer kann durch Volumenmacht aus Masse Produkte und eine günstige Refinanzierbarkeit herbeiführen.[743] Im (noch marktüblichen) Courtagesystem verliert dieses Argument beim IVM hingegen an Bedeutung, da seine Vergütung hier rein Abschlussbezogen ist. Dennoch ist davon auszugehen, dass ein global präsenter IVM sein Konkursrisiko durch Cross-Subsidising-Möglichkeiten deutlich vermindert. Zuzustimmen ist auch dem Argument, dass größere Volumina dem IVM keine Machtvorteile gegenüber dem

[740] Vgl. Noehrbass (2000), S. 1102.
[741] Vgl. hierzu auch Banham (1999), S. 16.
[742] Vgl. Roberts (1999), S. 2, 22.

Versicherer verschaffen.[744] Mit Ausnahme von Einzelfällen[745] nimmt die Versicherungswirtschaft Geschäfte unabhängig von der Größe des Maklers auf der Basis von objektiven Kriterien an. Die Versicherer achten darauf, dass sie nicht erpressbar sind, und nehmen kein Geschäft an, welches in ihrem Gesamtbestand nicht profitabel ist.

Somit bleibt zusammenfassend festzuhalten, dass die kostenintensive Investition in eine globale Präsenz zwar prestigeträchtig und aus Existenzsicherungsgründen im Kontext einer deutlichen Eigendynamik des Konzentrationsprozesses heraus unabdingbar[746] ist bzw. war, dem IVM jedoch ein höheres Haftungspotential beschert und nicht zwangsläufig Zugang zu rentablem Geschäft verschafft.

Nutzen stiftet die globale Präsenz der IVM bei allen beteiligten Marktteilnehmern. Die Nutzenstiftung beim Kunden liegt im Erhalt globaler Absicherungskonzepte aus einer Hand mit weltweiter Vor-Ort-Betreuung. Die Industrieversicherer, die ihrerseits stark in Fusionsprozessen begriffen sind, auf dem besten Weg, den europäischen Industrieversicherungsmarkt vom Polypol zum Oligopol zu wandeln,[747] haben so ebenfalls nur einen Ansprech- und Verhandlungspartner. Dies bringt Kostenvorteile und

---

743 Vgl. Noehrbass (2000), S. 1102-1104.

744 Zu diesem Argument vgl. Noehrbass (2000), S. 1104.

745 Marsh produziert 60% bzw. nach der Übernahme von Sedgwick (vgl. o.V. (1999g), S. 77) 85% der Prämie eines Industrieversicherers am Standort London. Dies ist im Vorfeld der noch ausstehenden Marktbereinigungen, die solche Versicherer ohnehin nicht in Selbstständigkeit überleben lassen, jedoch als Ausnahme zu betrachten. Vgl. Noehrbass (2000), S. 1104.

746 Aus organisationstheoretischer Sicht ist mit „unabdingbar" hier gemeint, dass der Strukturwandel des IVM Ergebnis typischer Verhaltensmuster nach (einer Kombination) der „Strategic-Choice"- und „Population-Ecology"-Ansätze darstellt: Beim „Strategic-Choice"-Ansatz passt sich der IVM an veränderte Umweltbedingungen an („Adaption"), während der „Population-Ecology"-Ansatz Wandel in erster Linie durch den Bewertungsprozess durch die externe Umwelt gebremst sieht („strukturelle Trägheit"). Zu diesen beiden Organisationstheorien vgl. Bresser (1998), S. 629-636 und die dort angegebene Literatur.

747 Vgl. Doman/Duchen/Markus (1999), S. 28f.; Jannott (2000), S. 39-41; Muth (1994), S. 292; o.V. (1999b), S. 1390; o.V. (1998b), S. 542; Schmid (1994), S. 90.

Zeitersparnisse. Der Versicherer hat weiterhin den Vorteil, dass er selbst nicht global präsent sein muss, das Geschäft wird ihm durch den IVM zugeführt.[748] Insofern stellt der IVM auch ein Vertriebsinstrument dar, mit Hilfe dessen sich der Versicherer Zugang zu ausländischen Märkten verschaffen kann. Dies gilt zwar nicht notwendigerweise für die ganz Großen, zumindest aber für vergleichsweise mittelgroße und kleinere Versicherer, wie z.B. den Gerling-Konzern oder die Gothaer Versicherungsbank VVaG. Als negativer Aspekt einer solchen Entwicklung ist allerdings eine stärkere Abhängigkeit dieser Industrieversicherer vom IVM zu sehen, die befürchtet wird.

Dem evtl. entstandenen Eindruck, Größe allein könne Ertragsstärke bestimmen, soll an dieser Stelle nachdrücklich entgegengewirkt werden. Vom Unternehmen benötigte und vom Markt vorgegebene Reaktionszeiten auf veränderte Marktrahmenbedingungen klaffen zunehmend auseinander. Durch die ständig wachsende Größe der Maklerhäuser besteht dadurch die Gefahr einer abnehmenden Flexibilität und Handlungsfähigkeit.[749] Bei der durch die Industriekundennachfrage nach globalen Absicherungslösungen unvermeidlich gewordenen Globalisierung der Maklerhäuser handelt es sich jedoch nicht um absichtliche Bemühungen, die Kluft zwischen benötigter und verfügbarer Reaktionszeit weiter zu vergrößern, sondern vielmehr darum, globale Marktpräsenz zu sichern und globale Allianzen zu bilden, die jene kritische Mindestgröße haben, die zum Überleben notwendig ist.[750] Erfolgsentscheidend wird vor allem nicht die Unternehmensgröße, sondern die Geschwindigkeit sein, mit der die Anpassung an veränderte Markt-Rahmenbedingungen erfolgt, und die Schnelligkeit, mit der das Unternehmen mit ausgebauten technologischen Möglichkeiten auf den Bedarf

---

748 Vgl. Berger/Schmidt (2000), S. 1156; Schmid (1994), S. 91.
749 Vgl. Deuringer (2000), S. 4.
750 Vgl. Banham (1999), S. 13; Noehrbass (2000), S. 1108; Stürz/Birkental/Wissmann (1998), S. 396.

von Zielgruppen reagieren kann.[751] Dies kann u.a. durch die Einführung eines Kontrollsystems erreicht werden, etwa in Form von Benchmarking und einer ausgereiften Budget-Organisation, mit deren Hilfe die Schlagkräftigkeit des IVM laufend beurteilt und gesteuert wird.

D.III.1.4 Exkurs: Captive Brokers

Da Captive Brokers in Deutschland auf der einen Seite direkte Konkurrenten des IVM sind, sich für Letztere auf der anderen Seite durch die (teilweise) Ähnlichkeit der Geschäftsgegenstände weitreichende Kooperationspotentiale ergeben, erfolgt in den nachfolgenden Abschnitten eine Erörterung der Aufgabe von Captive Brokers, den Möglichkeiten einer Zusammenarbeit (insb. in Form von Joint Ventures mit dem IVM) sowie ein direkter Vergleich der beiden Broker-Formen.

D.III.1.4.1 Aufgabe und Marktanteile

Firmenverbundene Versicherungsvermittlungsgesellschaften, sog. Captive Broker, sind ausgegliederte Tochtergesellschaften von Industrieunternehmen, die das Risk Management ihres Mutterkonzerns und dessen Versorgung mit ausreichendem Versicherungsschutz zum zentralen Geschäftsgegenstand haben. Ihr Hauptvorteil liegt in der Vereinnahmung der sonst an den außenstehenden Makler zu zahlenden Courtage.[752] Dies war auch das wesentliche Motiv für die Ausgründung firmeneigener Versicherungsvermittlungsgesellschaften: Um Verstöße gegen das Provisionsabgabeverbot[753] zu vermeiden, müssen Captive Brokers rechtlich selbstständige Gesellschaften sein. Obwohl sie

751 Vgl. Noehrbass (2000), S. 1109.
752 Vgl. Eickstädt (2001), S. 12.
753 S. Abschnitt D.II.6.2.

primär der Muttergesellschaft verpflichtet sind, sind sie rechtlich wie ein unabhängiger VM einzuordnen.[754]

Infolge einer starken Gründungswelle von Captive Brokers in den 60er Jahren durch Konzerne und Firmen ergab sich eine Marktanteilsverringerung für IVM, die sich daraufhin stärker um mittelständische Unternehmen und erstaunlicherweise noch nicht um das stark anwachsende Segment informierter, kritischer oder vermögender Privatkunden bemühten, also um Teilmärkte, in denen traditionell Mehrfachagenten und große Generalagenten tätig waren.[755] Im Gegensatz zu den angelsächsischen Industrieversicherungsmärkten, die als reine Maklermärkte gelten und in denen Captive Brokers - auf Grund der schon vor Jahrzehnten gegebenen Professionalität der Makler und deren anerkannter Wertschöpfung sowie auf Grund des dort nicht bestehenden Provisionsabgabeverbotes (als entscheidendes Gründungsmotiv für Captive Brokers in Deutschland) - eine wesentlich kleinere Rolle spielen, liegen die Marktanteile firmenverbundener Vermittlungsgesellschaften im Industrieversicherungsgeschäft in Deutschland bei ca. 20% (In den USA und Großbritannien nur bei rund 5%).[756]

D.III.1.4.2 Joint Ventures

Um wirtschaftlichen Ineffizienzen auf Grund mangelnder Unabhängigkeit und Marktkenntnis entgegenzuwirken haben sich in Deutschland einige Captive Brokers einem unabhängigen IVM angeschlossen, indem sie ihm eine Anteils- und Management-Beteiligung gewährten. Diese Joint Ventures, auch als „Gemeinschaftsunternehmen" bezeichnet, sind eine

[754] Vgl. Farny (1995), S. 630.
[755] Vgl. Traub (1995), S. 18.
[756] Im Bereich der industriellen Spitzenrisiken beziffert Scheele 1992 den Marktanteil von Captive Brokers - sicherlich etwas hoch gegriffen - sogar mit 65%. Vgl. Scheele (1992), S. 220.

Sonderform des Captive Brokers und haben in der Literatur noch keine Beachtung gefunden.

Aon blieb beim Aufbau von Gemeinschaftsunternehmen - soweit erkennbar - bislang erfolglos, die Marsh GmbH hingegen hält solche Beteiligungen an den Captive Brokers der Deutsche Bahn AG, Deutsche Post AG, ENBW AG, Flughafen München, Philipp Holzmann AG, Südzucker AG, VEW AG und Volkswagen AG (s. Abbildung 24). Aus Gründen der Haftungsbeschränkung und bilanziellen Konsolidierung handelt es sich ausschließlich um Minderheitsbeteiligungen des IVM (bis zu max. 49%). Dies soll u.a. auch gewährleisten, dass die Entscheidungsverantwortung beim Kunden (Mehrheitspartner) bleibt.

Abbildung 24: Joint Ventures der Marsh GmbH mit Industriekunden

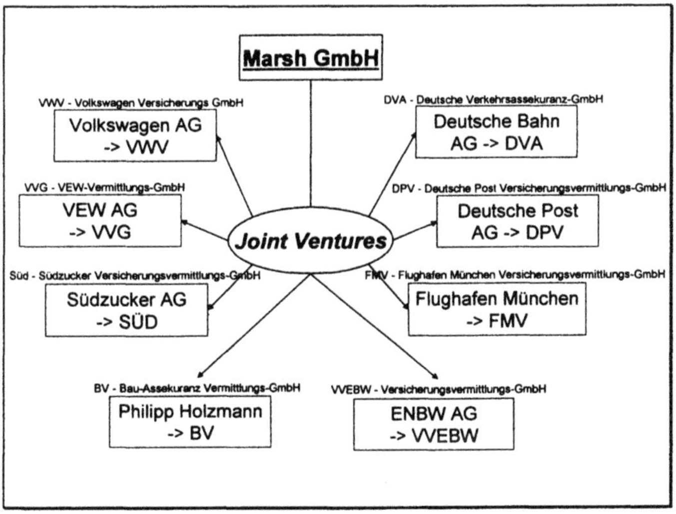

Quelle: Marsh GmbH.

Für die Captive Brokers bedeutet das Joint Venture den Anschluss an internationales Know-how und gewährleistet den Zugriff auf die globale Präsenz des IVM. Obgleich die Form des Gemeinschaftsunternehmens durch Anteils- und Management-Beteiligungen des IVM am Captive Broker die effizienteste Kooperationsform darstellt, sei an dieser Stelle darauf hingewiesen, dass überwiegend andere Formen der Zusammenarbeit existieren. In der Praxis gibt es eine Vielzahl von Fällen, bei denen Captive Brokers dem IVM Teilaufgaben gegen Gebühr überlassen. Diese kümmern sich dann um bestimmte spezifizierte Risiken, erstellen Risikoanalysen oder wirken bei der Minimierung von Risiken mit. Auch die Betreuung von Auslandstöchtern eines Industriekunden kann vom Captive Broker in den Aufgabenbereich des IVM übertragen werden. Aon bspw. betreut die Auslandstöchter eines großen deutschen Chemiekonzerns. In Einzelfällen, wie im Fall eines deutschen Konzerns in der Werkzeug- und Elektroindustrie, werden Makler (hier Marsh) als Berater vom Captive Broker herangezogen. Sie fungieren dann als „Sparrings-Partner" oder „Know-how-Provider".

D.III.1.4.3 Captive Brokers vs. IVM

Captive-Brokers haben den großen Vorteil, dass sie den „eigenen" Konzernverbund besser kennen, dass der Gewinn aus dem Versicherungsgeschäft im Konzern bleibt, und dass sie dem Unternehmen stärker als die Makler verpflichtet sind.[757] Trotz Ergebnisverantwortung kann ein Captive Broker jedoch nicht uneingeschränkt als Profit Center angesehen werden, da nicht die Erzielung maximaler Periodenerlöse im Vordergrund stehen sollte, sondern die optimale Versorgung des Mutterkonzerns mit Versicherungsschutz zu minimierten Kosten und damit auch zu minimierten Eigenerträgen (Sachzieldominanz).[758]

Induzierte Kosten durch die Prinzipal-Agenten-Problematik werden - im Vergleich zu der Alternative eines externen IVM

[757] Vgl. Eickstädt (2001), S. 14; Moll-Iffland (1997), S. 475.
[758] Vgl. Eickstädt (2001), S. 13; Schimming (1982), S. 165.

- reduziert.[759] Dies bedeutet aber nicht zwangsläufig, dass die Dienstleistung des Captive Brokers bei gleichem Preis qualitativ hochwertiger oder - bei Inkaufnahme von Qualitätsverlusten - preiswerter als die des IVM ist. Somit wird die wirtschaftliche Zweckmäßigkeit des Captive Brokers zur zentralen Frage seiner Existenzberechtigung. Selbst bei gegebener wirtschaftlicher Zweckmäßigkeit birgt die Gründung eines Captive Brokers jedoch die Gefahr der Überversicherung: Versicherungsprogramme werden eher risikoavers als kostenminimal gestaltet, damit im Schadenfall nicht Rechenschaft darüber abgelegt werden muss, warum ein bestimmtes Risiko nicht ausreichend versichert wurde.[760]

Dem Argument, der Captive Broker verfüge über unternehmensinterne Daten, die einem externen IVM aus Gründen der Geheimhaltung nicht zugänglich gemacht werden dürfen,[761] ist entgegenzuhalten, dass - soweit ersichtlich - in der Vergangenheit noch kein Industriekunde einen Schaden dadurch erleiden musste, dass er dem IVM betriebsinterne Informationen zukommen ließ. Im Gegenteil: Es ist ja gerade Aufgabe des IVM, sämtliche risikorelevanten Daten seines Kunden zu kennen und zu erkennen, um qualitativ hochwertige, maßgeschneiderte Absicherungskonzepte erstellen zu können. Ohnehin liegt es auch im Eigeninteresse des IVM, seiner im Maklervertrag festgehaltenen Schweigepflicht nachzukommen.

Obgleich vielen firmeneigenen Maklern gemeinhin ein hohes Niveau und große Fachkompetenz bescheinigt wird,[762] bleibt anzuzweifeln, ob die Marktkenntnisse eines abhängigen Beraters denen eines unabhängigen entsprechen können.[763] Nur jeder fünfzigste Captive Broker betreibt in Deutschland überhaupt ein erwähnenswertes Fremdgeschäft - einschließlich

759 Vgl. Herold/Jörissen (1998), S. 672.
760 Vgl. Hertel/Sartorius (1994), S. 102.
761 Vgl. Schimming (1982), S. 161.
762 Vgl. Eickstädt (2001), S. 14.
763 Vgl. o.V. (1998c), S. 65.

Mitarbeitergeschäft.[764] Vor diesem Hintergrund kann ein langfristiger wirtschaftlicher Erfolg durch Kostenvorteile im Vergleich zum IVM allenfalls unter der bewussten Inkaufnahme von Qualitätsverlusten erzielt werden. Farny[765] sieht im Captive Broker eine „gelungene Synthese aus Risk Manager und Vermittler". Allerdings stellt die zwangsläufige Gegenläufigkeit zweier Interessen des Captive Brokers, einerseits für den Mutterkonzern qualitativ hochwertiges Risk Management zu betreiben und andererseits sein eigenes Gewinnstreben, die Existenz eines solchen „idealen" Captive Brokers in Frage. Durch die abnehmende Bedeutung des Versicherungsschutzes innerhalb von Risikoabsicherungsprogrammen wird die Optimierung desselben nur schwer als Hauptaufgabe zu rechtfertigen sein und zwingt zu einer betrieblichen Neuausrichtung.[766]

Auch in Zukunft wird sich daher der Trend der vergangenen Jahre[767] fortsetzen, bei dem Marktanteile firmenverbundener Versicherungsvermittler an IVM abgegeben wurden.[768] Dabei stellen die geschilderten Joint Ventures in den Augen des Verfassers nur Übergangslösungen zu einem weitgehenden Outsourcing des Risk Managements dar. Die heutige Managergeneration, die Entscheidungen auf der Grundlage objektiver Wirtschaftlichkeitskriterien und nur in geringem Maße auf Grundlage eines über die Jahre gewachsenen Organisations- und personalen Beziehungsgeflechtes trifft[769], wird aus Effizienz- und Kostenreduktionsgründen auf die Beratung durch die großen Maklerhäuser übergehen.

---

764 Eine Ausnahme ist hier die debis Assekuranz Makler GmbH, die einen nachweislichen Fremdgeschäftsanteil von mindestens 20% - 25% hat. (Eigenen Angaben zufolge liegt dieser sogar bei 50%).

765 Vgl. Farny (1995), S. 630.

766 Vgl. Conley (1999), S. 14.

767 Bereits 1990 war die Anzahl firmenverbundener Vermittler, infolge der Intransparenz von Deckungsalternativen und der erhöhten Angebotsvielfalt, rückläufig. Vgl. Hoock/Schönberg (1990), S. 210.

768 Vgl. Hoock/Schönberg (1990), S. 211.

769 Vgl. Schlicht (1998), S. 184.

Mit der zukünftigen Möglichkeit, einzelne Teilleistungen von unabhängigen IVM extern zu beziehen und diese in Form von Honoraren separat vergüten zu können, entfällt die wirtschaftliche Existenzberechtigung von Gemeinschaftsunternehmen, die in der Vergangenheit auf der Belastung der zu zahlenden Versicherungsprämie mit Courtagesätzen bis zu 20%[770] beruhte. Eine leistungsgerechte Entlohnung auf Gebührenbasis, mit einer von beiden Vertragsparteien als angemessen angesehenen Vergütungshöhe, wird durch die Offenlegung der Kostenstrukturen des IVM ermöglicht.[771]

Unterstellt man eine baldige und abschließende Klärung der Rechtmäßigkeit von Honorarvergütungen, dann verliert der berechtigte Vorwurf vergangener Jahre, ein Captive Broker sei nichts anderes als eine „Provisionsabschöpfungsstelle",[772] vor diesem Hintergrund an Substanz, da die Gebühren leistungsgerecht und nicht - wie im Provisionsfall offensichtlich angenommen - zu hoch ausfallen. Für Industriekunden geht es dann nicht (mehr) darum, einen den leistungsäquivalenten Entlohnungsanteil übersteigenden Vergütungsanteil abzuschöpfen bzw. im Konzernverbund zu belassen, sondern vielmehr um die Frage nach dem Anbieter (intern/extern) der qualitativ hochwertigsten (preiswertesten) Leistung zu gleichem (gleicher) Preis (Qualität). Diese Fragestellung begünstigt auf Grund von Unabhängigkeit, globaler Präsenz und Marktkenntnis eindeutig den IVM. Insofern ist der Captive Broker als eine auf Grund des Provisionsabgabeverbotes über die Jahre hinweg entstandene und in Deutschland sehr ausgeprägte, vor dem Hintergrund sich verändernder Risk Management-Schwerpunkte und Vergütungsstrukturen, aber überholte Form des Versicherungsvermittlers anzusehen.

---

770 Vgl. Baumann (1996), S. 219; Spielberger (1988), S. 123.
771 Vgl. o.V. (19991), S. 201.
772 Vgl. Scheele (1993), S. 151; Traub (1995), S. 21f.

D.III.1.5 Internationale Organisationsstrukturen am Beispiel des Marktführers

Weltweiter Marktführer im industriellen und großgewerblichen Insurance Broking-Geschäft ist Marsh Inc., Tochterfirma von Marsh McLennan Cos. Inc. (MMC), das neben der Risiko- und Versicherungsmanagement-Sparte mit der Mercer Consulting Group Inc. und Putnam Investments Inc. auch strategische Unternehmensberatung und Investment Management / Vermögensverwaltung betreibt (s. Abbildung 25). Mit 380 Niederlassungen in 100 Ländern und rund 30.000 aus 58.000 Mitarbeitern ist das von Marsh Inc. betriebene Risiko- und Versicherungsmanagement-Geschäft als Kerngeschäft von MMC zu sehen: Im Geschäftsjahr 2000 betrug der Umsatz von Marsh Inc. $ 4,8 Mrd., 47% des weltweiten Umsatzes von MMC.

Abbildung 25: Marsh - Der Konzern im Überblick

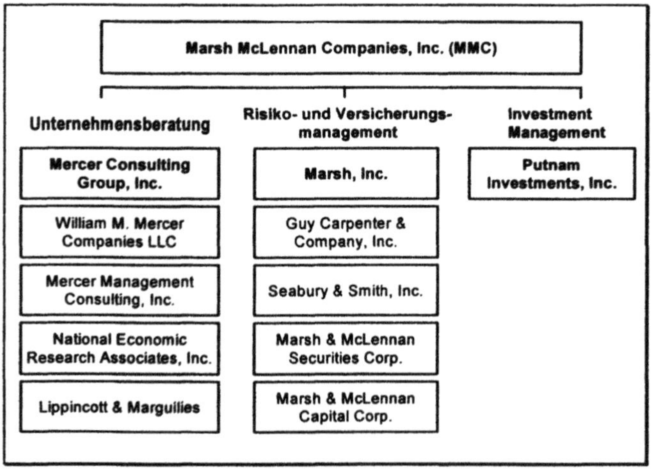

Quelle: Marsh & McLennan Cos. Inc.

Die Marsh GmbH ist eine deutsche Tochterfirma von Marsh Inc. und hieß bei der Einbringung in den Marsh-Konzern 1990 Gradmann & Holler. Das Risikomanagement- und Direktmaklergeschäft als Kerngeschäft wird durch die Marsh GmbH und ihren Töchtern RMB Risk Management Beratungs-GmbH und den in Abschnitt D.III.1.4.2 behandelten Joint Ventures (s. Abbildung 26) betrieben. Weitere Tochtergesellschaften sind William M. Mercer GmbH (Beratung für betriebliche Altersversorgung und Personalberatung) und Guy Carpenter & Co. GmbH (Rückversicherungsmakler).

Abbildung 26: Organigramm der Marsh GmbH

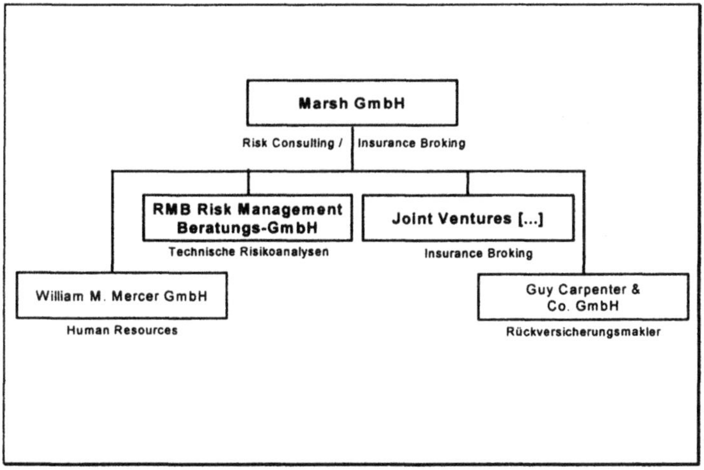

Quelle: Marsh GmbH.

D.III.2 Strukturelle Entwicklungsmöglichkeiten

Zwar konzentriert sich diese Arbeit der Themenstellung gemäß auf deutsche IVM, doch in Bezug auf strukturelle Entwicklungsmöglichkeiten ist es bei gegebener Internationalität der Geschäftspraktiken sinnvoll, den deutschen IVM der Marsh-Gruppe nicht isoliert, sondern im Kontext seiner globalen Einbindung in den Marsh-Konzern zu betrachten und so die Veränderungen in der Organisationsstruktur - hier beispielhaft - auf Marsh Inc. zu projektieren.

Den nachfolgenden Überlegungen liegen zwei Annahmen zugrunde:

1. Realitätsnah wird davon ausgegangen, dass die Märkte auch weiterhin zusammenwachsen und der Trend der Globalisierung anhält bzw. sich weitergehend intensiviert.[773]

2. Gewählte Strukturen müssen effiziente organisatorische Umsetzung des Industriekundenwunsches nach globalen Absicherungslösungen widerspiegeln.

Ziel der Diskussion in den nachstehenden Abschnitten ist es, eine zukunftsfähige Aufbauorganisation für einen global tätigen IVM aufzuzeigen. Sie beruht auf einer Vorstellung, die den IVM als Bestandteil eines Finanzkonglomerates sieht, das neue bzw. neuartige Marktpartner sucht und sie strukturell integriert, sofern dies nicht zu einer Interessenkollision im Sinne der Geschäftsgegenstände führt. Die Vorstellung der zukünftigen Organisationsstruktur ist, wie alle unternehmerischen Visionen, die Wahrnehmung der zukünftigen Identität des Unternehmens und der dadurch ausgelöste Prozess der Veränderung.[774] Das erarbeitete Strukturmodell soll daher keine Strukturprognose, sondern vielmehr gedanklicher Ausgangspunkt für strukturelle Weiterentwicklungen sein.

D.III.2.1 Mögliche Organisationsformen

Das Hauptproblem bei der Gestaltung internationaler Organisationsstrukturen liegt in der Gewährleistung, dass

- die Entscheidungs- und Handlungsspielräume der in den einzelnen Ländern tätigen Unternehmensführungen ausreichend groß sind, um auf die spezifischen Gegebenheiten vor Ort eingehen und diese nutzen zu können, und

[773] Vgl. Grothaus (1998), S. 477.
[774] Vgl. Buchner (1995), S. 15.

- gleichzeitig das einheitliche Auftreten des Unternehmens am Weltmarkt gesichert ist.[775]

Obgleich Marsh Inc. inzwischen in 100 Ländern tätig ist, kann man nicht von einem „wahren" globalen Unternehmen sprechen. 50% des Umsatzes wird nach wie vor in Nordamerika erzielt, weitere 35% teilen sich hälftig auf Großbritannien und Kontinentaleuropa auf. Nachdem Marsh seine internationale Präsenz durch den umfangreichen Aufkauf nationaler IVM in den vergangen Jahren rasch vorantrieb, geht es nun darum, die einzelnen Niederlassungen organisatorisch einzugliedern und eine Organisationsstruktur zu schaffen, bei der die zukünftigen Kundenbedürfnisse Ausgangspunkt der Neuorganisation sind. Die Organisationsstruktur muss eine innerbetriebliche Effizienz derart gewährleisten, dass sie kurze Entscheidungswege mit dezentralen (länderbezogenen) Entscheidungen, bei gleichzeitiger Wahrung der Kongruenz mit den von der weltweiten Unternehmensführung vorgegebenen Unternehmenszielen ermöglicht. Grundsätzlich sind drei organisatorische Grundmodelle vorstellbar, die sich jeweils nach dem Grad der Entscheidungszentralisation bzw. -dezentralisation unterscheiden. Die Organisation kann global, multinational oder transnational gestaltet sein.

D.III.2.1.1 Globale und multinationale Organisation

Globale Organisationsstrukturen sind durch Entscheidungszentralisation und die weltweite Zuständigkeit der Unternehmensleitung gekennzeichnet.[776] Grundsätzlich bewirkt dies eine Stärkung der zentralen Unternehmensleitung und eine Schwächung der einzelnen Landesführungen.[777] Im Extremfall würde dies für Marsh bedeuten, dass alle operativen und strategischen Entscheidungen nur in Absprache mit der

---

[775] Vgl. Bühner (1994), S. 155.
[776] Vgl. Bühner (1994), S. 155.
[777] Vgl. Pausenberger (1992), Sp. 1062ff.

zentralen Unternehmensleitung in New York erfolgen müssten, regionen- oder länderbezogene Entscheidungsträger wären an die Weisungen aus New York gebunden.

Diese ursprünglich angedachte, stark ausgeprägte Entscheidungszentralisation führt zu einem Mangel an Flexibilität und zu langwierigen Kommunikationsprozessen und damit zu einem Verlust an Effizienz.[778] Gerade beim IVM ist der Effizienzverlust auf Grund länderspezifischer Unterschiede der Versicherungsmärkte besonders groß. Zu den länderspezifischen Unterschieden, die meist auf rechtliche/steuerliche Bestimmungen zurückzuführen sind, zählen verschiedene Absicherungsmentalitäten und Risikophilosophien der Kunden, unterschiedliche Aufgabenbereiche nationaler Versicherer sowie abweichende Auffassungen über das Aufgabengebiet des IVM.

Eine multinationale Organisationsstruktur, im Gegensatz zur globalen, ist durch starke Entscheidungsdezentralisation und hohe Entscheidungsautonomie der Unternehmensleitungen in den einzelnen Ländern gekennzeichnet. Die zentrale Geschäftsleitung hat geringen Einfluss und gibt nur Rahmenrichtlinien vor.[779] Die Zweckmäßigkeit einer Delegation von Entscheidungsautonomie ist an zwei Bedingungen gebunden.[780] Erstens muss die Möglichkeit bestehen, den Unternehmenseinheiten in den einzelnen Ländern autonome Komplexe von Teilentscheidungen zuzuweisen, um unnötige Abstimmungsprozesse zu vermeiden. Zweitens müssen aus dem übergeordneten Unternehmensziel Kriterien abgeleitet werden können, die den einzelnen Landesführungen verbindlich vorgegeben werden, um eine zielkonforme Ausfüllung des Entscheidungsspielraumes zu gewährleisten.

[778] Vgl. Bühner (1994), S. 156.
[779] Vgl. Bühner (1994), S. 156.
[780] Vgl. z.B. Frese (1998), S. 304, der in diesem Zusammenhang von Unternehmungen mit „länderübergreifenden" Strategien spricht.

Die multinationale Organisationsstruktur hat den Vorteil, dass die Lernfähigkeit der Organisation als Ganzes dadurch gefördert wird, dass einzelne Mitarbeiter und Führungskräfte zum Lernprozess beitragen und sich gegenseitig bei den jeweiligen Wissensquellen des Systems bedienen können.[781] Andererseits birgt die Struktur auch die Gefahr, dass Aufwendungen auf Grund unterlassener Kommunikation der einzelnen Bereiche doppelt entstehen. Die Koordination der einzelnen Bereiche und die Sicherstellung einer unternehmenseinheitlichen Strategie ist somit schwieriger.[782]

D.III.2.1.2 Transnationale Organisation

Eine transnationale Organisation verbindet die beiden Konzepte globaler und multinationaler Organisationsstrukturen (s. Abbildung 27) und versucht, die jeweiligen Nachteile zu vermeiden. Im Vordergrund steht hier das Ziel, sich an die unterschiedlichen nationalen Bedürfnisse und Anforderungen anzupassen und gleichzeitig die Wettbewerbsfähigkeit durch effiziente und leistungsstarke Steuerungs- und Koordinationsmechanismen sicherzustellen.[783]

---

781 Vgl. Reichwald/Koller (1996), S. 109.
782 Vgl. Bühner (1994), S. 157.
783 Vgl. Bühner (1994), S. 157; ders. (1993), S. 489.

Abbildung 27: Die transnationale Organisation als Synthese aus globaler und multinationaler Organisation.

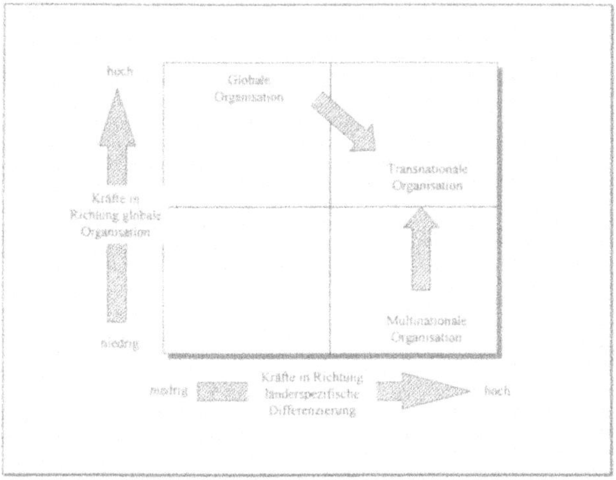

Quelle: Bühner (1993), S. 490.

Bei der transnationalen Organisation werden die im Ausland agierenden Betriebseinheiten als Quellen von Ressourcen und Wissen angesehen.[784] Die transnationale Struktur dient zum einen der unternehmensweiten Nutzung von regionalem Know-how im Sinne eines innerbetrieblichen „Lead Country-„[785] oder „Best Practice“-Konzeptes und zum anderen der Belassung von ausreichender dezentraler Entscheidungsmacht, um länderspezifische Gegebenheiten berücksichtigen zu können, ohne dass dies zu Doppelarbeit führt oder zu Lasten einer unternehmenseinheitlichen Strategie geht. Aufgabe der zentralen Unternehmensleitung ist es, eine Unternehmens-(gesamt-)strategie vorzugeben, Ressourcen länderspezifisch zu verteilen, die Standorte mit ausreichend qualifizierten Mitarbeitern auszustatten und Entscheidungsfindungsprozesse klar zu definieren.[786]

---

784 Vgl. Bühner (1994), S. 157; ders. (1993), S. 490.
785 Vgl. Frese (1998), S. 305 und die dort angegebene Literatur.
786 Vgl. Bühner (1993), S. 490.

Als nicht zu vernachlässigende, große Herausforderung erweist sich dabei die Schaffung eines unternehmenskulturellen[787] Ausgleichs, mit dem es gelingt, das Spannungsfeld zwischen (kompletter) weltweiter Vereinheitlichung („Assimilation") und landesspezifischer Kulturbewahrung („Segregation") zu überbrücken.[788] Als Ergebnis kultureller Integration wird idealerweise ein „Fließgleichgewicht" zwischen der Wahrung der kulturellen Identität der einzelnen Landesgesellschaften und der Anpassung an die Kultur der Muttergesellschaft erzielt.[789]

Für den IVM gilt es daher, eine effiziente transnationale Organisationsstruktur zu schaffen, deren Resultat im Idealfall eine gelungene Synthese aus globaler und multinationaler Organisationsstrategie und einer kulturellen Assimilation einerseits und kulturellen Segregation andererseits darstellt.

D.III.2.2 Der IVM als Teil eines Allfinanz-Konzerns?

Ein Allfinanz-Konzern zeichnet sich durch seine Zielsetzung aus, mit einem marktumspannenden Leistungsangebot Ansprechpartner für alle finanzielle Belange seiner Kunden zu sein.[790] Zu verstehen ist Allfinanz als „zusammenfassende Bezeichnung für die zahlreichen markt- und marketingstrategischen Bestrebungen und Aktivitäten sowohl von Banken als auch von Nicht-Banken [...], kundenbedarfs- bzw. kundengruppenbedarfsorientiert ein umfassendes Angebot an Leistungen, die mit Geld und Finanzen im weitesten Sinn zu tun haben, aus einer Hand anzubieten"[791]. Als solches ist Allfinanz das Ergebnis eines konglomeraten Diver-

787 Mit Unternehmenskultur sind die Wertvorstellungen, Denkweisen, Normen und interpersonellen Strukturen einer Gesellschaft gemeint. Vgl. dazu Bühner (1997), S. 298ff; Schmalen (1993), S. 139.

788 Zur Bedeutung der Unternehmenskultur in global agierenden Unternehmen vgl. z.B. Reinecke (1989); Schreyögg (1993), S. 149-170.

789 Vgl. Frese (1998), S. 307.

790 Vgl. Bülow (1995), S. 25; Büschgen (1992), S. 29-31.

sifikationsprozesses im monetären Sektor.[792] Die konglomerate Diversifikation stellt dabei eine „gegenseitige Marktdurchdringung“[793] unabhängiger Spartenanbieter dar, die ihr Leistungsangebot auf Geschäftsfelder ausdehnen, die keinen Bezug zum originären Stammgeschäft aufweisen.[794]

Geschichtlich gesehen durchlief die Allfinanz-Entwicklung auf den Finanzmärkten im Wesentlichen drei Stufen.[795] Während die erste Phase aufsichtsrechtlich erzwungene Arbeitsteilung beschreibt (Anfang des 20ten Jahrhunderts bis Ende der 50er Jahre), bei der die Banken für die Bildung von Geld- und Sachvermögen und die Versicherungsgesellschaften für die Bereitstellung von Absicherungsleistungen zuständig waren,[796] ist die zweite Phase (Ende der 50er Jahre bis 1980) durch intrasektorale Wettbewerbsintensivierung gekennzeichnet, in der die Finanzdienstleister auf ihrem jeweiligen Teilmarkt die arbeitsteilige Bedienung unterschiedlicher Kunden durch unterschiedliche Anbieter durchbrechen.[797] Intersektoraler Wettbewerb, bei dem die Kundenorientierung selbst vor der klassischen Branchentrennung keinen Halt mehr macht, kennzeichnet die dritte Stufe der historischen Entwicklung[798] und kann als Auslöser moderner Allfinanz-Überlegungen gesehen werden.[799]

Allfinanz-Zusammenschlüsse dienen der Befriedigung einer Bündelnachfrage nach verschiedenen Produkten im finanziellen Sektor sowie der Abschöpfung der Konsumentenzahlungs-

---

791 Büschgen (1992), S. 30.
792 Vgl. Bülow (1995), S. 25.
793 Vgl. Hahn (1988), S. 192; Lütke-Bornefeld (1990), S. 970.
794 Dies ist nur eine mögliche Definition für „konglomerate Diversifikation“, da in der Literatur keine allgemeingültige Begriffsbestimmung anzutreffen ist. Zu den verschiedenen Entwicklungsstufen und Definitionsansätzen von konglomerat diversifizierten Unternehmen vgl. Bühner (1993), S. 299f.
795 Vgl. Bülow (1995), S. 27.
796 Vgl. Bülow (1995), S. 14ff.
797 Vgl. Bülow (1995), S. 27.
798 Vgl. Hahn (1988), S. 191ff.

bereitschaft.[800] Aktuellstes Beispiel ist die geplante - und falls tatsächlich umgesetzt - unmittelbar bevorstehende Übernahme der Dresdner Bank AG durch die Allianz AG.[801] Genau genommen handelt es sich bei Allfinanz-Fusionen in Unterscheidung zu Markterweiterungszusammenschlüssen, bei denen dieselben Produkte auf unterschiedlichen Märkten angeboten werden, um Produkterweiterungszusammenschlüsse, die auch als Grenzfall horizontaler Diversifikation gesehen werden könnten[802] und sich dadurch von „reinen" konglomeraten Fusionen unterscheiden.[803]

Während Allfinanzüberlegungen der Vergangenheit sich häufig auf die Zusammenarbeit von Banken und Versicherungsgesellschaften beschränkten,[804] soll nachfolgenden Überlegungen eine weitergehende Begriffsabgrenzung von Allfinanz zugrunde liegen, die auch die Integration von Finanzberatungen und nicht, wie zu begründen sein wird, allein die Integration von Versicherungsgesellschaften umfasst.[805] Da die Diskussion aus der Sicht von IVM geführt werden soll, stehen zwei Themenkomplexe im Mittelpunkt: zum einen die Frage nach geeigneten Marktpartnern für den IVM und zum anderen die Frage nach der Ausgestaltung von Organisationsstrukturen, die eine effiziente Zusammenarbeit mit diesen Marktpartnern im internationalen Geschäft ermöglichen.

---

799 Vgl. Bülow (1995), S. 27.
800 Vgl. Bülow (1995), S. 26.
801 Gleichzeitig plant die Allianz Ihre Anteile an der Hypo Vereinsbank an die Münchner Rück abzutreten. Damit entstünden zwei große Allfinanzgruppen in Deutschland: Die Allianz mit der Dresdner Bank und die Münchner Rück mit der Hypo Vereinsbank. Vgl. o.V. (2001e), S. 1, 25.
802 Vgl. Kahl (1992), S. 11-14.
803 Vgl. Frankus (1972), S. 13; Zu der Unterscheidung zwischen „reinen" und „gemischten" Finanzkonglomeraten vgl. auch Deutsche Bundesbank (1994), S. 52.
804 Vgl. u.a. Betsch (1992), S. 15-21; Berge/Verweire (2000); Büschgen (1987), S. 1116-1124; Büschgen (1992); Kuntze (1989), S. 716-720; Lütke-Bornefeld (1990), S. 970-975; Süchting (1991), S. 177-192; Wittenberg (1990), S. 26-28.
805 Vgl. ähnlich Farny (1991), S. 161f., der darauf hinweist, dass der Begriff „Allfinanz" sich nicht immer auf Banken und Versicherungen

D.III.2.3 Marktpartner

D.III.2.3.1 Finanzberatungen

Finanzberatungen, wie auch die im folgenden Abschnitt behandelten Investmentbanken, stellen für internationale IVM auf Grund des veränderten Leistungsangebotes essentielle Marktpartner dar. Die gestiegene Bedeutung beratender Elemente bewirkt beim IVM einen wachsenden Bedarf an Beratungs-Know-how im Finanzbereich. Zu diesem kann sich der IVM durch Zusammenarbeit mit einem - oder gar durch die Integration eines - Finanzberater(s) Zugang verschaffen. Dadurch wird nicht nur ein gegenseitiger Erfahrungsaustausch gewährleistet, sondern der IVM versetzt sich strategisch in die Lage, mit anderen Unternehmensberatungen, die sich im Bereich Risk Management und Finanzberatung engagieren, direkt und gleichwertig konkurrieren zu können.

Gerade bei der Finanzberatung besteht für den IVM ein erhebliches Potential, seinen Umsatz auszuweiten, indem er sein Angebot z.B. auf betriebliche Altersversorgungsberatung und individuelle Vorsorgeberatung für Kundenmitarbeiter ausweitet. Beides sind Bereiche, in denen die Zusammenführung von eigenem Wissen und Know-how aus anderen Branchen die Erzielung grenzkostengünstiger Umsätze ermöglicht.

D.III.2.3.2 Investment- und Geschäftsbanken

Obgleich in Kontinentaleuropa das Universalbankensystem vorherrscht, ist es im Kontext der Überlegungen hinsichtlich geeigneter Marktpartner für IVM zweckmäßig, Investment- und Geschäftsbanken getrennt zu betrachten: Erstens

---

beschränkt. Vielmehr sind die Grenzen zu „Near-Bank"- und „Non-Bank"-Geschäften fließend.

differieren die Geschäftsfelder beider Unternehmensarten - selbst bei organisatorischer Zusammengehörigkeit - deutlich voneinander. Zweitens zieht das Trennbankensystem in den USA und Großbritannien, den Stammländern der drei größten Maklerhäuser, eine institutionelle Grenze zwischen der Durchführung von Wertpapiergeschäften (durch Investmentbanken) und der Abwicklung des Einlagen- und Kreditgeschäftes (durch Geschäftsbanken) und begründet die getrennte Entwicklung der beiden Bankensysteme in diesen Ländern. In Großbritannien ist sie historisch bedingt, in den USA wurde die Trennung mit dem Glass Steagall Act von 1933 vorgeschrieben.[806] Ursache war der Börsencrash Ende der 20er Jahre[807] und die anschließende Weltwirtschaftskrise.

Investmentbanken stellen ob ihrer Kenntnisse im Umgang mit Finanzierungsprodukten und deren Platzierung im Kapitalmarkt[808] und auf Grund ihrer umfangreichen Kontakte zu Investoren für IVM attraktive Marktpartner dar.[809] Synergiepotentiale ergeben sich vor allem in Bezug auf die zahlreichen spezialisierten Rückversicherungsgesellschaften, die die Investmentbanken als Tochterunternehmen zur Zeichnung und anschließenden Platzierung am Kapitalmarkt gegründet haben.[810] Im Zuge der verstärkten Marktmacht der Investmentbanken in diesem Bereich,[811] reflektiert z.B. durch deren steigende Marktanteile im Emissionsgeschäft von Insurance-linked Bonds,[812] gewinnt eine verstärkte, engere Zusammenarbeit an Bedeutung.

---

806 In der Regel wird der Glass Steagall Act als Ursache des Trennbankensystems angesehen. Tatsächlich bestanden jedoch schon viel früher juristische Vorschriften, die den gegenseitigen Ausschluss verschiedener Finanzgeschäfte regelten. Diese finden sich im Free Banking Act von 1863 sowie in deren konstanter Auslegung durch den Supreme Court seit 1876. Vgl. dazu bspw. Schwintowski/Schäfer (1997), S. 138f.

807 Vgl. hierzu z.B. Cecchetti (1997); King (1999).

808 Vgl. Nakada/Stevens/Berre (2000), S. 307f.

809 Zum Tätigkeitsgebiet und Geschäftsgegenstand von Investmentbanken vgl. Achleitner (1999).

810 Z.B. Arrow Re (Goldman Sachs), Entreprise Re (Morgan Stanley), Lehman Re (Lehman Brothers). Vgl. Eickstädt (2001), S. 241.

811 Vgl. Herold/Paetzmann (1997), S. 671.

Auch für Investmentbanken gilt, dass man sich durch die Integration einer solchen in den Konzernverbund die Möglichkeit verschafft, soz. als „branchenfremder Außenseiter", direkt mit anderen Investmentbanken zu konkurrieren. Die Integration einer Investmentbank führt für beide Marktpartner zu Kostensenkungen im Vergleich zur Alternative des externen Dienstleistungsbezuges. Jeder profitiert von den Spezialisierungsvorteilen des anderen[813] - beim IVM im Risk Management Bereich und bei der Investmentbank im Bereich Finanzinnovationen und Kapitalmarkttransaktionen.

Allerdings ist diese enge Form der Kooperation in Bezug auf andere Marktpartner (z.B. Versicherungsgesellschaften als Kunde der Investmentbank) nicht frei von datenschutzrechtlichen Hindernissen. Bei der Vermögensverwaltung von Versicherungs- und Rückversicherungsgesellschaften könnten diese befürchten, dass Anlageinformationen im Konzernverbund von der Investmentbank an den IVM weitergeleitet werden.[814] Missbrauch muss daher im Vorfeld durch vertraglichen Ausschluss der Weitergabe vertraulicher Informationen verhindert werden.

Während bei Investmentbanken der gegenseitige Know-how-Transfer wertschöpfungssteigernd wirkt, resultieren bei Geschäftsbanken potentielle Verbundvorteile in erster Linie aus gegenseitigen „Cross-Selling"-Möglichkeiten. Tabelle 13 gibt einen Überblick über denkbare Tätigkeitsfelder für den IVM in Zusammenarbeit mit Geschäftsbanken.

---

812 Vgl. Nakada/Stevens/Berre (2000), S. 307.
813 Vgl. Deutsche Bundesbank (1994), S. 51.
814 Zu datenschutzrechtlichen Hindernissen und damit verbundenen Bedenken der Kunden von Allfinanz-Konzepten vgl. Haller (1991), S. 337; Slottko (1992), S. 630.

Tabelle 13: Produkte mit „Cross Selling"-Potential

	Zielgruppe	Tätigkeitsfeld für den IVM	Beispiel
Mergers & Aquisitions	Institutionelle Investoren, die durch Unternehmensübernahmen wachsen wollen	Untersuchungen der Risikointensität im Rahmen von Due-Dilligence-Maßnahmen, insb. im Bereich Human Capital Management, Umwelt und Produkthaftpflicht	Beurteilung von Pensionsrückstellungen und Grundstücksaltlasten
Stilles Factoring	Unternehmen mit hohem Forderungsvolumen	Ein Finanzinstitut kauft Forderungen unter Bevorschussung; die Ausfallrisiken werden (über den IVM) an einen Versicherer verkauft, der das Risiko seinerseits an die Rückversicherungscaptive des Unternehmens weiterleitet. Das Unternehmen erzielt dabei eine außerbilanzielle Vorsorge für traditionell nicht absicherbare Forderungsausfälle bei gleichzeitigem Liquiditätsgewinn durch Bevorschussung	Verkauf von Forderungen gegen 1% Gebühr als Aufwand, keine Versicherungsteuer, Rückfluss von ca. 80% der Gebühr in Form von Prämie an die Captive
Unauthorized Trading	Unternehmen mit hohem Investitionsvolumen (Banken, Versicherungen, Großunternehmen aus Handel und Industrie)	Absicherung des Eigenschadens eines Unternehmens, durch spekulative Fehlentscheidungen hervorgerufen, der im Rahmen des erlaubten Handlungsspielraums entsteht und später durch unerlaubte Verschleierungsakte vergrößert wird	Leeson-Fall bei der Barings Bank, Wertpapierdebakel bei VW
Forschung & Entwicklung	Unternehmen mit hohem F&E-Aufwand	Absicherung gegen ein bestimmtes Ausmaß an fehlinvestierten F&E-Kosten	Autozulieferer entwickelt ohne rechtliche Bindung ein Produkt, das später nicht abgenommen wird
Daten-sicherheit	Unternehmen mit EDV-gestütztem Einkaufs- und Vertriebswesen und Prozesssteuerung	Absicherung des im Unternehmen selbst eintretenden Vermögensschadens (Eigenschaden) durch Manipulation der EDV oder Datenbeschädigung (fahrlässig oder durch "höhere Gewalt")	Prozesssteuerungssoftware wird durch Hacker lahmgelegt, daraus resultierender Produktionsverzug
Ertragsausfall bei Abnehmern	Zulieferer	Absicherung der Zulieferer gegen Ansprüche ihrer Abnehmer bei einem Produktionsausfall, der durch eine verzögerte Leistungserbringung des Zulieferers entstanden ist.	Türschlosslieferant Kiekert, der auf Grund von Softwareproblemen in der Prozeßsteuerung nur bedingt und verzögert an Ford liefern konnte
Produkt-schutz und Erpressung	Unternehmen in der Konsumgüterindustrie	Absicherung der Aufwendungen bei fahrlässiger oder vorsätzlicher Kontamination, bzw. der Drohung mit derselben, was z.B. zu Rückhol- und Vernichtungskosten, entgangenem Bruttogewinn, erhöhten Werbekosten usw. führt	Erpressung des Nestlé-Konzerns
Kidnapping	Unternehmen mit exponierter Stellung und hoher Bekanntheit sowie Niederlassungen in Mittel- und Südamerika, Russland oder Fernost	Absicherung gegen Lösegeldzahlungen und präventives Verhaltensmanagement für bekannte Mitarbeiter und deren Familien	Entführung und Erpressung eines Siemens-Angehörigen in Südamerika
Arbeitgeber-haftpflicht	Unternehmen mit Tochtergesellschaften im angelsächsichen Rechtskreis (USA, Großbritannien, Australien), aber auch zunehmend in Europa	Absicherung der Haftpflicht der Arbeitgeber wegen Vermögensschäden aus der Verletzung von Persönlichkeitsrechten der Arbeitnehmer	Duldung sexueller Belästigung am Arbeitsplatz, Ungleichbehandlung bei Einstellungen oder Kündigungen
⋮	⋮	⋮	⋮

Wenngleich im Rahmen dieser Arbeit in erster Linie die wirtschaftliche Zweckmäßigkeit und nur nachrangig die rechtliche Durchführbarkeit von Zusammenschlüssen der Marktpartner von Interesse ist, soll auf das mögliche kartellrechtliche Hindernis des Trennbankensystems bei der Formierung eines internationalen Finanzkonglomerates hingewiesen werden, das versucht, sowohl eine Investment- als auch eine Geschäftsbank zu integrieren. Im Extremfall könnten Zusammenschlussvorhaben von den zuständigen Fusionsbehörden untersagt werden, auch wenn sich allgemein eine deutliche Auslegungslockerung hinsichtlich des Glass Steagall Act erkennen lässt.[815] Bei ausreichender Transparenz der Organisations- und Managementstrukturen des Konglomerates ist von einer Zusammenschlusserlaubnis auszugehen.[816]

D.III.2.3.3 Versicherungsgesellschaften

Um Umsatzrückgange in den traditionellen Geschäftsfeldern auszugleichen, sind einige Insurance Broker dazu übergegangen, Risiken in Form von Beteiligungen an Versicherungsgesellschaften direkt oder indirekt, durch Einschaltung sog. „Underwriting Agents", selbst zu tragen. Dies war nicht nur durch eine stark wachsende Nachfrage in einigen Nischenmärkten initiiert, sondern diente vor allem der Überbrückung von Kapazitätsengpässen. Hohe Ertragsraten waren allenfalls in einigen ausgewählten und hochspezialisierten Nischenbereichen zu erwarten, die sich bei Versicherungsgesellschaften bislang als problematisch

---

[815] Veränderungen der Marktbedingungen treiben die Entwicklung der Deregulierung zunehmend voran. Die Geschäftsgegenstände von Investmentbanken haben sich - insbesondere unter dem Einfluss von Produktinnovationen im Finanzbereich und daraus resultierender, veränderter Handlungsmöglichkeiten auf den Kapitalmärkten - deutlich vergrößert. Gleichzeitig ist eine rapide Ausweitung der Geschäftstätigkeiten großer Bankhäuser ins Ausland zu beobachten.

[816] Zu der Beaufsichtigung von internationalen Finanzkonglomeraten, denen auch deutsche Gesellschaften angehören, vgl. Deutsche Bundesbank (1994), S. 49-61; Knospe (2000), S. 1747; Haller (1991), S. 327-344.

herausgestellt haben.[817] Die Risikotragung bei den IVM beschränkte sich daher auf diese Bereiche:

Aon hält nicht nur Beteiligungen, die 6% der gesamten Zeichnungskapazität von Lloyd's of London ausmachen,[818] sondern hat verschiedene Abteilungen, die Risiken direkt oder indirekt zeichnen, wie Intrepid Re[819] (speziell für die Übernahme aus ART-Lösungen),[820] Aon Sports, Aon Leisure und Aon Entertainment. Auch Marsh hat im Bereich Risikozeichnung investiert und hält Beteiligungen an den US-amerikanischen Versicherungsgesellschaften ACE Ltd., XL, Centre Reinsurance Holding Ltd. und Mid Ocean, Ltd.[821] Die Tatsache, dass IVM Risiken zum Teil selbst tragen, könnte und hat in der Vergangenheit Anlass dazu geben, über mögliche Fusionen von IVM und Versicherungsgesellschaften zu spekulieren.[822,823] Ist der IVM also auf dem besten Weg, selbst die Funktion des Risikoträgers einzunehmen?

Eine Entwicklungseinschätzung, die den zukünftigen IVM auch als vollwertigen Versicherer sieht, ist nach Meinung des Verfassers abwegig. Der komparative Beratungswert des IVM beruht ja gerade auf seiner Neutralität und Objektivität. Eigenschaften, die Industriekunden ihm gemeinhin auch bescheinigen.[824] Ein Zusammenschluss eines IVM mit einem Versicherer würde eben diesen Wettbewerbsvorteil gegenüber anderen Versicherungsvermittlern verwässern und somit aushöhlen.[825] Versicherungsgesellschaften und IVM werden daher auch in Zukunft als separate Markpartner, im Kontext des in

---

817 „...returns on capital will probably be higher from selectively underwriting a few specialist types of insurance than from general business..." Vgl. Doman/Duchen/Markus (1999), S. 27.
818 Vgl. Doman/Duchen/Markus (1999), S. 27.
819 Vgl. Eickstädt (2001), S. 238.
820 Vgl. Eickstädt (2001), S. 238; Souter (1999), S. 1.
821 Vgl. Berghe/Verweire (1998), S. 17.
822 In den USA gab es in den vergangenen Monaten (seit September 2000) in Versicherungskreisen Spekulationen über eine bevorstehende Übernahme von Marsh durch AIG. Bewahrheitet haben sie sich bislang aber nicht.
823 Vgl. Doman/Duchen/Markus (1999), S. 27.
824 Vgl. Berger/Schmidt (2000), S. 1156.
825 Vgl. Doman/Duchen/Markus (1999), S. 27.

Abschnitt D.III.1.1 erläuterten Versicherungsnetzwerkes, agieren.

D.III.2.4 Zusammenarbeit des IVM mit Versicherungsgesellschaften - Der Industrieversicherer als reiner Risikoträger

Für den IVM sollte es nicht um die Fragestellung gehen, ob er einen Versicherer mit in den Konzernverbund integriert, sondern vielmehr darum, wie er die Zusammenarbeit mit Versicherungsgesellschaften am besten gestaltet und welche Rolle den deutschen Versicherungsgesellschaften dabei zukommt.[826]

Vertragliche Leistungsversprechen, die eine gegenseitige Ertragszuführung zum Gegenstand haben, sind äußerst kritisch zu beurteilen, da dies die Unabhängigkeit des IVM gefährdet. Verschärft wird diese Situation insbesondere dann, wenn der IVM vom Versicherer Gebühren oder Provisionen auf der Basis des zugeführten Geschäftsvolumens erhält.[827] Es besteht die Gefahr, dass der IVM zum „Pseudomakler"[828] wird, der im Außenverhältnis zum Kunden seine Bindung an seine(n) Versicherer nicht offen legt, sondern sich als Makler mit entsprechend uneingeschränkt vermittelbarer Produktpalette geriert.[829] Auch aus aufsichtsrechtlicher Sicht ist die Rechtsfigur des Pseudomaklers eine unerwünschte Konstellation.[830] Insofern ist jede Form der vertraglich zusichernden Zusammenarbeit, auch strategische Allianzen,[831] mit Versicherern bedenklich. Vertragliche Abreden sollten sich daher auf die jeweilige Aufgabenverteilung beschränken.

---

826 Vgl. o.V. (1998i), S. 709f.
827 Vgl. Banham (1999), S. 13, 18.
828 Vgl. Gerlach (1991), S. 892, 898; Keil (1990), S. 311.
829 Vgl. Werber (1988), S. 1159, 1162.
830 Vgl. Matusche (1993) S. 20f.; Möller (1944), S. 44.

D.III.2.4.1 Zwang zur Kostenreduzierung beim Versicherer

Auf Grund der abnehmenden Bedeutung von Versicherung innerhalb der Risikofinanzierung von Unternehmen und auf Grund der seit einigen Jahren andauernden Weichmarktphase beträgt der Beitragsrückgang in der Industrieversicherung seit 1990 jährlich durchschnittlich ca. 4,5%. Mit einer Fortsetzung dieses Abwärtstrends (auch in den kommenden Jahren) wird allgemein gerechnet.[832] Im industriellen Feuergeschäft war der Prämienverfall sogar noch wesentlich deutlicher. Der Rückgang betrug 1998 18,6%, 1999 16,5%, und auch im Jahr 2000 mussten die Industrieversicherer erhebliche, preisbedingte Mindereinnahmen hinnehmen.[833,834] Eine zusätzliche Verschärfung dieser Lage erfährt die Industrieversicherung durch die enorme Zunahme an Schadenzahlungen, vor allem im Großschadenbereich: 1% aller Schäden machen hier in etwa zwei Drittel aller Schadenzahlungen aus.[835] Im deutschen Industriemarkt haben Versicherer somit ein „grundlegendes Preisproblem", das, unabhängig von den „normalen" Zyklen des Versicherungsgeschäfts, Resultat eines weitreichenden strukturellen Umbruchs ist.[836]

Den unerwünschten Verlusten plant man mit Kostensenkungsprogrammen - nicht nur im Personalbereich - sowie radikalen Rationalisierungsmaßnahmen zu begegnen.[837] Die Umstrukturie-

---

831 Vgl. Berger/Schmidt (2000), S. 1157.
832 Vgl. Clemens (1999b), S. 1876; Herold (1999), S. 519; o.V. (1997b), S. 748.
833 Vgl. Knospe (1998), S. 771; o.V. (1998h), S. 506; o.V. (1999n), S. 29; o.V. (1999o), S. 26; o.V. (2000d), S. 136.
834 Für die Industrieversicherer ist dieser Trend nicht unbedenklich: In der Regel liegt der Possible Maximum Loss (PML) bei den deutschen Industrie-Feuer-Risiken inzwischen auf dem Niveau der Jahresprämie - ein einziger Groß- bzw. Größtschaden kann also zur 100%igen Schadenquote führen. Vgl. o.V. (2000d), S. 136. Damit scheinen sich die Probleme, vor die sich die Industrieversicherer in der Feuersparte bereits vor 100 Jahren gestellt sahen, zu wiederholen. Vgl. Graf (2000), S. 8f.
835 Vgl. Illner (1996b), S. 1035.
836 Vgl. Funk (2000), S. 822f.; o.V. (2000e), S. 824.
837 Vgl. Herold (1999), S. 519 ; Illner (1996a), S. 114-116; o.V. (2000e), S. 824.

rung der Wertschöpfungskette geht bei den Versicherungsgesellschaften daher in Richtung von konsequentem Outsourcing der Aktivitäten und Aufgaben, die heute zu den Kernkompetenzen des IVM gehören.[838] Organisatorische Konsequenz ist eine zunehmende Auseinanderentwicklung des industriellen und privaten Geschäfts, die sich in einer strukturell eindeutigen Aufteilung der Bereiche über die Abgrenzung von Vorstandsbereichen hinaus widerspiegelt.[839]

Die Reduzierung von Kosten durch die sukzessive Verkleinerung des Verwaltungs- und Vertriebsapparates ist für den Industrieversicherer folgenschwer, da er sich nun vor die Aufgabe gestellt sieht, seine Rolle vermehrt auf die Funktion eines reinen Risikoträgers - wie in den angelsächsischen Ländern schon seit langem Jahren üblich - zu reduzieren.[840] Dass er dadurch vor erhebliche Probleme gestellt wird, ist unumstritten.[841] Die Umstellung auf eine Risikoträgerfunktion und das Quotieren von (echten) Nettoprämien[842] verursachen einen weiteren Verlust an Einnahmen, der in Zeiten niedriger Versicherungsprämien äußerst schwierig zu verkraften ist.[843] Auch die nicht mehr abgeführte Courtage führt zu Prämienverlusten: „So widersinnig das erscheint, aber die von Versicherern abgeführten Provisionen enthalten in ihrer buchhalterischen Betrachtung Deckungsbeitragskomponenten, die nun (im Falle einer Nettoprämienquotierung) nicht mehr zur Verfügung stehen".[844]

---

838 Vgl. Berger/Schmidt (2000), S. 1157; Funk (2000), S. 822; Illner (1996a), S. 114; Küster/Stapf (2001), S. 191.

839 Vgl. o.V. (1998c), S. 65. In Einzelfällen mündet diese weitreichende Trennung sogar in die Aufteilung der Bereiche in rechtlich selbstständige Gesellschaften. Ein Beispiel sind die Gerling Industrie-Service AG und Gerling Firmen- und Private-Service AG des Gerling-Konzerns.

840 Vgl. Küster/Stapf (2001), S. 191.

841 Vgl. Brühwiler/Stahlmann (1999), S. 14.

842 Mit Nettoprämien sind hier nicht provisionskostenfreie Tarife, sondern echte Nettoprämien ohne Courtage- und ohne Verwaltungs- und Vertriebskostenanteile des Versicherers gemeint. S. auch Abschnitt D.II.1.

843 Vgl. Riedle (1996), S. 67.

D.III.2.4.2 Vermeidung von Doppelarbeit

Auf Grund des kostenseitigen Drucks beim Industrieversicherer[845] werden Vertriebs-, Verwaltungs- und Serviceaufgaben wie beschrieben weitgehend auf IVM abgewälzt.[846] Tätigkeitsüberschneidungen während dieser Übergangsphase führen zu Doppelarbeiten, die vor allem auch dadurch vermehrt auftreten, dass die einzelnen Versicherungsgesellschaften den Outsourcing-Prozess unterschiedlich schnell vorantreiben. Da der Industriekunde, bei zunehmender Transparenz der Preiskalkulation, kaum gewillt sein wird, Doppelarbeiten finanziell zu tragen[847], erhöht sich der Druck auf den Vertriebs- und Verwaltungsapparat.[848,849]

Voraussetzung für eine möglichst reibungslose Leistungsübertragung ist einerseits eine klare Tätigkeitsabgrenzung und andererseits eine - der Leistungsüberwälzung Rechnung tragende - Vergütungsregelung[850]. Gegenwärtig ist festzustellen, dass Tätigkeitsabgrenzungen zwischen den beiden Parteien in vage formulierten Abkommen „zur Vermeidung von Doppelarbeit" nur unzulänglich existieren. Darin sind Standards vereinbart, z.B. zu Vertragsklauseln, Besichtigungsunterlagen oder Abrechnungs- und Inkassomodalitäten.[851] Zu den substituierbaren Wertschöpfungsfeldern beim Industrieversicherer zählen sowohl die Risikoanalyse, die Vertragsgestaltung und Prämien(vor-)kalkulation, Beratungs- und Betreuungsaufgaben sowie Tätigkeiten im Rahmen der Schadenabwicklung und -verwaltung (s. Abbildung

844 Vgl. Riedle (1996), S. 68.
845 Vgl. Herold (1999), S. 519; Hoock/Schönberg (1990), S. 210f.
846 Vgl. Meyer (1999), S. 24.
847 Vgl. Schmid (1994), S. 92.
848 Der Verwaltungskostensatz bspw. von Lloyd's, als reiner Risikoträger, beträgt heute durchschnittlich 5% - 6%.
849 Vgl. Hoock/Schönberg (1990), S. 211; Illner (1996a), S. 114; o.V. (2000d), S. 136.
850 Zum Vergütungsmodell, in dem der IVM auch vom Versicherer eine Entlohnung bekommt s. Abschnitt D.II.3.3.
851 Vgl. Illner (1996a), S. 116.

28).[852] In den Bereichen Risikoanalyse und Prämienkalkulation gilt dies auch für Arbeitsüberschneidungen mit Rückversicherungsgesellschaften.

Abbildung 28: Substituierbare Wertschöpfungsfelder beim Industrieversicherer.

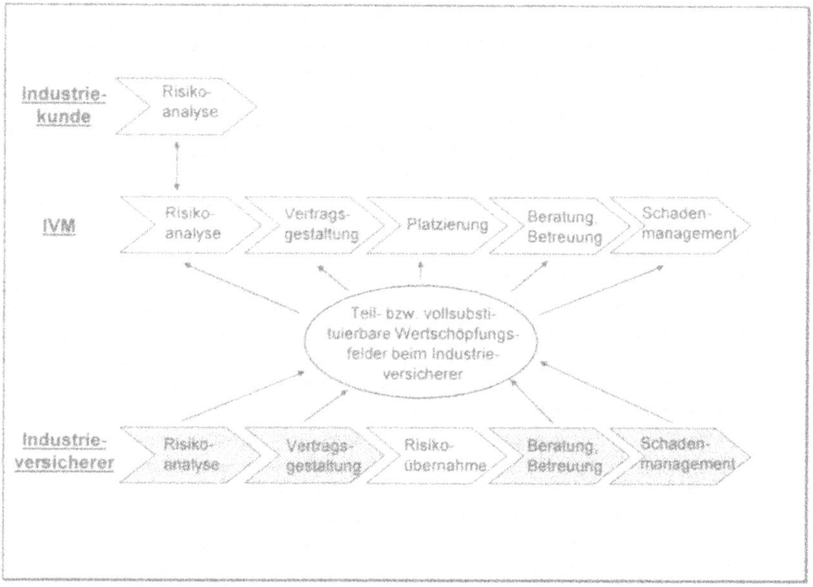

Quelle: Hoock/Schönberg (1990), S. 210.

Sowohl bezogen auf Doppelarbeit mit dem Versicherer als auch mit dem Rückversicherer wird es für die Risikoträger und den IVM darum gehen, Kommunikationsstrukturen zu schaffen, die transparent sind und so Tätigkeitsüberschneidungen erkennen lassen.[853] Als Folge sind gegenseitige Vereinbarungen zu treffen, die eine klare Tätigkeitsabgrenzung und weitaus detailliertere Aufgabenabgrenzungen als die bisherigen Leitfäden zum Gegenstand haben, um Unstimmigkeiten und überflüssiges Nachfordern von Informationen zu vermeiden.[854,855]

---

852 Vgl. Hoock/Schönberg (1990), S. 210; Küster/Stapf (2001), S. 190-191.

853 Vgl. Hoock/Schönberg, S. 210; ähnlich o.V. (1997b), S. 192.

854 Vgl. Moll-Iffland (1998), S. 1761.

Zusammenfassend besteht die größte Herausforderung für deutsche Industrieversicherer demnach darin, die - von der Risikotragung abgekoppelten - erwähnten Leistungselemente konsequent an den IVM abzugeben, um wegfallende Umsatzbestandteile der früheren Bruttoprämie ausreichend zu kompensieren. Im Ergebnis dieses funktionalen Umstellungsprozesses sollte eine klare Tätigkeitsabgrenzung zwischen Versicherer und IVM stehen, die nicht nur vertraglich vereinbart ist, sondern sich in der Quotierung (echter) Nettoprämien widerspiegelt und beim Kunden zu einer erhöhten Transparenz der durch beide Parteien in Aussicht gestellten Dienstleistung führt.

D.III.2.5 Zukunftsfähige Struktur - Der IVM als Teil eines Finanzkonglomerates

Finanzkonglomerate bieten verschiedene Finanzdienstleistungen über rechtlich selbstständige Unternehmen an, die kapitalmäßig miteinander verflochten sind.[856] Für die Umsetzung eines wirksamen „One-Firm"-Konzepts sind Zusammenschlüsse von IVM mit Finanzberatern, Geschäfts- und Investmentbanken der angebotsseitige, organisatorische Nachvollzug einer sich auf den Märkten klar abzeichnenden Konvergenz zwischen Versicherungs- und Finanzmarkt. Die organisatorische Umstrukturierung wird als Resultat verstärkter Kundenorientierung und der Nachfrage nach neuen Absicherungskonzepten, bei deren Gestaltung sich die bisher vorherrschende Branchentrennung kaum aufrechterhalten lässt,[857] das künftige Erscheinungsbild des IVM erheblich prägen.

---

[855] Um eine klarere Tätigkeitsabgrenzung sicherzustellen, stehen Versicherer seit einigen Jahren in Gesprächen mit IVM, um Vereinbarungen zu treffen, die die Verringerung von Doppelarbeiten und teilweise aufwendigen Abstimmungs- und Verhandlungsprozessen zum Gegenstand haben. Vgl. Illner (1996a), S. 116.

[856] Vgl. Deutsche Bundesbank (1994), S. 50.

[857] Vgl. Nakada/Stevens/Berre (2000), S. 312f.

Die früher hierarchische Zusammenarbeit der Marktpartner erfolgt zukünftig teamorientierter.[858] Abweichend von der Vorstellung von Brühwiler/Stahlmann,[859] die den ständigen Dialog des Industriekunden mit allen Marktpartnern sehen, wird hier die Ansicht vertreten, dass Hauptansprechpartner ein Finanzkonglomerat sein wird (s. Abbildung 29). Der darin integrierte IVM gestaltet, betreut und koordiniert die grenzüberschreitenden Absicherungsprogramme der Kunden unter Rückgriff auf international vertretene hausinterne Ressourcen sowohl aus dem Finanzberatungs- als auch aus dem Bankengeschäft. Lediglich in Ausnahmefällen tritt der Kunde in unmittelbaren Kontakt mit den Akteuren der internationalen Kapital- und Versicherungsmärkte.

Abbildung 29: Zusammenarbeit bei zukünftiger Risikofinanzierung

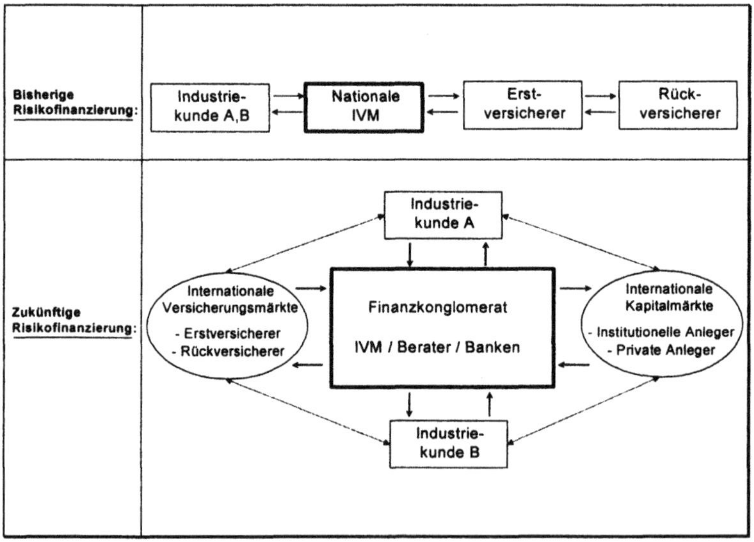

Quelle: Eigene Darstellung in Anlehnung an Brühwiler/Stahlmann (1999), S. 95.

858 Vgl. Brühwiler/Stahlmann (1999), S. 95.
859 Vgl. Brühwiler/Stahlmann (1999), S. 94-96.

Als organisatorischer Lösungsansatz für IVM wird demzufolge als Ergebnis der Diskussion um geeignete Marktpartner und Organisationsstrukturen (Abschnitte D.III.2.1 - D.III.2.4.2) eine transnationale Unternehmensorganisation vorgeschlagen (s. Abbildung 30), die

1. Unternehmen, deren Geschäftsgegenstand nicht zu Interessenkonflikten mit dem IVM führt (Finanzberatungsunternehmen und - mit Einschränkungen - Investmentbanken), möglichst umfassend in das Organisationsgefüge einbindet,

2. Unternehmen, deren Einbindung in den Konzernverbund zu erheblichen Interessenkonflikten mit dem IVM durch Gefährdung seiner Unabhängigkeit führen würde (Versicherungsgesellschaften), als separate Markpartner bestehen lässt,

3. alle Auslandsniederlassungen durch Zuteilung zu einer Region gleichberechtigt integriert und ihnen dadurch Zugang zu den Ressourcen des Konzernverbundes verschafft und

4. effiziente Kommunikation und effizienten Know-how-Austausch, sowohl zwischen den einzelnen Unternehmensbereichen als auch zwischen den einzelnen Regionen, gewährleistet. Strukturelles Erfordernis ist hierfür die Einrichtung einer zentralen Koordinationseinheit.

Abbildung 30: Der IVM als Teil eines Finanzkonglomerates

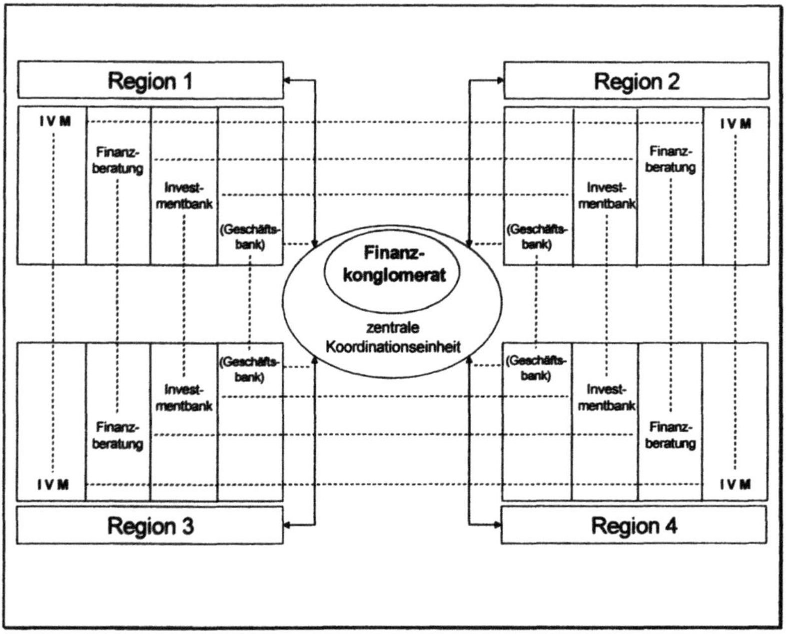

Bei einer derart umfangreichen Diversifikation, sowohl geographisch als auch auf der Produktseite, kommt der Organisation des gegenseitigen Erfahrungsaustausches der integrierten Unternehmen größte Bedeutung zu. Besondere Fähigkeiten einzelner Unternehmenseinheiten müssen erkannt und dem gesamten Konzern zugänglich gemacht werden. Um dieser Anforderung gerecht zu werden, erfolgt die Planung der strategischen Ausrichtung des gesamten Unternehmens auch im Gegenstromverfahren, d.h. Vorschläge und Erfahrungen der einzelnen Unternehmensbereiche gehen mit in die Planung ein.[860]

Die Zuständigkeit dieser Koordinationsaufgabe obliegt einer zentralen Koordinationseinheit. Sie hat dafür zu sorgen, die einzelnen Regionen strategisch aufeinander abgestimmt sind. Besonders beim Erstellen regionenübergreifender

[860] Vgl. Bühner (1993), S. 490.

Absicherungslösungen agiert sie als Kommunikationsglied zwischen den IVM der einzelnen Länder. Darüber hinaus dient sie als Vermittlungsglied zwischen den Töchtern des Konglomerates. Auf diese Weise kann jeder nationale IVM auf konzerninternes Know-how in Bezug auf Finanzberatung und Investmentbanking zurückgreifen (und umgekehrt) und Wettbewerb in den eigenen Strukturen vermieden werden.

Im Fall Marsh erfordert die transnationale Organisation auf betrieblicher Ebene die Einbindung der Finanzberatungs- und Investmentbankingaktivitäten (Mercer und Putnam) und auf geographischer Ebene neben der Integration von Großbritannien und Kontinentaleuropa in Zukunft auch die stärkere Einbindung der Marsh Inc.-Niederlassungen in den Regionen Asien und Lateinamerika, beides Wachstumsmärkte im Bereich Insurance Broking.

D.III.2.5.1 Vorteile für den Nachfrager

Unternehmen mit konglomerater Diversifikationsstrategie im Finanzbereich sind in der Lage, den von Nachfrager zu Nachfrager unterschiedlich gelagerten finanziellen Bedürfnissen und Vorlieben für einzelne Produkte und Produktkombinationen flexibel Rechnung zu tragen.[861] Insofern rücken sie die Kundenbedürfnisse in den Mittelpunkt ihrer Marktbearbeitung.[862]

Für den Industriekunden des Dienstleistungskonglomerates bedeutet das breite Angebot an Finanzdienstleistungen also die Befriedigung einer Bündelnachfrage,[863] die sowohl beratende als auch transaktionelle Elemente des Risiko- und Finanzmanagements abdeckt. Als Lösung „aus einer Hand" hat der Kunde die Möglichkeit, umfassende Risk Management-

---

861 Vgl. Bülow (1995), S. 26.
862 Vgl. Benölken (1985), S. 16; Lütke-Bornefeld (1990), S. 970.
863 Vgl. Bülow (1995), S. 27.

Beratung und Unterstützung bei seiner fortlaufenden Risikoanalyse zu erhalten. Darauf aufbauend erhält er einen Überblick über verfügbare und in Frage kommende Produkte oder Produktkombinationen auf den internationalen Versicherungs- und Finanzmärkten und wird bei der Implementierung gewählter Produkt-Markt-Kombinationen betreut.

D.III.2.5.2 Vorteile für den Anbieter

Für den IVM bedeutet ein Zusammenschluss mit Finanzberatern Geschäfts- und Investmentbanken die angebotsseitige, organisatorische Umstellung auf das zukünftige Anforderungsprofil. Durch die Nutzung von Rationalisierungspotentialen und Synergieeffekten entstehen Wettbewerbsvorteile.[864] Das Verbundkonzept eines Finanzkonglomerates versetzt den IVM in die Lage, (Mit-)Anbieter eines Bündelangebotes an Finanzdienstleistungen zu sein. Ihm entsteht dadurch der Vorteil, dass er seine Kunden durch die Befriedigung mehrerer Bedürfnisse langfristig an sich binden kann.[865] Gleichzeitig erhöht er sein Akquisitionspotential durch vielseitigere Möglichkeiten, mit dem Kunden in Kontakt zu treten.[866] Da er mit steigender Zahl der Geschäftsbeziehungen auch über mehr Kundeninformationen verfügt, birgt das Organisationskonzept auch ein erhebliches Kosteneinsparungspotential, das sich der Anbieter durch gezielte, problemorientierte Kundenansprache zu Nutzen machen kann.[867] Nahezu grenzkostenlos kann er seine Kunden auf die Dienstleistungsprodukte des Finanzkonglomerates aufmerksam machen.[868]

---

[864] Vgl. Haller (1991), S. 336.
[865] Vgl. Bundesbank (1994), S. 51; Bülow (1995), S. 28.
[866] Vgl. Büschgen (1992), S. 123; Haller (1991), S. 336.
[867] Vgl. Linsingen (1988), S. 762.
[868] Vgl. u.a. Büschgen (1992), S. 205; Linsingen (1988), S. 762.

D.III.2.5.3 Vorbehalte der Nachfrager

Neben der bereits angesprochenen Problematik in der Behandlung von vertraulichen Kundeninformationen könnten die Nachfrager den Mehrwert einer Finanzberatung durch ein Konglomerat in Frage stellen. Dies könnte zu einer auf Misstrauen basierenden „informationellen Verweigerung" der Industriekunden führen.[869]

Bedenken von Industriekunden hinsichtlich der Beratungsqualität eines Finanzkonglomerates haben durchaus ihre Berechtigung. Durch die zusammenschlussbedingte Möglichkeit, aus der Verknüpfung und Verschmelzung gebräuchlicher Produktbestandteile neue Lösungspakete zur integralen Befriedigung von Kundenbedürfnissen erstellen zu können, besteht für den Anbieter die Gefahr der eigenen, durch das branchenübergreifende Leistungsspektrum ausgelösten, Überforderung und einer Abschreckung des Kunden dadurch, dass dieser vor ein unübersichtliches Dickicht an Lösungsalternativen gestellt wird.[870] Hinzu kommen Prinzipal-Agenten-theoretische Unsicherheiten in Bezug auf das Verhalten des Finanzdienstleisters, die den Kunden an der Sicherheit seiner Vertragsansprüche zweifeln lässt. Selbst wenn Anbieter mit der schnellen Produktentwicklung auf den Märkten Schritt halten, das marktumspannende Sortiment also perfekt beherrschen und hochwertige Beratung im Sinne des „Best Advice"[871] liefern, kann der Kunde die Ausnutzung von asymmetrisch verteilten Informationen zugunsten des Anbieters nicht ausschließen.[872]

---

869 Zu dem Argument der „informationellen Verweigerung" vgl. Wittenberg (1990), S. 28, der Allfinanz aus Privatkundensicht behandelt. Vgl. auch Büschgen (1992), S. 227. Das Argument kann hier in direkter Analogie auf Industriekunden angewandt werden.

870 Vgl. Bülow (1995), S. 29.

871 Zum Prinzip des „Best Advice" s. auch Abschnitt D.II.4.2.

872 Vgl. Ähnlich Bülow (1995), S. 29.

D.III.2.5.4 Herausforderungen für den Anbieter

Ein erweitertes Leistungsangebot des IVM, ermöglicht durch Zusammenschlüsse mit anderen Marktpartnern, erhöht zwar die Zahl der Kundenkontaktanlässe[873], für die Akteure des Finanzkonglomerates bedeutet es jedoch auch eine Erhöhung der Zahl der „Bewährungsproben".[874] Der Anbieter muss daher nicht nur bedarfsgerechte Produkte rationell erstellen und vertreiben, sondern vor allem dem Kunden deutlich machen, dass er trotz seines marktumspannenden Angebots im Vergleich zu etablierten Spartenanbietern weder Spezialisierungsnachteile bei der Konstruktion der Produkte noch bei der Finanzberatung aufweist.[875]

Die Fähigkeit, individuell zugeschnittene, marktumspannende Finanzdienstleistungsangebote erstellen zu können, ist unabdingbare Voraussetzung für den Erfolg konglomerater Zusammenschlüsse. Zur Überwindung von Akzeptanzbarrieren der Kunden reicht der bloße Besitz der Fähigkeit jedoch nicht aus. Entscheidend ist, dass sie den Kunden auch glaubhaft übermittelt wird, um schon im Vorfeld dem Eindruck entgegenzuwirken, das Unternehmen sei ein „Finanzsupermarkt"[876], ein in der Literatur im Zusammenhang mit Allfinanzanbietern häufig verwendetes Synonym. Der IVM muss sich also als integraler Teil eines marktfähigen Finanzkonglomerates präsentieren, der als „flexibler Multispezialist" geeigneter Ansprechpartner für (idealtypisch) alle finanziellen Belange seiner Kunden ist.[877] Damit die organisatorische Umsetzung nicht zur „Quadratur des Kreises" wird, verlangt das vorstehende Anforderungsprofil nach einer Doppelstrategie, die eine dezidierte Differenzierungsstrategie durch präferenzgerechten Marktauftritt im

873 Vgl. Deutsche Bundesbank (1994), S. 51.
874 Vgl. Bülow (1995), S. 29.
875 Vgl. Bülow (1995), S. 2.
876 Vgl. u.a. Betsch (1992), S. 16; Büschgen (1987), S. 1120; Kuntze (1989), S. 720; Schwebler (1993), S. 5
877 Zu diesem Absatz vgl. Bülow (1995), S. 28f.

Sinne einer individuellen Kundenansprache und -behandlung und gleichzeitig das Streben nach Kostenführerschaft[878] in den einzelnen Teilbereichen beinhaltet, um preisliche Wettbewerbsfähigkeit zu sichern.[879]

---

878 Zu den allgemeinen Unternehmensstrategien der Differenzierung und der Kostenführerschaft vgl. u.a. Schmalen (1993), S. 384f.; Bühner (1993), S. 29f.; Porter (1992), S. 62-69. Mit Bezug auf Dienstleister vgl. Lehmann (1993), S. 57-62.

879 Vgl. Bülow (1995), S. 30.

E ZUSAMMENFASSUNG UND AUSBLICK

E.I Zusammenfassung der Ergebnisse

Der IVM befindet sich gegenwärtig in einer Phase massiven Umbruchs. Die Ursachen des Wandels liegen einerseits in veränderten Absicherungsbedürfnissen der industriellen und großgewerblichen Kunden und andererseits in der Entwicklung alternativer Risikotransfermethoden begründet. Gestiegene und andersgeartete Absicherungsbedürfnisse der Kunden sind zum einen auf die eigene Globalisierung mit dadurch ständig wachsenden Risikopotentialen zurück zu führen. Dabei gewinnt eine ganzheitliche Risikobetrachtung an Bedeutung, die Risk Management als umfassende Führungsaufgabe sieht und möglichst umfassenden Bilanzschutz zur Zielsetzung hat.[880] Zum anderen sind die Bedürfnisveränderungen auf gesetzliche Rahmenbedingungen zurück zu führen. Ausschlaggebend sind hier das Gesetz zur Kontrolle und Transparenz im Unternehmensbereich (KonTraG) und die stufenweise Erhöhung der Versicherungsteuer.

Bei den alternativen Risikoabsicherungsmethoden ist zwischen integrativen Produkten, die auch Elemente des traditionellen Risikotransfers beinhalten, und reinen Finanzmarkt-Produkten zu unterscheiden. Vor allem Captives und die vielfältigen Formen integrativer Produkte (Multiline-/Multiyear-, Multitrigger- und Funding-Produkte) finden im Industrieabsicherungsgeschäft vermehrt Anwendung. Ihr Einsatz führt beim Kunden z.T. zu erheblichen Reduzierungen der TCOR.

Risikotransfer in den Kapitalmarkt mit Hilfe von Finanzmarkt-Produkten diente in der Vergangenheit überwiegend der

---

[880] Vgl. Albrecht (1999), S. 1404; Brühwiler/Stahlmann (1999), S. 96f.; Gleißner/Meier/Lienhard (2000), S. 316; Kiep (2000), S. 314, 316; Kromschröder/Lück (1998), S. 1573.

Überwindung von Kapazitätsengpässen im Bereich der Katastrophenrisiken. Allerdings macht die (z.Zt.) erwartete Verhärtung des Prämienniveaus auf den Versicherungsmärkten einen weiteren Anstieg der Nachfrage nach Finanzmarkt-Produkten sehr wahrscheinlich. Inwieweit traditioneller Rückversicherungsschutz dadurch ersetzt werden kann, bleibt abzuwarten. Ersten theoretischen Untersuchungen zufolge beeinflusst das Vorhandensein von Finanzmarkt-Produkten nicht die Nachfrage nach Rückversicherungsschutz der Höhe nach, sondern lediglich nach Art und Struktur. Auch in der Praxis wird in Finanzmarkt-Produkten gemeinhin kein Ersatz, sondern eine sinnvolle Ergänzung des risikopolitischen Instrumentariums gesehen.

Bedürfnisentwicklung bei den Kunden und Produktentwicklungen der Anbieter bedingen sich gegenseitig. So wird auf der einen Seite nach Finanzierungsinstrumenten gesucht, die eine Absicherung traditionell nicht versicherbarer Risiken - und durch die Einbeziehung des Kapitalmarktes höhere Absicherungskapazitäten - ermöglichen. Umgekehrt beflügeln Fortschritte im Bereich ART wiederum die Nachfrage. Für den IVM bedeuten die umfangreichen Absicherungsbedürfnisse der Kunden und das weitläufige Feld von ART-Produkten eine Ausweitung seines Aufgabenfeldes und eine Erhöhung der an ihn gestellten Anforderungen. Diese bedingen eine Synthese von Versicherungs-, Finanzierungs- und Finanzmarktkenntnissen.[881]

Da der Risk Management-Prozess des Kunden die konzeptionelle Handlungsgrundlage für den IVM darstellt, ist sein Dienstleistungsangebot zunehmend durch beratende Elemente gekennzeichnet, die der früheren Hauptaufgabe der Versicherungsvermittlung den Charakter einer Nebentätigkeit verleihen - eine Entwicklung, die den Tätigkeitsschwerpunkt des IVM vom Versicherungsvermittlungsexperten zum Berater

[881] Vgl. Herold/Paetzmann (1999), S. 69.

als Risk Management-Spezialist verlagert. Wettbewerb unter den IVM wird sich vermehrt als Konzeptionswettbewerb herausstellen, bei dem der IVM umfassende Risikoabsicherungsprogramme entwickeln, am Markt platzieren und über längerfristige Perioden hinweg marktgerecht betreuen muss.[882]

Neben der Ausweitung des Leistungsangebotes durch die Aufnahme von neuen Risikobereichen (z.B. die Risikosphäre von Kundenmitarbeitern) und der Übernahme bisher typischer Nebenleistungen des Versicherers haben sich die Elemente der IVM-Dienstleistung in den Bereichen der Risikoanalyse und -handhabung auch inhaltlich stark ausgeweitet und den Bedürfnissen der Industriekunden angepasst. In den Aufgabenbereich fällt dabei vor allem die Umsetzung der gesetzlichen Anforderungen durch das KonTraG. Diesbezügliche Maßnahmen sind nicht zuletzt von der Zielsetzung des jeweiligen Kunden geprägt, entweder „nur" die Anforderungen des Gesetzes erfüllen zu wollen oder aber von vornherein einen ganzheitlichen und dynamischen Ansatz zu verfolgen, der Risk Management als einen sich ständig verändernden und verbessernden Prozess versteht und der die Anforderungen des KonTraG (lediglich) als Mindeststandard berücksichtigt.

Beim Handel mit Versicherungsderivaten kommt dem IVM eine beratende und marktgestaltende, vor allem aber eine vermittelnde Rolle zu, indem er Kontraktparteien zusammenführt und darüber hinaus bei der konkreten Vertragsgestaltung mitwirkt. Dabei verfügt er auf Grund umfassender Marktkenntnis über Know-how-Vorsprünge gegenüber anderen Marktteilnehmern.

Um seine Wettbewerbsfähigkeit auch weiterhin zu gewährleisten, wurden für IVM folgende Wettbewerbsfaktoren

882 Vgl. Clemens (1999b), S. 1876; Pernicky (1999), S. 1646.

ausgemacht: Bestandsfestigungen und -einkäufe, kontinuierliche Produktivitätssteigerungen durch innerbetriebliche Weiterbildung, produkt- und prozessbezogenes Innovationsmanagement, Zielgruppenausweitungen in Richtung kleingewerbliches und - in Einzelfällen auch - Privatkundengeschäft, Einstellung auf E-Commerce und dadurch entstandene neue Konkurrenzformen, Investition in Technologie, Informations- und Wissensmanagement, das einen effizienten innerbetrieblichen Know-how-Austausch gewährleistet und der Aufbau von Underwritingabteilungen. (Letzterer allerdings nur zu Zwecken der Preisvorkalkulation). Die letzte Entscheidung über die Indeckungnahme eines Risikos muss stets beim Risikoträger selbst verbleiben. Gegenwärtige Praktiken, die dem IVM umfangreiche Zeichnungsvollmachten in Form von Open Cover-Verträgen einräumen, sind mit erheblichen Gefahren für den Industrieversicherer verbunden und verwischen außerdem die Marktfunktion des IVM.

Die in Abschnitt D.I.4 dargelegten Beispielfälle aus der Praxis dienen als exemplarischer Beleg der innovationsbedingten Leistungsbreite und Produktvielfalt des IVM.

Im Zuge der Veränderung des IVM-Dienstleistungsspektrums weist das altgewohnte Vergütungssystem der Courtage in seiner Eigenschaft als vom Kunden unbeeinflussbare Pauschalvergütung vor allem unter dem Aspekt der Leistungsbezogenheit erhebliche Mängel auf - der IVM ist ständig und unvermeidlich zwischen Umsatzorientierung und Sachwalterstellung hin- und hergerissen.[883] So führen das erweiterte Leistungsangebot des IVM und innovative Produkte im Risikofinanzierungsbereich häufig und zwangsläufig zu überproportional hohen oder unterproportional niedrigen Erträgen. Es konnte gezeigt werden, dass diese Unangemessenheit der Vergütung internationale Wettbe-

[883] Vgl. Sandkühler (2000), S. 668f.

werbsnachteile deutscher IVM zur Folge haben kann. Schon allein deshalb ist eine Abkehr vom gegenwärtigen Courtagesystem, hin zu einem erfolgsunabhängigen Vergütungssystem, erforderlich.

Die Vorteile des Honorars als Alternative zur Courtage liegen für den IVM in der erhöhten Leistungsäquivalenz seiner Vergütung, der Möglichkeit, jeweils einen angemessenen Gewinn zu erzielen, und in der Entschärfung seines Interessenkonfliktes zwischen einer optimalen Beratung des Kunden und umfangreicher Versicherungsvermittlung. Im internationalen Geschäft ist die Honorarvergütung von Vorteil, da es dem IVM die interne Verrechnung weltweit vereinbarter Honorare erleichtert. Dem Kunden bieten Honorarvergütungen die Möglichkeit einer differenzierten Leistungsinanspruchnahme sowie die Gelegenheit, mehrere IVM mit verschiedenen Aufgaben zu betrauen. Dabei führen Honorare nicht nur zu einer erhöhten Transparenz der Maklerleistung, sondern der Kunde kann die Vergütung seines IVM selbst maßgeblich mitgestalten. Der praktikabelste Weg, Honorare zu berechnen, ist die TVM, ein systematisches Zeitbewertungssystem auf Stundenbasis, dessen Vorteile vor allem in der Einfachheit der Handhabung und dem geringen Zeitbedarf der Datenerhebung liegen.

Aus informationsökonomischer Sicht ist die Courtagevergütung nicht geeignet, Qualitäts- und Verhaltensunsicherheiten der Versicherungsnehmer zu reduzieren. Auch die Vergütung auf Honorarbasis wird dem Anspruch nicht gerecht, die genannten Probleme vollständig zu überwinden, eine deutliche Verbesserung ist jedoch gegeben. Um eine erhöhte Vergütungstransparenz zu erzielen, wurde in Abschnitt D.II.5 ein Qualitätsmodell vorgeschlagen, das für IVM-Kunden dazu beitragen kann, die Angemessenheit geforderter/berechneter Honorare zu beurteilen.

Die rechtliche Zulässigkeit von Honorarvereinbarungen ist noch umstritten. Unstimmigkeiten bestehen vor allem in Bezug auf das Rechtsberatungsgesetz (RberG) und in Bezug auf das nach wie vor bestehende Provisionsabgabeverbot. Auf der einen Seite rückt die Rechtsprechung den IVM in die unmittelbare Nähe der sog. Expertenberufe mit einem enormen Pflichtenkatalog („treuhänderähnlicher Sachwalter"), gleichzeitig lässt sie ihn über die Rechtmäßigkeit der Vereinbarung (experten-)adäquater Honorare im Unklaren.[884] Unter steuerlichen Gesichtspunkten bietet sich aus Sicht der Versicherungsnehmer die Vergütung auf Honorarbasis an, da im Gegensatz zur Courtage auf Honorare gegenwärtig weder Versicherungs- noch Umsatzsteuer zu entrichten ist.

In Bezug auf den Wandel der Organisationsstruktur des IVM befinden wir uns in einer Phase, in der die weltweite Konzentration der Maklerhäuser zwar als weitgehend abgeschlossen angesehen werden kann, in der die Anforderungen an das zukünftige Leistungsprofil jedoch zu weiteren Anpassungen zwingt.

Um die Konvergenz von Kapital- und Versicherungsmärkten auch organisatorisch nachzuvollziehen, müssen die Broker-Netzwerke enger mit Finanzberatungsgesellschaften, Geschäfts- und Investmentbanken kooperieren. Als marktfähige Struktur erscheint die Formierung eines Finanzkonglomerates, das die vorstehenden Unternehmen in das Organisationsgebilde transnational integriert, um eine möglichst hohe Nutzung des bestehenden Synergiepotentials, bei gleichzeitiger Wahrung landesspezifischer Interessen, zu gewährleisten.

Vor dem Hintergrund starker Beitragsrückgänge, weitreichender Doppelarbeit mit dem IVM und internationalem Anpassungsdruck im Industriegeschäft wird sich die zukünftige

[884] Vgl. Sandkühler (2000), S. 668.

Funktion des deutschen Industrieversicherers auf die eines reinen Risikoträgers („Capacity Provider") beschränken. Die in der Praxis erwogene Einbindung eines Risikoträgers in das Finanzkonglomerat erscheint wenig sinnvoll, da ein solcher Schritt zum Verlust der Unabhängigkeit des IVM führen und dadurch seinen komparativen Wettbewerbsvorteil zunichte machen würde.

Für den IVM als integraler Bestandteil eines transnational organisierten Finanzkonglomerates eröffnet sich die Möglichkeit, als „Multispezialist"[885] den von Nachfrager zu Nachfrager unterschiedlich gelagerten finanziellen Bedürfnissen und Vorlieben für einzelne Produkte und Produkt–Markt-Kombinationen flexibel Rechnung zu tragen. Allerdings birgt die Struktur auch die Gefahr einer durch das branchenübergreifende Leistungsspektrum ausgelösten Überforderung des Anbieters. Auch unter informationsökonomischer Sicht ist der Vorschlag nicht unproblematisch. Prinzipal-Agenten-theoretische Qualitäts- und Verhaltensunsicherheiten werden (zusätzlich) erhöht.

Der noch bevorstehende Anpassungsprozess beim IVM wird als organisatorischer Nachvollzug einer durch veränderte Marktbedingungen unabdingbar gewordenen (weiteren) Strukturveränderung gesehen.

E.II Ausblick

In Deutschland leidet der Begriff "Versicherungsmakler" immer noch unter der Sinnverknüpfung mit dem Interessenbereich der Versicherer, und es haftet ihm - nicht zuletzt auf Grund fehlender Berufszugangs- und -zulassungsvoraussetzungen - eine gewisse Unprofessionalität und Unseriosität an. Der in der vorliegenden Arbeit in seinen

[885] Vgl. Bülow (1995), S. 28.

Ursachen und Auswirkungen dargelegte Wandel des IVM beschreibt einen Prozess, der den in Deutschland neuen Berufsstand des „Risk Consultants" prägen wird.[886] Eine derartige Berufsbezeichnung als Spiegelbild der zukünftigen Dienstleistung wird dem inhaltlichen Leistungsangebot mit Schwerpunkt auf Risikoberatung - folgerichtig - nicht nur besser gerecht, sondern trägt auch zu einem profilierten Berufsbild des IVM bei, das ihn vom weiten Feld der mittleren und kleinen VM weiter abhebt. Der „Sprung über die Schwelle des traditionellen Maklerbegriffs hinaus" kommt nur für die wirklich großen IVM in Frage, da diese sich organisatorisch, von der Betriebsgröße und Kapitalausstattung her sinnvoll als Berater positionieren können.[887]

Die Geschäftsgegenstände der IVM werden von zunehmender Internationalität gekennzeichnet sein; ohnehin gibt es den rein „deutschen" IVM seit der kapitalmäßigen Zugehörigkeit aller bedeutenden Maklerhäuser[888] zu einem angelsächsischen Insurance Broker nicht mehr. Nur weltweite Broker-Netzwerke haben das Wissen um landesspezifische Gegebenheiten rechtlicher und wirtschaftlicher Art und kennen sich bzgl. der faktischen Usancen auf den verschiedenen Märkten aus, um qualitativ den Anforderungen von grenzüberschreitend tätigen Industriekunden zu entsprechen.

Hinsichtlich des Vergütungssystems wird die Entlohnung auf der Grundlage kundenindividueller Honorarvereinbarungen die im gewerblichen und industriellen Geschäft übliche Courtagevergütung aus den dargelegten Gründen weitgehend ersetzen. Die gegenwärtige Rechtslage, die diesen Schritt in Deutschland (noch) nicht zulässt, wird unter dem zunehmenden internationalen Druck und auf Grund

---

886 In Deutschland gehen IVM vereinzelt dazu über, sich auch selbst als „Risk Consultant" zu bezeichnen. Vgl. Funk-Gruppe (2001), o.S.

887 Vgl. o.V. (1997a), S. 749.

888 Einzige Ausnahme ist (bis jetzt) die Funk-Gruppe, viertgrößter IVM in Deutschland.

wirtschaftlicher Zwänge nach Ansicht des Verfassers den neuen Marktgegebenheiten angepasst werden müssen.

Bereits praktizierte Honorarvergütungen im Rahmen des „Nettoprämienmodells" sind allenfalls als Übergangslösung zu einem Vergütungssystem zu sehen, in dem der Industrieversicherer echte Nettoprämien quotiert. Um in dieser Übergangszeit eine Kongruenz zwischen Leistungsüberwälzung von Industrieversicherern auf IVM und der Entlohnungspraxis herzustellen, ist es zu rechtfertigen, dass der IVM auch vom Versicherer eine Vergütung für Leistungsbestandteile erhält, die der Versicherer bisher zu erhöhten Transaktionskosten vorgehalten hat. Eine derartige Lösung *dauerhaft* zu praktizieren erscheint jedoch äußerst problematisch. Es bestünde die Gefahr einer verwässerten Risikoprämie dadurch, dass der Versicherer diese Zusatzkosten - wenn auch in wesentlich geringerer Höhe - wie in der Vergangenheit auch in Zukunft in seiner Prämienkalkulation berücksichtigt.

Die Geschwindigkeit der Umstellung auf kundenseitige Honorarvergütung nach angelsächsischem Vorbild ist vorrangig von drei Faktoren abhängig: erstens der Rechtsentwicklung, zweitens der Geschwindigkeit, mit der alternative Risikotransfermethoden auf dem deutschen Markt Anwendung finden, und drittens von dem Maße, mit dem die Industrieversicherer ihre Verwaltungsapparate reduzieren und gemeinsam mit IVM klare Tätigkeits- und damit auch Vergütungsabgrenzungen erarbeiten.

Ob und inwiefern sich gegenwärtige Entwicklungstendenzen in Richtung Integration der Wertschöpfungskette tatsächlich verstärken und in den vorgeschlagenen Finanzkonglomeraten münden werden, bleibt abzuwarten. Auf jeden Fall werden transaktionelle Aufgaben, vornehmlich das Platzieren erarbeiteter Deckungskonzepte auf den Märkten, auch zukünftig wesentlicher Leistungsbestandteil des IVM sein.

Sie sind aber zunehmend als von der Beratungsleistung komplett getrennte „Folgeaufgabe" zu sehen. Dadurch wird weiterer Untersuchungsbedarf geweckt, dessen gedankliche Grundlage die Überlegung ist, den IVM auch in seiner Organisationsstruktur in einen beratenden und einen transaktionellen Bereich zu trennen. Die durch vermiedene Überlappungs- und Doppelarbeit erzielten Effizienzverbesserungen müssten, auf der Grundlage einer sorgfältigen Kosten-Nutzen-Analyse und unter Berücksichtigung der Umstellungskosten, den erhöhten Reibungsverlusten und Kommunikationskosten gegenübergestellt werden.

Festzuhalten bleibt, dass eine Neuausrichtung im Leistungsangebot, die Umstellung des Vergütungssystems und organisatorische Umstrukturierungen erst begonnen haben. IVM müssen die Notwendigkeiten zur Veränderung als Herausforderung annehmen und sich bei der Gestaltung ihrer Zukunft vor allem durch Anpassungsfähigkeit, Schnelligkeit und Effizienz auszeichnen, um in Zeiten des Wandels nicht nur zu bestehen, sondern ihre neue Marktposition einzunehmen und erfolgreich auszubauen.

Anhang und Literaturverzeichnis

ANHANG

MARSH
An MMC Company
The Market Information Group

INSURANCE COMPANY XYZ (GERMANY)

As the main property casualty insurer in one of the leading insurance groups in the world, Insurance Company XYZ AG enjoys a commanding position within the German insurance market. The company reported DM 19.2 billion of policyholders' surplus at year end 1998, adjusted for the market value of investments ($11.5 billion at the year end 1998 exchange rate of DM 1.67/$), a 13% improvement over the prior year end. It is a conservatively levered company with ample liquidity ratios and a strong reinsurance program. The increase in surplus was due to a combination of net income less dividends (DM 783 million) and a DM 771 million increase in unrealized capital gains.

The group's parent company and primary reinsurer, reported DM 77.7 billion ($46.5 billion) in surplus at year end 1998, adjusted for the market value of investments, although this included DM 4.0 billion in goodwill related to one major acquisition as well as other acquisitions. The market value adjustment included an adjustment for the market value of XYZ's 25% cross-shareholding in a worlds leading reinsurance company. In 1998 XYZ acquired 51% of the second largest insurance group in France, significantly enhancing its already substantial global position. (On top of that XYZ has many other significant subsidiaries.) Following the acquisition, XYZ's companies were among the top five insurers in 17 different countries. The group is also one of the world's leaders in credit insurance and travel assistance services with a goal of expanding in life and health insurance as well as insurance in emerging markets.

XYZ's "VAG" underwriting proved profitable for the fifth straight year in 1998 despite more competitive underwriting conditions and an economy which expanded by only 2.8%. The company's loss ratio fell to 66% following three straight years at 73% due to an increased focus on attracting good auto insurance risks. Auto insurance represents over 40% of its direct premiums written. Operating expenses increased only slightly more than net premiums, raising its expense ratio by one percentage point to 26%. This led to a seven point drop in the combined ratio to an even more impressive 92% and corresponded to a DM 656 million net underwriting profit. The underwriting profit, and all of XYZ's income statement items increased in 1998 due to the merger of the VAG of a major German Bank with XYZ'S VAG. Previously, the banks VAG had been a subsidiary of XYZ'S VAG.

In the future, underwriting profits may continue to be pressured due to higher competition in two important market sectors: large industrial risks and motor insurance. In 1995, XYZ withdrew from the German industrial rate-setting alliance known as KOKOs, correctly believing it could provide better rates to industrial customers without KOKOs. The KOKOs consortium had been the main impetus for rate increases in previous years. Increased competition from non-German insurers for such risks has also placed downward pressure on premium rates. Nonetheless, XYZ has announced its goal to become "the world's leading international industrial insurer by the year 2000". It is already the lead or co-lead insurer for 20% of the Fortune 500 companies. In the motor insurance industry XYZ introduced a number of premium rebates in an effort to quell customer defections and protect and even increase its market share. As Germany's largest motor insurer, XYZ wields considerable influence over the motor market and this move precipitated further price competition.

XYZ's underwriting results were augmented by the company's DM 195 million increase in net investment income to DM 1.2 billion. As a result, overall net income more than doubled to DM 1.43 billion. The increased investment income would have increased by more if not for the decrease in German interest rates. The current yield on 10 year government bonds fell from 5.3% to 3.9% in 1998 decreasing investment income but increasing unrealized capital gains. The company's realized and unrealized capital gains increased due to the 18% rise in the German stock market as measured by the DAX index.

At year end 1998 bonds at book value represented 22% of XYZ's DM 37.6 billion in invested assets, while unaffiliated stocks at book value represented 18%. Due to recent laws improving German insurance company disclosure requirements, XYZ revealed its bonds, stocks, affiliated investments and real estate holdings had a combined market value of DM 14.4 billion more than their combined book values at year end 1998. However, they did not divulge how much of this excess value could be attributed to each asset class. As such, while it is clear XYZ's investments are considerable, we are unable to perform any meaningful analysis on its spread of asset risk.

XYZ VAG's rise in surplus minimized the degree to which its leverage ratios increased as a result of the aforementioned merger with the bank's VAG. This merger contributed to the 32% and 35% increases in XYZ's gross and net premium volume, respectively. Excluding the effects of the merger XYZ's premium volume decreased due to lower motor tariffs for good drivers, high competition in large commercial and industrial insurance and higher client retentions. Even with the merger, however, XYZ's net premiums written (NPW) to surplus ratio was very conservative at 0.43:1 at year end 1998 versus 0.36:1 at year end 1997. Net leverage was also very conservative at 1.54:1, up from 1.36:1.

XYZ's liquidity as displayed by the ratio of liquid assets to net liabilities improved 5% to 71% in 1998. The company has significant exposure to illiquid assets such as mortgages and loans (DM 2.7 billion or 14% of surplus at year end 1998) and real estate (DM 1.7 billion or 9% of surplus). Real estate might represent a much greater proportion of the company's adjusted surplus balance than indicated above depending on the extent to which the DM 14.4 billion in excess market value pertains to real estate. However, the company's liquidity ratio is also better than the above ratio indicates considering that a sizeable amount of the excess market value pertains to unaffiliated stocks and bonds. The liquidity is even further enhanced by XYZ's positive cash flow.

In 1998 the Group increased its already significant presence in the world financial markets through several acquisitions. The most notable was its purchase of 51% of a French insurance giant, and a smaller French insurer. The Group has also increased its presence in the banking industry. It started further asset management activities in July

1998 with DM 200 million in capital and DM 350 billion in assets under management including DM 33 billion of non-XYZ assets. As of year end 1998 XYZ controlled DM 671 billion in funds under management, DM 565 billion of which was its own. XYZ is involved in banking as it is the largest shareholder, with 17.4% in Germany's second largest bank and the largest mortgage bank in Europe. In 1998 XYZ created a joint venture in asset management with Germany's third largest bank, of which it owns 22%.

Despite more challenging operating conditions, XYZ posted strong earnings in 1998. While these improvements may come under increased pressure as rates in motor and industrial insurance have softened, the impressive decrease in the loss ratio in 1998 despite "higher major damage claims" corroborates XYZ's assertion that much of its premium volume decrease was due to a more conscious risk selection. Moreover, the company's large investment cache, its position within the German insurance market and the group's position as a leading worldwide insurance group, should allow XYZ VAG and the group as a whole to take full advantage of the changing dynamics within the insurance marketplace.

(In Millions of Deutsche Marks)

BALANCE SHEET		1998	1997	Variance	Percent Variance
Policyholders' Surplus (PHS)	b	*19,176*	*16,966*	*2,211*	*13.03%*
Affiliated Investments		3,751	2,448	1,304	53.26%
Invested Assets	b	37,614	31,624	5,990	18.94%
Total Assets	b	40,384	33,849	6,536	19.31%
Loss Reserves		10,062	8,233	1,829	22.21%
Unearned Premiums		1,587	1,190	397	33.40%
Life Insurance Reserves		4,166	3,752	414	11.03%
Total Net Liabilities		21,208	16,883	4,325	25.62%
Unaffiliated Investments:					
Cash & Bank Deposits		121	92	29	31.99%
Preferred & Common Stocks	d	6,777	5,497	1,280	23.29%
Bonds & Short-term Investments	d	8,136	5,790	2,347	40.53%
Mortgages & Other Loans		2,761	2,648	113	4.25%
Real Estate		1,679	1,533	146	9.52%
Other Investments	d	14,389	13,618	772	5.67%
Reinsurance Recoverable		8,504	7,195	1,309	18.19%

INCOME STATEMENT[a]		1998	1997	Variance	Percent Variance
Net Premiums Earned		8,356	6,177	2,180	35.29%
Losses Incurred		5,545	4,522	1,023	22.63%
Operating Expenses		2,155	1,571	585	37.22%
Undrwrtng Profit (Loss)		656	84	572	678.05%
Net Investment Income		1,219	1,024	195	19.03%
Net Realized Capital Gains (Loss)		209	133	75	56.45%
Other Income and Expenses		156	(31)	186	604.87%
Life Insurance Result		N/A	N/A	N/A	N/A
Net Inc Before Taxes and Profit Sharing		2,239	1,211	1,028	84.88%
Net Income		1,432	702	730	104.08%
Reported Net Income		122	0	122	N/A

SURPLUS ADJUSTMENTS		1998	1997	Variance	Percent Variance
Net Unrealized Captl Gains (Loss)		771	N/A	N/A	N/A
Dividends to Stockholders		649	577	72	0.13
Capital Contributions		N/A	N/A	N/A	N/A

CASH FLOWS[a]		1998	1997	Variance	Percent Variance
Gross Premiums Written		12,986	9,785	3,201	32.71%
Net Premiums Written		8,321	6,159	2,162	35.11%
Net Paid Losses		5,620	4,296	1,323	30.80%
Cash from Underwriting		546	292	254	87.06%
Net Cash from Operations		517	363	154	42.50%

PROFITABILITY[a]		1998	1997	Percent Variance
Loss Ratio		0.66	0.73	-9.36%
Expense Ratio		0.26	0.25	1.57%
Combined Ratio		0.92	0.99	-6.53%
Operating Ratio		0.78	0.82	-5.43%
Return on Non-Life Earned Premium		17.13%	11.36%	50.85%
Return on Equity		7.47%	4.13%	80.55%
Return on Assets		3.54%	2.07%	71.05%
ROI to Invested Assets	c	5.85%	3.66%	59.67%
Net Inc as % PHS Change		64.76%		

LEVERAGE[a]		1998	1997	Percent Variance
GPW to PHS		0.68	0.58	17.41%
NPW to PHS		0.43	0.36	19.53%
Loss Reserves to PHS		0.52	0.49	8.12%
Total Liabilities to PHS		1.11	1.00	11.14%
Net Leverage		1.54	1.36	13.38%
Reins. Recoverable to PHS		0.44	0.42	4.57%
NPW to GPW		0.64	0.63	1.80%

LIQUIDITY AND PORTFOLIO ANALYSIS		1998	1997	Percent Variance
Unaffiliated Invested Assets as % of Total Assets		83.85%	86.20%	-2.72%
Aff Invested as % Invested Assets		9.97%	7.74%	28.86%
Uninvsted Assts as % Total Assets		6.86%	6.57%	4.38%
Liquid Assets to Net Liabilities		70.89%	67.40%	5.19%
PHS w/ 10% drop in Stock		18,499	16,416	12.69%
PHS less Affiliated Investments		15,425	14,518	6.25%
PHS w/ 15% Drop in Loss Reserves		17,667	15,731	12.31%

RATINGS BY MAJOR AGENCIES:		1999	1998	1997
Standard & Poor's		AAA	AApi	AApi
A.M. Best's (rating, financial size)		A+	A+	A+
Moody's		NR	N/R	N/R

a - Based on non-life premiums, expenses & allocated investment returns.
b - Assets and surplus adjusted to the market value of investments.
c - ROI & Invested Assets include allocated life insurance portions.
d - Excess of Market Value over Book value of Bonds, Stocks, Affiliated Investments and Real Estate are included in Other Investments.

For information on the above data and ratios, please request a Financial Summary Sheet, "General Information and Explanations". Analysis by the Market Information Group of Marsh USA Inc.

Liquidity Ratios

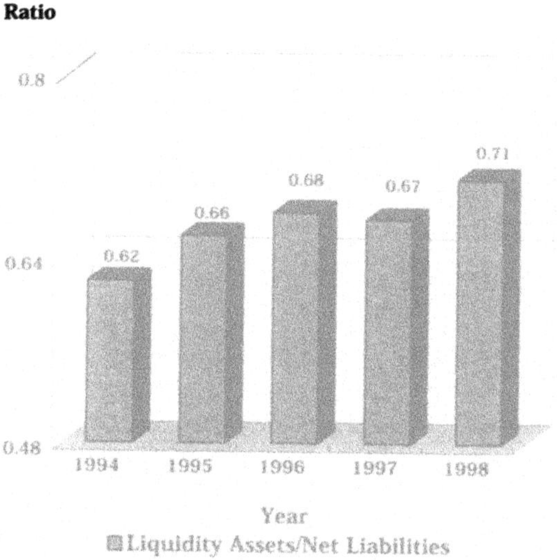

Net Leverage

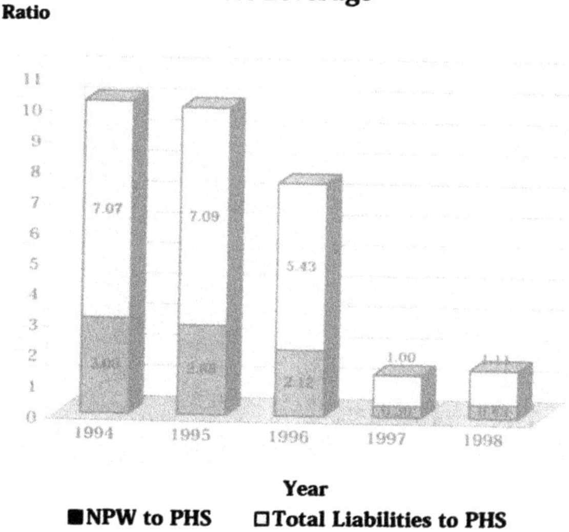

Note: The pre-1997 PHS values were not adjusted for the market value of assets.

Asset Analysis

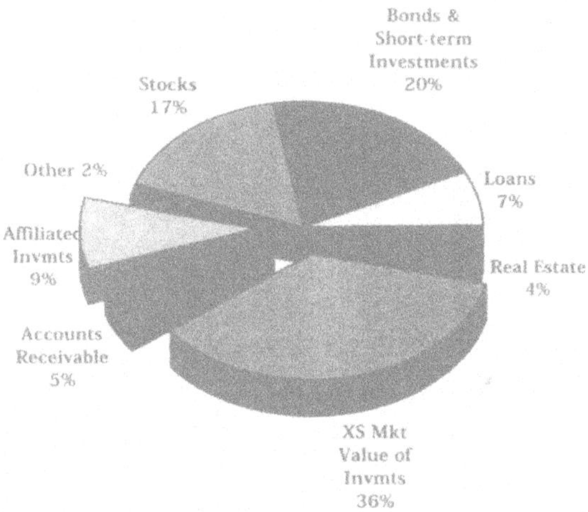

Total Admitted Assets
DM 40.4 Billion

Sensitivity Analysis

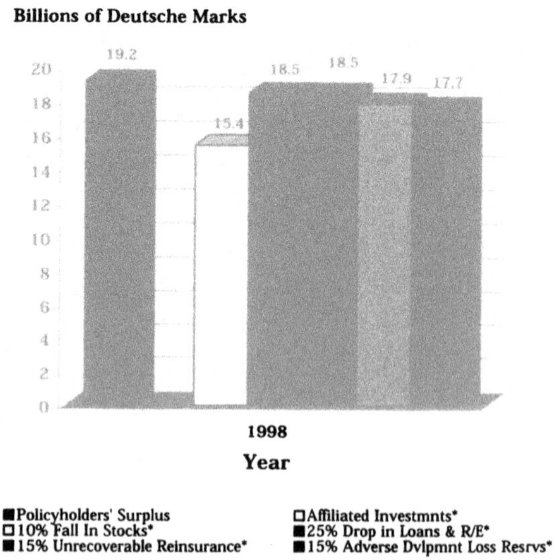

* These figures represent PHS adjusted for the specified item/scenario.

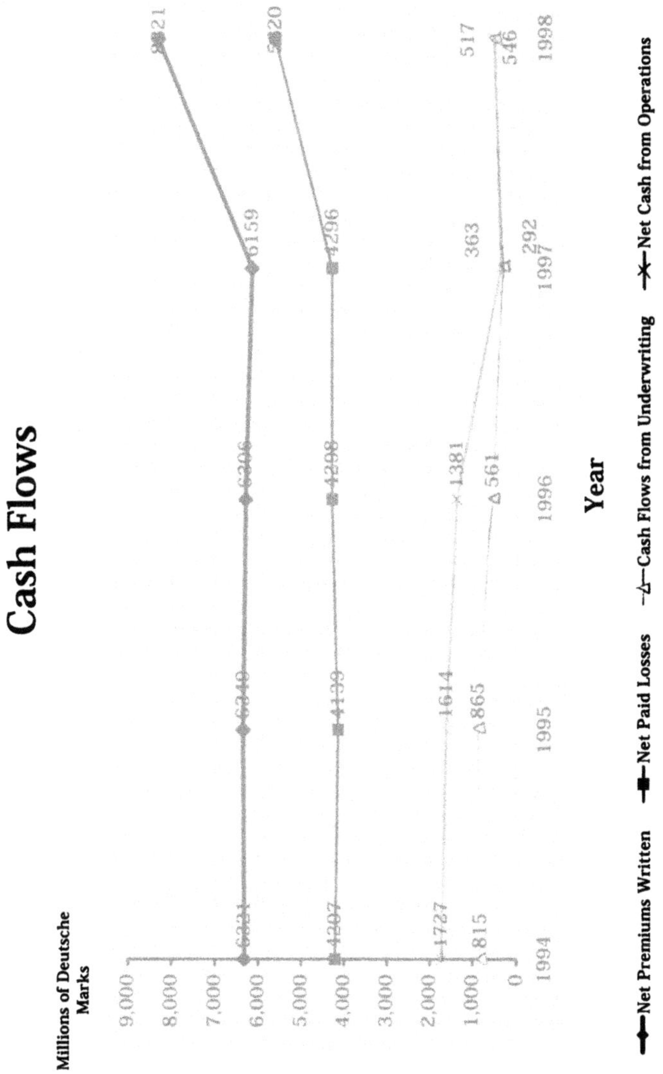
Cash Flows
Millions of Deutsche Marks
9,000
8,000
7,000
6,000
5,000
4,000
3,000
2,000
1,000
0
1994
1995
1996
1997
1998
Year
6321
6340
6306
6159
4207
4139
4208
4296
1727
1614
1381
363
517
815
865
561
292
546
Net Premiums Written
Net Paid Losses
Cash Flows from Underwriting
Net Cash from Operations

Profitability

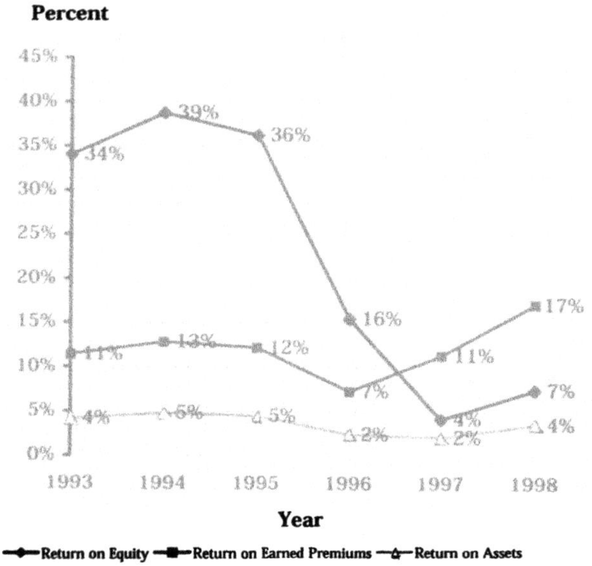

Note: The pre-1997 equity and asset values were not adjusted for the market value of assets.

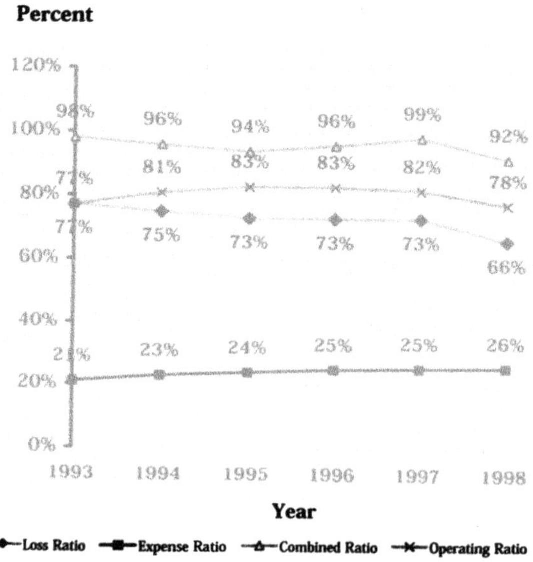

LITERATURVERZEICHNIS

Abram (2000):

Abram, Nils: Die Berufshaftpflichtversicherung für Versicherungsvermittler, in: Versicherungsrechtliche Studien, Band 62, hrsg. von Winter, Gerrit, Frankfurt am Main u.a. 2000.

Achleitner (1999):

Achleitner, Ann-Kristin (Hrsg.): Handbuch Investment Banking, Wiesbaden 1999.

Akerlof (1970):

Akerlof, George A.: The Market for "Lemons": Quality Uncertainty and the Market Mechanism, in: QJE, vol. 89/1970, S. 488-500.

Albach (1989):

Albach, Horst: Innovationsstrategien zur Verbesserung der Wettbewerbsfähigkeit, in: ZfB, 59/1989, S. 1338-1352.

Albers (1997):

Albers, Sönke: Beurteilung von Versicherungsmaklern durch Firmenkunden, in: VW 3/1997, S. 156-159.

Albrecht (1999):

Albrecht, Peter: Auf dem Weg zu einem holistischen Risikomanagement? In: VW 19/1999, S. 1404-1409.

Albrecht / Schradin (1998):

Albrecht, Peter / Schradin, Heinrich: Alternativer Risikotransfer: Verbriefung von Versicherungsrisiken, in: ZVersWiss 4/1998, S. 573-610.

Altenburger (1975):
Altenburger, Otto A.: Entscheidungsorientierte Kostenrechnung im Versicherungsbetrieb, in: ZversWiss 4/1975, S. 441-502.

Altenhoff/Busch/Chemnitz (1993):
Altenhoff, Rudolf / Busch, Hans / Chemnitz, Jürgen: Rechtsberatungsgesetz, 10. Auflage, Münster, 1993.

Altmeppen (1999):
Altmeppen, Holger: Die Auswirkungen des KonTraG auf die GmbH, in: ZGR 1999, S. 291-313.

Arnhofer (1982):
Arnhofer, Hermann: Grundlagen einer betriebswirtschaftlichen Theorie versicherungsgebundener Vermittlerbetriebe, Berlin, 1982.

Banham (1997):

Banham, Russ: Breaking Barriers, in: Reactions, 17/1997, S. 63-64.

Banham (1999):
Banham, Russ: Big, Bigger, Biggest, in: Reactions 19/1999, S. 12-18.

Bannister (1995):
Bannister, Jim: Insurance Notebook - Brokers Remuneration: Commission or Fee?, in: Lloyd's List v. 27.3.1995. Hrsg: Lloyd's of London Press Ltd., London, S. 20.

Bartram (1999):
Bartram, Söhnke: Corporate Risk Management: Eine empirische Analyse der finanzwirtschaftlichen Exposures deutscher Industrie- und Handelsunternehmen, Uhlenbruch 1999.

Bauer (1998):
Bauer, Wolf Otto: Alternativer Risikotransfer: Finanzrückversicherung, in: ZVersWiss 4/1998, S. 555-571.

Baumann (1999):
Baumann, Frank: Haftungsmanagement für Versicherungsmakler, in: VersVerm 11/1999, S. 512-514.

Baumann (1996):
Baumann, Hannes: Die Courtage des Versicherungsmaklers, Zürich 1996.

Baumbach/Hopt (1995):
Baumbach, Adolf / Hopt, Klaus: Handelsgesetzbuch, 29. Aufl., München 1995.

Baur/Schanz (1999):
Baur, Esther / Schanz, Kai-Uwe: Alternativer Risikotransfer (ART) für Unternehmen: Modeerscheinung oder Risikomanagement des 21. Jahrhunderts?, in: Sigma 2/1999. Hrsg: Schweizerische Rückversicherungsgesellschaft (Swiss Re).

BAV (1999):
BAV: Geschäftsbericht 1998, Teil B, Anhang 0, Tab. 010, S. A11 - A16, Berlin 1999.

Bea/Scheurer (1994):
Bea, Franz Xaver / Scheurer, Steffen: Die Kontrollfunktion des Aufsichtsrats, in: DB 1994, S. 2145-2152.

Beck'scher Bilanz-Kommentar (1995):
Beck'scher Bilanz-Kommentar. Handels- und Steuerrecht - §§ 238 bis 339 HGB. Bearbeitet von: Budde, Wolfgang Dieter / Clemm, Hermann u.a., München 1995.

Benkel/Reusch (1992):
Benkel, Gert A. / Reusch, Peter: Der Einfluß der Deregulierung der Versicherungsmärkte auf die Haftung des Versicherungsmaklers, in: VersR 31/1992, S. 1302-1319.

Benölken (1985):
Benölken, Heinz: Überlegungen zur Kooperation von Kreditinstituten und Versicherungen, in: ZfgK, 38/1985, S. 16-21.

Benz/Görgen (1999):
Benz, Andreas / Görgen, Frank: Perspektiven des Risk Managements im industriellen Sachversicherungsgeschäft, in: ZfV 10/1999, S. 289-292.

Berger/Schmidt (2000):
Berger, Marc / Schmidt, Detlef: Makler Betreuung läßt häufig noch Wünsche offen, in: VW 15/2000, S. 1156-1158.

Berghe/Verweire (1998):
Berghe, Lutgart van den / Verweire, Kurt: Creating the Future with All Finance and Financial Conglomerates, Dordrecht 1998.

Berliner (1982):
Berliner, Baruch: Die Grenzen der Versicherbarkeit von Risiken, Zürich 1982.

Betsch (1992):
Betsch, Oskar von: Allfinanz eine (un)mögliche Chance, in: bum 21/1987, Heft 11, S. 15-21.

Birnbach/Gruhn (2000):
Birnbach, Kai / Gruhn, Volker: E-Business-Potenziale in der Industrieversicherung, in: VW 21/2000, S. 1664-1669.

Bölscher/Aschenbrenner/Schulenberg (1999):
Bölscher, Jens / Aschenbrenner, Sebastian / Schulenberg, Mathias Graf v.: Nutzung des Internet als Informations-, Kommunikations- und Vertriebsmedium in der Versicherungswirtschaft, in: ZversWiss 1/1999, S. 207-214.

Boller/Rosenbaum (1995):
Boller, Hans Peter / Rosenbaum, Hugh: Determinanten der Risikoselbsttragung: Die Entscheidung zwischen Captive und Abzugsfranchise, in: VW 17/1995, S. 1180-1186.

Bosselmann (1994):
Bosselmann, Eckhard H.: Versicherungsmakler und deregulierte Versicherungsmärkte, Karlsruhe 1994.

Bosselmann (1996):
Bosselmann, Eckhard H.: Möglichkeiten und Grenzen von Maklergesetzen und Honorarberatungen, in: VW 13/1996, S. 883-886.

Bräuchle (1996):
Bräuchle, Georg: „Nettoprämien“ verändern die Versicherungslandschaft, in: Handelsblatt v. 7.11.1996, S. B 11. (Fortsetzung auf S. B 15).

Brauckmann (1999):
Brauckmann, Ulrich: Honorarberatung... und kein Ende in Sicht, in: VersVerm 10/1999, S. 465.

Bresser (1998):
Bresser, Rudi K. F.: Strategische Managementtheorie, Berlin, New York 1998.

Brinkmann (1993):
Brinkmann, Theodor: Leistungsspektrum und Funktion des Versicherungsmaklers, in: Beiträge über den Versicherungsmakler, hrsg. von der Hamburger Gesellschaft zur Förderung des Versicherungswesens mbH, Hamburg 1993, S. 65-78.

Bruck/Möller (1961):
Bruck, Ernst / Möller, Hans: Kommentar zum Versicherungsvertragsgesetz, Bd. 1, 8. Aufl., Berlin 1961.

Brühwiler (1994):
Brühwiler, Bruno: Internationale Industrieversicherung, Karlsruhe 1994.

Brühwiler/Stahlmann (1999):
Brühwiler, Bruno / Stahlmann, Bert: Innovative Risikofinanzierung: neue Wege im Risk Management, Wiesbaden 1999.

Bruhn (1999):
Bruhn, Manfred: Messung der Dienstleistungsqualität für Versicherungsunternehmen- Modell und empirische Ergebnisse, in: ZversWiss 1/1999, S. 111-147.

Buchner (1995):
Buchner, Dietrich: Vision und Wandel, in: Vision und Wandel. Neuorientierung und Transformation von Unternehmen. Hrsg. von: Buchner, Dietrich, Wiesbaden 1995, S. 11-48.

Bühner (1993):
Bühner, Rolf: Strategie und Organisation: Analyse und Planung der Unternehmensdiversifikation mit Fallbeispielen, Wiesbaden 1993.

Bühner (1994):
Bühner, Rolf: Betriebswirtschaftliche Organisationslehre, München u.a. 1994.

Bühner (1997):
Bühner, Rolf: Personalmanagement, Landsberg/Lech 1997.

Bülow (1995):
Bülow, Stephan: Netzwerk-Organisation für Allfinanzanbieter, Wiesbaden 1995.

Büschgen (1987):
Büschgen, Hans E.: Die Banken in der Dienstleistungsgesellschaft, in ZfgK 40/1987, S. 1116-1124.

Büschgen (1992):
Büschgen, Anja: Allfinanz als Marktbearbeitungskonzept privater Geschäftsbanken, Wiesbaden 1992.

Bullinger (1996):
Bullinger, Hans-Jörg: Management kreativer Unternehmen. Die Beherrschung von Strukturen und Prozessen lernender Organisationen, in: Lernende Organisationsformen. Hrsg. von Bullinger, Hans-Jörg, Stuttgart 1996.

Bullinger/Warnecke (1996):
Bullinger, Hans-Jörg / Warnecke: Neue Organisationsformen im Unternehmen, Berlin u.a. 1996.

BT-Drs. (1998):
Bundestag-Drucksache 13/9712 vom 28.01.1998, Gesetzentwurf der Bundesregierung. Entwurf eines Gesetzes zur Kontrolle und Transparenz im Unternehmensbereich (KonTraG).

Cecchetti (1997):
Cecchetti, Stephen G.: Understanding the Great Depression: Lessons for Current Policy, in: NBER Working Paper No. 6015, 4/1997.

Choe/Smithson (1999):
Choe, Caroline / Smithson, Charles: Whatever the Weather, in: Risk, September 1999, S. 94-95.

Clemens (1999a):
Clemens, Hubert: Auch unter den Maklern wird der Wettbewerb schärfer, in: VW 24/1999, S. 1874-1875.

Clemens (1999b):
Clemens, Hubert: Was auf dem Wunschzettel der Makler steht, in: VW 24/1999, S. 1875-1876.

Cockerell/Shaw (1979):
Cockerell, Hugh / Shaw, Gordon: Insurance Broking and Agency. The Law and Practice, London, 1979.

Conley (1999):
Conley, John: Waves of the future, in: Risk Management, Juli 1999, S. 12-19.

Conley (2001):
Conley, John: Aces in the Sleeve, in: Risk Management, März 2001, S. 54-60.

Currie (1998):
Currie, Antony: How to cover a black hole, in: Euromoney, Issue 346, Februar 1998, S. 12.

Deuringer (2000):
Deuringer, Christian: Organisation und Change Management, Wiesbaden 2000.

Deutsche Bundesbank (1994):
Finanzkonglomerate und ihre Beaufsichtigung, in: Monatsbericht April 1994, 46, S. 49-61.

Doenecke (1994):
Doenecke, Christian: Strategien und Strukturen international tätiger Industrieversicherungsmakler, in: Unabhängige Versicherungsvermittler im Blickfeld. Strategien in Versicherungsnetzwerken, hrsg. von: Sydow, Jörg, Karlsruhe 1994, S. 61-83.

Doman/Duchen/Markus (1999):
Doman, Andrew / Duchen, Theodore / Markus, Martin: Brokers vs. Insurers, in: The McKinsey Quarterly 3/1999, S. 26-35.

Durstin (1996):
Durstin, Oskar: Courtage als Beratungsvergütung? In: VW 15/1996, S. 1041.

Eickstädt (2001):
Eickstädt, Jan: Alternative Risikofinanzierungsinstrumente und ihr Beitrag zur Lösung aktueller Probleme der Industrieversicherung, München 2001.

Eisele (1999):
Eisele, Selma: „SMART - Strategic Risk Model for Advanced Risk Techniques"-Flyer der Marsh GmbH, München 1999.

Eisele/Steinmann (1999):
Eisele, Selma / Steinmann, Christian: „Risk Evaluation Group (REG)"-Flyer der Marsh GmbH, München 1999.

Elfgen/Klaile (1987):
Elfgen, Ralph / Klaile, Beatrice: Unternehmensberatung. Angebot, Nachfrage, Zusammenarbeit, Stuttgart, 1987.

Elliott (2000):
Elliott, Michael: Risk Financing, hrsg. Von: Insurance Institute of America, Pennsylvania 2000.

Elliott (2001):

Elliott, Michael: US $ 1.3 billion Financial Risk Program Arranged for Saab, http://www.marshweb.com/homepg.nsf, Stand: 08.03.2001.

Empson (2000):

Empson, Laura: Herausforderungen beim Wissensmanagement, in: Financial Times Deutschland v. 2.10.2000, S. 9-12.

Endert/Goodwin (2000):

Endert, Karlos van / Goodwin, Andrew: Upturn in Germany, in: Global Reinsurance, März 2000, S. 54-56.

eNews (2000):

eNews: Erste "Hacker"-Versicherung im Internet, http://www.wowowo.de/enews/2007.shtml, Stand: 12.03.2001.

Ewert (1997):

Ewert, Sven: Wer bezahlt den Makler und wie lange noch? In: VW 17/1997, S. 1248-1249.

Farny (1971):

Farny, Dieter: Absatz und Absatzpolitik des Versicherungsunternehmens, Heft 4, Karlsruhe 1971.

Farny (1986):

Farny, Dieter: Entwicklungen bei den Vertriebsverfahren für Versicherung, in: DBW 46/1986, S. 421-437.

Farny (1989):

Farny, Dieter: Versicherungsbetriebslehre, Karlsruhe 1989.

Farny (1991):
Farny, Dieter: Allfinanz - Das betriebswirtschaftliche Konzept, in: Allfinanz - Strukturwandel an den Märkten für Finanzdienstleistungen, Beihefte zu KuK, Heft 11/1991, S. 161-176.

Farny (1992):
Farny, Dieter: Buchführung und Periodenrechnung im Versicherungsunternehmen, 4. Aufl., Wiesbaden 1992.

Farny (1993a):
Farny, Dieter: Erfolgsfaktoren der Versicherungsmakler vor dem Hintergrund der Entwicklungen auf den nationalen und internationalen Versicherungsmärkten, in: ZVersWiss, 1993, S.339-361.

Farny (1993b):
Farny, Dieter: Versicherungsmakler im Privatkundengeschäft?, in: Beiträge über den Versicherungsmakler, hrsg. von der Gesellschaft zur Förderung des Versicherungswesens mbH, Hamburg 1993, S. 79-94.

Farny (1995):
Farny, Dieter: Versicherungsbetriebslehre, 2.Aufl., Karlsruhe 1995.

Farny/Helten/Koch (1988):
Farny, Dieter / Helten, Elmar / Koch, Peter: Handwörterbuch der Versicherung (HdV), Karlsruhe 1988.

Fehling (2000):
Fehling, Bernd-M.: Qualifizierter Manager-Schutz, in: VW 10/2000, S. 715-716.

Finsinger (1991):
Finsinger, Jörg: Best Advice - Beratung und Schutz für den Verbraucher?, in: Materialien zum 8. Trans-Forum der Transatlantischen Allgemeinen Versicherung AG zum Thema: The Rule of Best Advice - Hemmnis oder Chance für einen Versicherungsmarkt in Deutschland?, Hamburg 1991, S. 49-84.

Fischer (1999):
Fischer, Michael: Aufgaben des Risk Managers nach KonTraG, in: ZfV 10/1999, S. 292-297.

Fongemie (1999):
Fongemie, Claude: Independant Agents Rule Small-Commercial Market, but are Vulnerable to New Players, in: National Underwriter v. 27.9.1999, S. 3, 41.

Forster (1995):
Forster, Karl-Heinz: MG, Schneider, Balsam und die Folgen- was können Aufsichtsräte und Abschlussprüfer gemeinsam tun? In: Die Aktiengesellschaft 1995, S. 1-7.

Frankus (1972):
Frankus, Hans-J.: Fusionskontrolle bei Konglomeraten, Berlin 1972.

Frese (1998):
Frese, Erich: Grundlagen der Organisation, Wiesbaden 1998.

Frey (1996):
Frey, Peter: Neueres aus der Welt der Rückversicherung, in: VW 17/1996, S. 1186-1194.

Fritz (2000):
Fritz, Wolfgang: Internet Marketing und E-Commerce, Wiesbaden 2000.

Funk (2000):
Funk, Leberecht: Der Strukturwandel - Rückzug der Versicherer aus der Industrieversicherung? In: ZfV 22/2000, S. 822-823.

Funk-Gruppe (2001):
Funk-Gruppe: Internationale Versicherungsmakler & Risk Consultants, http://www.funk-gruppe.de/start.html, Stand: 14.03.2001.

Gäfgen/Endres (1989):
Gäfgen, Gerard / Endres, Alfred: Regulierung und Versicherungswirtschaft. Die ökonomische Perspektive, in: Versicherungsmärkte im Wettbewerb. Hrsg.: Forschungsgesellschaft für Wettbewerb und Unternehmensorganisation m.b.H., Baden-Baden 1989, S. 11-42.

Gaertner (1986):
Gaertner, Franz. E. v.: Risk Management und Versicherungsmakler, in: Risiko-Management [Schriften zur Unternehmensführung, Bd. 33], hrsg. von: Jacob Herbert, Wiesbaden, S. 81-94.

Gaese (1999):
Gaese, Ralf: Risk Management and Risk Measurement. A Geometric Approach to Risk Space Analysis, Bamberg 1999.

Gentile (1999):
Gentile, Peter: Alternative Risk Transfer - A world of options, in: ZfV 21/1999, S. 621-624.

Geppert/Heinrich (2000):
Geppert, Andreas / Heinrich, Klaus-Johann: Wie sich das KonTraG auf die Industrieversicherung auswirkt, in: VW 1/2000, S. 75-77.

Gjertsen (1997):
Gjertsen, Lee-Ann: Brokers Explore Capital Market Solutions, in: National Underwriter v. 1.12.1997, S. 22-23.

Gleißner/Meier/Lienhard (2000):
Gleißner, Werner / Meier, Günter / Lienhard, Herbert: Wertorientierte Risikobewältigung im Unternehmen, in: ZfV 10/2000, S. 316-319.

Godfrey (1998):
Godfrey, Peter: Broker Consolidation, in: Risk Management, August 1998, S. 10-22.

Graf (2000):
Graf, Baldur: Industrie-Feuerversicherung - heute eine Problemsparte wie auch vor 100 Jahren, in: ZfV 1/2000, S. 8-9.

Grieß (1988):
Grieß, Heinz-A.: Beratungshonorar - schon längst keine Vision mehr?, in: Materialien zum 5. Trans-Forum der Transatlantischen Allgemeinen Versicherung AG zum Thema: Beratungshonorar statt Courtage - Vision oder zwingende Notwendigkeit im Markt der Allfinanz-Dienstleistungen?, Hamburg 1988, S. 3-33.

Grieß/Zinnert (1992):
Grieß, Heinz-A. / Zinnert, Mario: Der Versicherungsmakler-Position und Funktion aus rechtlicher und wirtschaftlicher Sicht, Karlsruhe 1992.

Groh (1993):

Groh, Gerhard: Gedanken zur Rolle des Versicherungsmaklers bei der Produktgestaltung, in: Beiträge über den Versicherungsmakler, hrsg. von der Hamburger Gesellschaft zur Förderung des Versicherungswesens mbH, Hamburg 1993, S. 95-115.

Grothaus (1998):

Grothaus, Paul: Die Industrie-Versicherungsmärkte und deren neue Produkte: Wer blickt noch durch? In: ZfV 17/1998, S. 477-479.

Gumbel (1991):

Gumbel, Henry Edward: Wem dient der englische Makler?, in: ZfV 21/1991, S. 522-529.

Haberstock (1987):

Haberstock, Lothar: Kostenrechnung I, Wiesbaden 1987.

Hahn (1988):

Hahn, Oswald: Der Markt für Finanzdienstleistungen im Zeitvergleich, in: VW 3/1988 S. 190-196.

Haller (1989):

Haller, Matthias: Assekuranz 2000 ohne Außendienste?, in: Assekuranz im Wandel, Festschrift aus Anlaß des 125-jährigen Bestehens der Concordia Versicherungs-Gesellschaft auf Gegenseitigkeit, Karlsruhe 1989, S. 267 f.

Haller (1991):

Haller, Gert: Wandel der Finanzdienstleistung als Aufsichtsproblem, in: Allfinanz - Strukturwandel an den Märkten für Finanzdienstleistungen, Beihefte zu KuK, Heft 11/1991, S. 327-344.

Hanft/Wichelhaus (2000):

Hanft, Andreas / Wichelhaus, Ingo: Alternativer Risiko Transfer: Wetterderivate. Neue Wege für das unternehmerische Risikomanagement, in: VW 2/2000, S. 102-103.

Hansen/Nohria/Tierney (1999):

Hansen, Morten T. / Nohria, Nitin / Thierney, Thomas: Wie managen Sie das Wissen in Ihrem Unternehmen? In: HBM 5/1999, S. 85-96.

Harte/Trollmann (2000):

Harte, Solveig / Trollmann, Michael: Bleibt das Provisionsabgabeverbot oder fällt es ? In: VW 1/2000, S. 70-71.

Hartmann-Wendels (1989):

Hartmann-Wendels, Thomas: Principal-Agent-Theorie und asymmetrische Informationsverteilung, in: ZfB 7/1989, S. 714-734.

Hasenburg/Büchin (1998):

Hasenburg, Christof / Büchin, Erik: Reformen im Zeichen von Internationalität, Transparenz und Kontrolle. Broschüre von KPMG zum KonTraG, Berlin 1998.

Heinz (1999):

Heinz, Michael: Honorarberatung - ein „Dauerbrenner", in: VersVerm 2/1999, S. 64.

Helten/Karten (1991):

Helten, Elmar / Karten, Walter: Das Risiko und seine Kalkulation, in: Versicherungsenzyklopädie, hrsg. von: Große, Walter / Müller-Lutz, Heinz Leo / Schmidt, Reimer, Bd. 2, 4. Aufl., Wiesbaden 1991, S. 125-290.

Herold (1993):
Herold, Bodo: Schutz vor Naturkatastrophen, Köln 1993.

Herold (1999):
Herold, Bodo: Die Zukunft der Industrieversicherung, in: ZfV 18/1999, S. 515-520.

Herold/Jörissen (1998):
Herold, Bodo / Jörissen, Hermann: Die Kunst der Preiskalkulation in der Industrieversicherung, in: ZfV 22/1998, S. 667-673.

Herold/Luttmer/Winkler (1993):
Herold, Bodo / Luttmer, Gerhard / Winkler, Klaus: Die Misere in der Industrie-Versicherung - oder die fehlerhafte Preiskalkulation, in: VP 3/1993, S. 41-47.

Herold/Paetzmann (1997):
Herold, Bodo / Paetzmann, Karsten: Innovation als Wettbewerbsfaktor in der Industrieversicherung, in: ZfV 22/1997, S. 671-678.

Herold/Paetzmann (1999):
Herold, Bodo / Paetzmann, Karsten: Alternativer Risiko-Transfer, München 1999.

Hertel/Sartorius (1994):
Hertel, Achim / Sartorius, Bodo: Innovatives Zielgruppenmarketing für Versicherungen ab Juli 1994, Karlsruhe 1994.

Hess (1999):
Hess, Thomas: Katastrophenversicherungen wachsen, in FAZ vom 19.10.1999, S. B7.

Hets (1995):
Hets, Stefan: Captive Insurance Company: Ein risikopolitisches Instrument für deutsche Industrieunternehmen, Wiesbaden 1995.

Holzer/Makowski (1997):
Holzer, Peter / Makowski, Andreas: Corporate Governance, in: DB 1997, S. 688-692.

Hoock/Schönberg (1990):
Hoock, Reinhard / Schönberg, Rainer: Szenario der Markt- und Wettbewerbsstrukturen der europäischen Industrieversicherung in den 90er Jahren, in: VW 4/1990, S. 206-211.

Hoß (1993):
Hoß, Axel: Beurteilung von Wettbewerbspraktiken in der Versicherungswirtschaft anhand des UWG, Köln 1993.

Howard (1994):
Howard, Lisa S.: IBM Outsources Risk Management, in: National Underwriter, v. 3.10.1994, S. 62-63.

Howard (2000):
Howard, Lisa S.: Brokers to Decline as Direct Sales Gain, in: National Underwriter, v. 1.5.2000, S. 31-32.

Hübener (1993):
Hübener, Jürgen: Die Rechtsberatung des Versicherungsmaklers - Abgrenzung zum Versicherungsberater, in: Beiträge über den Versicherungsmakler, hrsg. von der Hamburger Gesellschaft zur Förderung des Versicherungswesens mbH, Hamburg 1993, S. 115-137.

Hunsdorfer (1992):
Hunsdorfer, Andreas: Zulassungsvoraussetzungen für Versicherungsmakler in Großbritannien und Frankreich - eine rechtsvergleichende Untersuchung, Köln 1992.

Illner (1996a):
Illner, Manfred: Die Bedeutung der Betriebskosten als Wettbewerbsfaktor im Industrieversicherungsgeschäft, in: VP 7/1996, S. 109-116.

Illner (1996b):
Illner, Manfred: Die industrielle Sachversicherung, in: VP 15/1996, S. 1035-1037.

Illner (1998a):
Illner, Manfred: Wettbewerb im Industrieversicherungsgeschäft, in: Allianz Report 4/1998, S. 225-231.

Illner (1998b):
Illner, Manfred: Wettbewerbsfaktor „Qualität", in: VP 2/1998, S. 25-32.

Insurance City (2000):
Insurance City: Pressemitteilung: Aon Jauch & Hübener und Insurance City gründen Joint-Venture für Belegschaftsgeschäft via Internet, http://www.insurancecity.de/cityhtml/presse/presseinfo-17-07-00.html, Stand: 12.03.2001.

Jannott (2000):
Jannott, Edgar: Ein anderes Modell für eine Fusion, in: ZfV 2/2000, S. 39-45.

Jauering (2001):
Jauering, Stefan: Maklervertrag: Bietet eine vereinbarte Kündigungsfrist Vorteile? In: VW 6/2001, S. 425-426.

JP Morgan Securities (1997):
MMC - Awake, Alert and Growing (Part II), Stock Analyst's Report von JP Morgan Securities, in: Business Insurance v. 18.7.1997, S. 6-9.

Kahl (1992):
Kahl, Verena: Wettbewerbswirkungen konglomerater Unternehmenszusammenschlüsse, Göttingen 1992.

Kahn (1997):
Kahn, Stephen P.: Service Provider Compensation, in: The Risk Report. Hrsg.: International Risk Management Institute, Inc., Dallas, U.S.A., Bd. 19, Nr. 9, 5/1997, S. 1-12.

Karten (1993):
Karten, Walter: Risk Management, in: Handwörterbuch der Betriebswirtscahft Bd. 3, hrsg. von: Wittmann, W., Kern, W. u.a., 5. Aufl., Sp. 3825-3836, Stuttgart 1993.

Keil (1990):
Keil, Christoph: Der Versicherungsmakler im gegenwärtigen und zukünftigen Markt, in: VW 6/1990, S. 311-321.

Kiep (2000):
Kiep, Walther: Ganzheitliches Risk Management- gesteigerte Ertragskraft, in: ZfV 10/2000, S. 314-316.

King (1999):
King, Stephen: Bubble Trouble, HSBC Economics & Investment Strategy, London 1999.

Kloock/Sieben/Schildbach:
Kloock, Josef / Sieben, Günter / Schildbach, Thomas: Kosten- und Leistungsrechnung, Düsseldorf 1993.

Knebel (2000):
Knebel, Eberhard: Holistisches Risk Management aus der Sicht von Weltunternehmen, in: Exposure 3/2000, hrsg. von: ERC Frankona, S. 15-17.

Knospe (1998):
Knospe, Jörg: Sorge um Marktbereinigung und Haftungsverschärfung, in: VW 11/1998, S. 771-774.

Knospe (2000):
Knospe, Jörg: Der erste Schritt zur Superbehörde? In: VW 22/2000, S. 1747.

Krallmann/Boekhoff/Bogdandy (1996):
Krallmann, Hermann / Boekhoff, Hanno / Bogdandy, Christian von: Multiagentensysteme für die technologische Unterstützung der lernenden Organisation, in: Lernende Organisationen. Hrsg. von Bullinger, Hans-Jörg, Stuttgart 1996, S. 175-198.

Kromschröder (1997):
Kromschröder, Bernhard: Die Versicherungsmakler-Dienstleistung als Bestandteil des Produktes Versicherungsschutz, in: ZVersWiss 1/2/1997, S. 59-80.

Kromschröder/Buchwieser/Gründl/Haindl (1992):
Kromschröder, Bernhard / Buchwieser, Susanne / Gründl, Helmut / Haindl, Albrecht: Qualität und Qualitätsmanagement in der Versicherungswirtschaft, in ZfB 62, 1992, S. 43-74.

Kromschröder/Lück (1998):
Kromschröder, Bernhard / Lück, Wolfgang: Grundsätze risikoorientierter Unternehmensführung, in: Der Betrieb 32/1998, S. 1573-1576.

Kubr (1988):

Kubr, Milan: Management Consulting. A Guide to the Profession, 2.Aufl., Genf 1988.

Kürsten (1994):

Kürsten, Wolfgang: Finanzkontrakte und Risikoanreizproblem, Wiesbaden 1994.

Küster/Stapf (2001):

Küster, Stefanie / Stapf, Jörg: Umstrukturierung der Wertschöpfungskette, in: VW 3/2001, S. 190-192.

Kuntz (1991):

Kuntz, K.: Die BGH-Anforderungen an den Versicherungsmakler, in: ZfV 2/1991, S. 34-35.

Kuntze (1989):

Kuntze, Wolfgang: Allfinanz, in: ZfgK 42/1989, S. 717-720.

Kutz (1993):

Kutz, S.: Die Vergütung von Vermittlungsdienstleistungen aus Sicht der Versicherungsnehmer, in: VW 9/1993, S. 564-569.

Lach (1991):

Lach, Helge: Profit-Center im Versicherungsmaklerbetrieb, in: ZversWiss 80/1991, S. 599ff.

Lahno (1987):

Lahno, Ewald: Die Funktion des Versicherungsmaklers im liberalisierten Industrieversicherungsmarkt, in: VW 7/1987, S. 428-435.

Lane/Beckwith (2001):
Lane, Morton / Beckwith, Roger: Current Trends in Risk-Linked Securitizations, http://www.lanefinancialllc.com, Stand: 17.05.2001.

Lansch (2001):
Lansch, Rita: Versicherer geben ihren Kunden mehr Einblick, in: HB v. 14.03.2001, S. 42.

Lenckus (1997):
Lenckus, Dave: And then there were 10. Megamergers change complexion of brokerage industry, in: Business Insurance v. 21.7.1997, S. 3-49.

Linsingen (1988):
Linsingen, Detlev Freiherr v.: Technik als Motor für die Kooperation von Banken und Versicherungen, in: VW 11/1988, S. 755-763.

Looman (1988):
Looman, Volker: Erfolgsunabhängige und honorarpflichtige Beratung in der Finanzdienstleistung, in: Materialien zum 5. Trans-Forum der Transatlantischen Allgemeinen Versicherung AG zum Thema: Beratungshonorar statt Courtage - Vision oder zwingende Notwendigkeit im Markt der Allfinanz-Dienstleistungen?, Hamburg 1988, S. 83-105.

Lück (1998):
Lück, Wolfgang: Elemente eines Risiko-Managementsystems, in: DB 1998, S. 8-14.

Lütke-Bornefeld (1990):
Lütke-Bornefeld, Peter: Allfinanzstrategien in Deutschland und der Vertrieb von Lebensversicherungen, in: VW 15/1990 S. 970-975.

Lukarsch (1993):
Lukarsch, Gerhard: Grundprobleme des Versicherungsmarktes, Wiesbaden 1993.

Maleri (1991):

Maleri, R.: Grundlagen der Dienstleistungsproduktion, 2. Aufl., Berlin/Heidelberg u.a. 1991.

Marsh & McLennan (1988):
Marsh & McLennan: Festschrift zum "Broker's Compensation Seminar", Marsh & McLennan, v. Oktober 1988 in Princeton, New Jersey, U.S.A., unveröffentlicht.

Maskos/Schüler (1999):
Maskos, Christian / Schüler, Gerd: „Multi Line - Multi Year"-Flyer der Marsh GmbH, München/Stuttgart 1999.

Matusche (1993):
Matusche, Annemarie: Pflichten und Haftung des Versicherungsmaklers, 3. Aufl., Karlsruhe 1993.

McCullough (1995):
McCullough, Kathleen: Catastrophe Insurance Futures, in: Risk Management, August 1995, S. 31-40.

McCurrach (1992):
McCurrach, Gordon: Guide to Fees & Commissions. Hrsg.: Origo Services Ltd., London 1992.

McKinsey & Company (1988):
McKinsey & Company, Inc. (1988): Marktstudie - „Analyse des Marktes der Makler und Mehrfachagenten", Düsseldorf Februar 1988.

Meulbroek (2000):
Meulbroek, Lisa: 'Total Strategies for Company-Wide Risk Control' aus der "Mastering Risk"-Reihe der Financial Times vom 09.05.2000, S. 2-5.

Meyer (1999):
Meyer, Claus-Peter: Courtage, Honorare und Konflikte, in: VK 1/1999, S. 24-25.

Michaels (1996):
Michaels, Bernd: Die Chancen des Umbruchs ergreifen, in: Beilage zu VW (51) 23/1996, S. 3-13.

Möller (1944):
Möller, Hans: Recht und Wirklichkeit der Versicherungsvermittlung, Hamburg 1944.

Möller (1970):
Möller, Hans: Die Rechtsstellung des deutschen Versicherungsmaklers speziell in der internationalen Wirtschaft, in: VW 16/1970, S. 1004-1010.

Moll-Iffland (1997):
Moll-Iffland, Erika: Firmenverbundene Vermittler: Alle Merkmale eines Maklers, in: VW 7/1997, S. 475.

Moll-Iffland (1998):
Moll-Iffland, Erika: Die Vergütung des Versicherungsmaklers: Schlechte Karten für Beratungshonorare, in: VW 24/1998, S. 1760-1762.

Müller (2000):
Müller, Eberhard: Pluralität der Risikoabsicherungsinnovation, in: ZversWiss 4/2000, S. 193-223.

Müller/Schaefer (2000):
Müller, Andreas / Schaefer, Cornelia: ART-Produkte aus Investorensicht, in: VW 17/2000, S. 1279-1283.

Müller-Stein (1996):
Müller-Stein, Jörg: Haftungsabschluß bzw. Haftungsabgrenzung des Versicherungsmaklers in AGB, in: VW 15/1996, S. 1062-1063.

Mundy/Wheeler (1999):
Mundy, Chris / Wheeler, Louise: „Marsh 1999 Risk Transfer Survey" der Marsh GmbH - Befragung der 'Times Top 1000' und der 'Times European 500' Unternehmen.

Muth (1994):
Muth, Michael: Versicherungswirtschaft im Umbruch, in: VW 5/1994, S. 288-298.

Nakada/Stevens/Berre (2000):

Nakada, Peter / Stevens, Anthony / Berre, Stein: Integriertes Risiko- und Bilanzmanagement, in: ZfV 10/2000, S. 307-314.

Nell/Richter (1999):
Nell, Martin / Richter, Andreas: Catastrophe Index-Linked Securities and Reinsurance as Substitutes. Unterlagen zum Vortrag im Rahmen des „8th Symposium on Finance, Banking and Insurance", Universität Karlsruhe, 15.-17. Dezember 1999.

Neumann (1998):
Neumann, Horst: Neue gesetzliche Regelungen zur Überwachung des Unternehmensmanagements - Gesetz zur Kontrolle im Unternehmensbereich (KonTraG), in: BuW 1998, S. 481-488.

Newsletter (1997):
Newsletter: The Marsh & McLennan Companies Newsletter No. 907 v. 28.03.1997.

Noehrbass (2000):
Noehrbass, Norbert: Der Makler ist tot! Es lebe der Makler! In: VW 15/2000, S. 1102-1110.

Nowitzky (1995):
Nowitzky, Klaus: Internationales Risiko-Management - Wie weltweite Makler-Netzwerke funktionieren, in: ZfV, 4/1995, S. 94-95.

Nücke/Feinendegen (1999):
Nücke, Heinrich / Feinendegen, Stefan: Integriertes Risikomanagement. Broschüre von KPMG, Berlin 1999.

O.V. (1975):
o.V.: Grundsatz „Die Provision teilt das Schicksal der Prämie" gilt auch für Versicherungsmakler, in: VW 3/1975, S.186-188.

o.V. (1996):
o.V.: Move to Fee-Based Services, in: Business Insurance v. 22.7.1996, S. 8-9.

o.V. (1997a):
o.V.: Survival of the Fittest - Die deutschen Makler stehen vor erheblichen Herausforderungen, in: ZfV 24/1997, S. 748-749.

o.V. (1997b):
o.V.: Ein neuer Ansatz im Risk-Management? In: VW 3/1997, S. 191-193.

o.V. (1997c):
o.V.: Großmakler: Verlust der Unabhängigkeit, in: ZfV 22/1997, S. 690.

o.V. (1998a):
o.V.: Wissen, woher der Wind Pfeift, in: Wirtschaftskurier, September 1998.

o.V. (1998b):
o.V.: Weicher Markt, harte Forderungen, in: ZfV 21/1998, S. 540-542.

o.V. (1998c):
o.V.: Schlechte Zeiten haben auch ihr Gutes, in: VW 1/1998, S. 65-66.

o.V. (1998d):
o.V.: Alternative Risikofinanzierung, in: VW 1/1998, S. 66-67.

o.V. (1998e):
o.V.: Risiko-Management: Hoch geschätzt, selten gefragt, in: VK 11/1998, S. 28-29.

o.V. (1998f):
o.V.: Vom Verkäufer zum Berater, in: HB v. 17.9.1998, S. 21.

o.V. (1998g):
o.V.: Industriekunden fordern von den Versicherungen bessere Ideen, in: HB v. 25.9.1998, S. 22.

o.V. (1998h):
o.V.: Industrieprämien im freien Fall, in: ZfV 18/1998, S. 506.

o.V. (1998i):
o.V.: Industrielle und gewerbliche Feuerversicherung, in: VW 10/1998, S. 709-710.

o.V. (1999a):
o.V.: Von der Kunst, auf dem Seil zu tanzen, in: ZfV 1/1999, S. 27.

o.V. (1999b):
o.V.: Die Konzentration nimmt zu, in: VW 19/1999, S. 1390-1391.

o.V. (1999c):
o.V.: Zur Stellung des Versicherungsmaklers, in: VersVerm 9/1999, S. 411.

o.V. (1999d):
o.V.: Makler verdienen mit E-Commerce, in: ZfV 22/1999, S. 756.

o.V. (1999e):
o.V.: Online-Makler, in: ZfV 19/1999, S. 570.

o.V. (1999f):
o.V.: Die Sorgen der Makler, in: ZfV 19/1999, S. 570.

o.V. (1999g):
o.V.: Maklerfusionen kosten Arbeitsplätze, in: VersVerm 3/1999, S. 77.

o.V. (1999h):
o.V.: Multi-Line-Produkt für Privatkunden, in: ZfV 3/1999, S. 75.

o.V. (1999i):
o.V.: Auch unter den Maklern wird der Wettbewerb schärfer, in: VW 24/1999, S. 1874-1875.

o.V. (1999j):
o.V.: Was auf dem Wunschzettel der Makler steht, in: VW 24/1999, S. 1875-1876.

o.V. (1999k):
o.V.: Neues internationales Makler-Netz, in: ZfV 15-16/1999, S. 466.

o.V. (1999l):
o.V.: Maklerverhaltenskodex, in: ZfV 7/1999, S. 201.

o.V. (1999m):
o.V.: Deckungsverbesserung in der D&O-Versicherung, in: VW 16/1999, S. 1183.

o.V. (1999n):
o.V.: Feuerversicherung hat wohl die Talsohle erreicht, in: HB v. 17.03.1999, S. 29.

o.V. (1999o):
o.V.: Bei Feuerversicherung Prämienminus von 16,5% erwartet, in: HB v. 05.10.1999, S. 26.

o.V. (2000a):
o.V.: Belegschaftsgeschäft via Internet, in: VW 15/2000, S. 1158.

o.V. (2000b):
o.V.: Makler und E-Commerce, in: ZfV 19/2000, S. 674-675.

o.V. (2000c):
o.V.: Ein Leben nach der Courtage, in: ZfV 19/2000, S. 675-677.

o.V. (2000d):
o.V.: Der härtere Markt kommt, in: ZfV 5/2000, S. 135-136.

o.V. (2000e):
o.V.: Auf Sanierungskurs. Industrieversicherung am Wendepunkt? In: ZfV 5/2000, S. 824-825.

o.V. (2000f):
o.V.: Aon Jauch & Hübener geht ins Netz, in: ZfV 15/2000, S. 564.

o.V. (2000g):
o.V.: Makler und Versicherer kommunizieren im Internet, in: ZfV 4/2000, S. 118.

o.V. (2000h):
o.V.: Optimistische Makler, in: ZfV 12/2000, S. 434.

o.V. (2000i):
o.V.: Arbeitsplatzabbau bei Aon, in: ZfV 23/2000, S. 847.

o.V. (2001a):
o.V.: Passende Policen im Überblick, in: VW 1/2001, S. 76-77.

o.V. (2001b):
o.V.: Vermittlerthemen im BAV-Geschäftsbericht 1999, in: VW 2/2001, S. 130-131.

o.V. (2001c):
o.V.: Mitarbeiterqualifizierung als Alternative zur IT Green Card, in: VW 3/2001, S. 202-203.

o.V. (2001d):
o.V.: Makler-Anschluss an das Internet-Zeitalter, in: VW 4/2001, S. 276-277.

o.V. (2001e):
o.V.: Allianz will Dresdner Bank übernehmen, in: SZ v. 29.03.2001, S. 1, 25.

o.V. (2001f):
o.V.: Berliner Stromkonzern testet Wetter-Wette, in: Die Welt v. 15.05.2001, S. 19.

Paetzmann/Weiler (2000):
Paetzmann, Karsten / Weiler, Gabriele: Multiline Multiyear-Produkte für Industrieunternehmen, in: ZfV 7/2000, S. 206-213.

Pausenberger (1992):
Pausenberger, Ehrenfried: Internationale(n) Unternehmung, Organisation der, in: Handwörterbuch der Organisation. Hrsg. von Frese, Erich, Stuttgart 1992, Sp. 1052-1066.

Perez (1995):
Perez, Jack: Comparing fees and commissions: fees acknowledge the demands of clients who need consulting services as well as placemement of insurance, in: Risk Management. Hrsg.: Risk Management Society Publishing Inc., 1995, S. 39-42.

Pernicky (1999):
Pernicky, Rudolf: Die Alternative für Versicherungsmakler-Aufbruch oder Einbruch, in: VW 21/1999, S. 1646-1648.

Pohlmann (1996):

Pohlmann, Jens: Gestaltungsmöglichkeiten bei der Versicherungssteuer, in: Der Betrieb, Heft 47, 1996, S. 2359-2363.

Porter (1992):

Porter, Michael E.: Wettbewerbsstrategie, Frankfurt am Main/New York 1992.

Posny (1998):

Posny, Harald: Branche befürchtet Erhöhung der Versicherungsteuer, in: Die Welt v. 12.3.1998, S. 25.

Postinett (1997):

Postinett, Axel: Großfusionen wirbeln den Markt durcheinander, in: HB v. 25.2.1997, S. 24.

Prölss/Martin (1992):

Prölss, Jürgen / Martin, Anton: Kommentar zum Versicherungsvertragsgesetz, 25. Aufl., München 1992.

Rehäuser/Krcmar (1996):

Rehäuser, Jacob / Krcmar, Helmut: Wissensmanagement in Unternehmen, in: Managementforschung 6, Wissensmanagement. Hrsg. von Schreyögg, Georg / Conrad, Peter, Berlin u.a. 1996, S. 3-40.

Reichwald/Koller (1996):

Reichwald, Ralf / Koller, Hans: Die Dezentralisierung als Maßnahme zur Förderung der Lernfähigkeit von Organisationen- Spannungsfelder auf dem Weg zu neuen Innovationsstrategien, in: Lernende Organisationen. Hrsg. von Bullinger, Hans-Jörg, Stuttgart 1996, S. 105-153.

Reinecke (1989):
Reinecke, Rolf-Dieter: Akkulturation von Auslandsaquisitionen. Eine Untersuchung zur unternehmenskulturellen Anpassung, Wiesbaden 1989.

Reißaus/Wambach (2000):
Reißaus, Rüdiger / Wambach, Achim: Rückversicherungen und Alternative Risikotransfers: Ein theoretischer Vergleich, in: ZversWiss 4/2000, S. 635-655.

Renggli (2000):
Renggli, Thomas: „ART 2000"- Entwicklungstendenzen in der nicht-traditionellen Risikofinanzierung, in: ZfV 7/2000, S. 213-215.

Riedle (1996):
Riedle, Lothar: Erfahrungsbericht Nettoprämien, Vortrag für das 2. FORUM Industrieversicherungen v. 12.9.1996 in Köln, S. 57-73 im Rahmen einer Veranstaltung des FORUM Instituts für Management GmbH, Heidelberg 1996, unveröffentlicht.

Roberts (1999):
Roberts, Sally: Demand Driving M&A, in: Business Insurance v. 22.3.1999, S. 2, 22.

Roland Berger (1992):
Roland Berger & Partner GmbH (1992): Marktstudie - „Szenario der Markt- und Wettbewerbsstrukturen der europäischen Industrieversicherung in den 90er Jahren", München Juli 1992.

Romeike (2000):
Romeike, Frank: IT Risiken und Grenzen traditioneller Risikofinanzierungsprodukte, in: ZfV 17/2000, S. 603-610.

Rudolf (2000):
Rudolf, Markus: Wetterrisiken im Spannungsfeld zwischen Kapital- und Versicherungsmarkt. Das versicherungstechnische Risiko und dessen mögliche Verringerung im „Wettermarkt", in: VW 10/2000, S. 689-691.

Ryan (2001):
Ryan, Jane van: Global Integrity Teams with Marsh to Secure E-Commerce for Financial Services Industry, http://www.marshweb.com/homepg.nsf, Stand: 08.03.2001.

Sanatmero (1995):
Sanatmero, Anthony: Financial Risk Management: The Whys and Hows, in: Financial Markets, Institutions & Instruments, Vol. 4(5), S. 1-14.

Sandkühler (2000):
Sandkühler, Hans-Ludger: Die Professionalisierung freier Versicherungsmakler, in: ZfV 19/2000, S. 668-674.

Sartorius/Vick (1998):
Sartorius, Bodo / Vick, Swantje: Was wollen gewerbliche Kunden wirklich? (I-III), in: VW 3/1998, S. 201-203, VW 4/1998, S. 268-270, VW 5/1998, S. 324-327.

Schade/Schott (1993):
Schade, Christian / Schott, Eberhard: Instrumente des Kontraktgütermarketing, in: Der Betriebswirt 1993, S. 491-511.

Scharpf (1997):
Scharpf, Paul: Die Sorgfaltspflichten des Geschäftsführers einer GmbH, in: DB 1997, S. 737-743.

Scheele (1992):
Scheele, Jochen: Die Position des Versicherungsmaklers im europäischen Binnenmarkt, in: VP 1992, S. 217-222.

Scheele (1993):
Scheele, Jochen: Die Rolle des Maklers in einem sich ändernden Umfeld, in: Materialien zum 10. Trans-Forum der Transatlantischen Allgemeinen Versicherung AG zum Thema: Die Entwicklung der Versicherungsindustrie zwischen Prophezeiung und Prognose, Hamburg 1993, S. 143-156.

Scheiper (1996):
Scheiper, Sabine: Der Versicherungsmakler. Aufgabe und Vergütungssystem im Wandel, Frankfurt am Main u. a. 1996.

Scherzer/Usher (1999):
Scherzer, Martin / Usher, Stephen: Insurance Earnings: A Quest Worth Pursuing? In: The Marsh & McLennan Companies Quarterly 1/1999, S. 9-14.

Schildbach (1995):
Schildbach, Thomas: Der handelsrechtliche Jahresabschluß, Berlin 1995.

Schimming (1982):
Schimming, Werner: Industrieversicherungsgeschäft - Wirklichkeit und Erwartung aus Sicht eines firmenverbundenen Vermittlers, in: Mit Sicherheit gewinnen, hrsg. von Michael Muth, Karlsruhe 1982, S. 159-170.

Schimming (1997):
Schimming, Werner: Herausforderungen an den Industrieversicherungsmarkt, in: ZfV 9/1997, S. 234-240.

Schirmer (1994):
Schirmer, Helmut: Ist der deutsche Versicherungsmakler bereits ein Makler europäischen Zuschnitts?, in: Materialien zum 11. Trans-Forum der Transatlantischen Allgemeinen Versicherung AG zum Thema: Die Dienstleistung „Versicherung" als Dienstleistung des Versicherungsmaklers, Hannover 1994, S. 37-56.

Schlicht (1998):
Schlicht, Günter: Situationsbeschreibung der Industrieversicherung - gestern, heute und morgen, in: VP 10/1998, S. 181-189.

Schmalen (1993):
Schmalen, Helmut: Grundlagen und Probleme der Betriebswirtschaft, Köln 1993.

Schmid (1994):
Schmid, Robert: Versicherungsmakler im Industriegeschäft-Strategien und strategische Einschätzungen der debis-Assekuranz, in: Unabhängige Versicherungsvermittler im Blickfeld. Strategien in Versicherungsnetzwerken, hrsg. von: Sydow, Jörg, Karlsruhe 1994, S. 85-99.

Schradin (1998):
Schradin, Heinrich R.: Finanzielle Steuerung der Rückversicherung unter besonderer Berücksichtigung von Großschadenereignissen und Fremdwährungsrisiken, Karlsruhe 1998.

Schreyögg (1993):
Schreyögg, Georg: Unternehmenskultur zwischen Globalisierung und Regionalisierung, in: Globalisierung der Wirtschaft. Einwirkungen auf die Betriebswirtschaftslehre. Hrsg. von Haller, Matthias u.a., Bern u.a. 1993, S. 149-170.

Schwebler (1993):
Schwebler, Robert: Einsatz von Finanzinnovationen in der Versicherungswirtschaft, Karlsruhe 1993.

Schwintowski/Schäfer (1997):
Schwintowski, Hans-Peter / Schäfer, Frank A.: Bankrecht: Commercial Banking - Investment Banking, München 1997.

Sclafane (1995):
Sclafane, Susanne: Insurers Can Soon Swap Cat Exposure, in: National Underwriter v. 31.07.1995, S. 1.

Seidel (1998):
Seidel, Uwe M.: Die Auswirkungen des Gesetzes zur Kontrolle und Transparenz im Unternehmensbereich (KonTraG) auf die betriebliche Praxis, in: CM 5/1998, S. 363-369.

Seul (1997):
Seul, Philipp: Unveröffentlichte Diplomarbeit zum Thema: Das Honorar als Alternative zur Courtage: Eine kritische Auseinandersetzung mit dem Vergütungssystem deutscher Industrieversicherungsmakler, Universität Passau, Lehrstuhl für Betriebswirtschaftslehre mit Schwerpunkt Versicherungswirtschaft und Risikotheorie, Passau 1997.

Sieg (1982):
Sieg, Karl: Entwicklungslinien des Versicherungsvermittlerrechts, in: ZVersWiss 1982, S. 143-170.

Sieg (1991):
Sieg, Karl: Allgemeines Versicherungsvertragsrecht, in: Versicherungsenzyklopädie, hrsg. von: Große, Walter / Müller-Lutz, Heinz Leo / Schmidt, Reimer, Bd. 3, 4. Aufl., Wiesbaden 1991, S. 309-490.

Sieger (1983):
Sieger, Jürgen: Die Rechtsstellung des englischen Versicherungsmaklers (insurance broker), Karlsruhe 1983.

Slottko (1992):
Slottko, Sven-Michael: Der eigene weg der Deutschen Bank, in: ZfgK 45/1992, S. 626-630.

Souter (1999):
Souter, Gavin: Trio Forms New MGA for Alternative Risks, in: Business Insurance v. 24.5.1999, S. 1,45.

Spielberger (1984):
Spielberger, Dieter: Versicherungsberater und Rechtsberatungsgesetz, in: VersR, 1984, S. 1013-1017.

Spielberger (1988):
Spielberger, Dieter: Revolution im Vergütungswesen der freiberuflichen Vermittler?, in: Materialien zum 5. Trans-Forum der Transatlantischen Allgemeinen Versicherung AG zum Thema: Beratungshonorar statt Courtage - Vision oder zwingende Notwendigkeit im Markt der Allfinanz-Dienstleistungen?, Hamburg 1988, S. 121-146.

Stürz/Birkental/Wissmann (1998):
Stürz, Gerd / Birkental, Rüdiger / Wissmann, Steffen: Die Bewertung von Versicherungsmaklerunternehmen in Deutschland (I), in: VW 6/1998, S. 396-400.

Stutz (1988):
Stutz, Hans-Rudolf: Management Consulting - Organisationsstrukturen am Beispiel einer interaktiven Dienstleistung, Bern/Stuttgart, 1988.

Süchting (1991):
Süchting, Joachim: Zur Organisation von Allfinanzangeboten, in: Allfinanz - Strukturwandel an den Märkten für Finanzdienstleistungen, Beihefte zu KuK, Heft 11/1991, S. 177-192.

Surminski (1989):
Surminski, Arno: Die Versicherungswirtschaft und Europa, in: ZfV, 7/1989, S. 171-177.

Swiss Re (2001):
Präsentationsunterlagen, „Afternoon Session" vom Investors' Day, 07.02.2001; http://www.swissre.com, Stand: 15.05.2001.

Sydow (1994):
Sydow, Jörg: Versicherungsnetzwerke - Handlungskontext für Versicherer, Vermittler und Kunden, in: Unabhängige Versicherungsvermittler im Blickfeld. Strategien in Versicherungsnetzwerken, hrsg. von: Sydow, Jörg, Karlsruhe 1994, S. 11-19.

Teichler (1994):
Teichler, Maximilian: Die Rolle des Industrieversicherungsmaklers im Binnenmarkt nach der 3. Schadenrichtline, in: ZfV, 18/1994, S. 446-451.

Tesarczyk/Schröder (2001):
Tesarczyk, Walter / Schröder, Jan: Abschied von der risikoadäquaten Tarifkalkulation, in: VW 5/2001, S. 311-313.

Thiemermann (1993):
Thiemermann, Michael: Rückversicherung und Zahlungsströme, Bergisch Gladbach u.a. 1993.

Thürnagel (1997):
Thürnagel, Kirstin: Die Zulässigkeit von Honorarvereinbarungs-, Provisionsabgabe- und Nettoprämienmodellen bei der Vergütung des Industrieversicherungsmaklers. Hrsg.: Verein der Förderer des Fachbereichs Versicherungswesen an der Fachhochschule Köln e.V., Karlsruhe 1997.

Transconnect (1996):
Transconnect Unternehmensberatungs- und Beteiligungsgesellschaft mbH (1996) Marktuntersuchung - „Deutsche Versicherungsmakler", April 1996.

Traub (1995):
Traub, Wolfgang: Marktfunktion und Dienstleistung des Versicherungsmaklers auf der Grundlage informationsökonomischer Ergebnisse, Karlsruhe 1995.

Treuberg/Angermayer (1995):
Treuberg, Hubert Graf v./Angermayer, Birgit: Jahresabschluss von Versicherungsunternehmen, Stuttgart 1995, S. 641ff.

Trinkhaus (1955):
Trinkhaus, Hans: Handbuch der Versicherungsvermittlung, Bd. 1: Provision und Abfindung der Versicherungsvermittler, Berlin 1955.

Unsworth (2000):

Unsworth, Edwin: Risk Managers Seeking ART Services, in: Business Insurance v. 17.5.1999, S. 23-25.

Vogel (1978):

Vogel, Ludwig: Der Versicherungsvermittler im Spannungsfeld zwischen Absatz und Beschaffungsaktivitäten. Ein Beitrag zur Entwicklung eines wirklichkeitsnahen Versicherungsmarktbildes, Aachen 1978.

Voß/Höft/Müller-Stein (1991):

Voß, Georg / Höft, Erich / Müller-Stein, Jörg: Das Recht der Versicherungsvermittlung, in: Versicherungsenzyklopädie, hrsg. von: Große, Walter / Müller-Lutz, Heinz Leo / Schmidt, Reimer, Bd. 3, 4. Aufl., Wiesbaden 1991, S. 655-795.

Wagner (1997):

Wagner, Fred: Risk Securitization als alternatives Mittel des Risikotransfers von Versicherungsunternehmen, in: ZversWiss 4/1997, S. 511-552.

Wassermann (1969):

Wassermann, Peter: Die Methode der Versicherungsvermittlung als Gegenstand unternehmerischer Wahlentscheidung in der Versicherungsunternehmung, Hamburg, 1969.

Well (1994):

Well, Bennet van: (Un-)Abhängige Vermittler in Versicherungsnetzwerken- Autonomie und Abhängigkeit im Spiegel von Courtagevereinbarungen und Informationstechnikeinsatz, in: Unabhängige Versicherungsvermittler im Blickfeld. Strategien in Versicherungsnetzwerken, hrsg. von: Sydow, Jörg, Karlsruhe 1994, S. 61-83.

Werber (1988):
Werber, Manfred: Zur Rechtsstellung des Versicherungsmaklers in heutiger Zeit, in: VW 17/1988, S. 1159-1167.

Werber (1990):
Werber, Manfred: Anforderungen an den Versicherungsmakler bei grenzüberschreitenden Dienstleistungen sowie im neuen Geschäftsfeld „Privatkunde“, in: Die Versicherungspraxis 2/1990, S. 21-27.

Werber (1992):
Werber, Manfred: "Best Advice" und die Sachwalterhaftung des Versicherungsmaklers, in: VersR 22/1992, S. 917-923.

Werber (1993):
Werber, Manfred: Von der Unabhängigkeit eines Versicherungsmaklers im „Doppelrechtsverhältnis“, in: Beiträge über den Versicherungsmakler, hrsg. von der Hamburger Gesellschaft zur Förderung des Versicherungswesens mbH, Hamburg 1993, S. 185ff.

Werner (2000):
Werner, Elmar: Wetter als Börsenprodukt. Voraussetzungen für einen liquiden Börsenhandel mit Wetterderivaten, in: VW 22/2000, S. 1750-1754.

William (1996):
William, Kelly: Insurance Brokers' Identity Crisis: A Risk Manager's View, in: Best's Review - Property-Casualty Insurance Edition, Bd. 2, Nr. 2, 6/1996, S. 67-72.

Winston (1995):
Winston, Paul D.: Industry Changes Forcing Brokers to Play New Roles, in: Business Insurance v. 27.11.1995, S. 3-7.

Winston (2000):
Winston, Paul D.: Seeing Insurance as Capital rather than Cost, in: Business Insurance v. 27.11.2000, S. 3-4.

Wittenberg (1990):
Wittenberg, Jörg H.: Allfinanz - Gedanken aus Sicht der Kunden, in: bum, 19/1990, S. 26-28.

Yago (1991):

Yago, Glenn: Junk Bonds: How High Yield Securities Restructured Corporate America, New York u.a. 1991.

Zaugg/Schnarwiler (2000):

Zaugg, Bernhard / Schnarwiler, Reto: Neue Verbindungen auf dem Kapitalmarkt bahnen sich an, in: HB v. 23.05.2000, S. b06.

Zolkos (1998):
Zolkos, Rodd: Integrated Risk Management Calls for Common Approach, in: Business Insurance v. 19.10.1998, S. 3, 26.

Peter Lang · Europäischer Verlag der Wissenschaften

Werner Schubert (Hrsg.)

Akademie für Deutsches Recht 1933-1945
Protokolle der Ausschüsse
Herausgegeben von Werner Schubert
Band X

Ausschuß für die Reform der Sozialversicherung / für Sozialversicherung (1934-1944)
Versorgungswerk und Gesundheitswerk des Deutschen Volkes (1940-1942)
Herausgegeben und mit einer Einleitung versehen von Werner Schubert

Frankfurt/M., Berlin, Bern, Bruxelles, New York, Oxford, Wien, 2000. XXXIV, 619 S.
Akademie für Deutsches Recht 1933-1945. Protokolle der Ausschüsse.
Herausgegeben von Werner Schubert. Bd. 10
ISBN 3-631-35838-5 · geb. € 101.20*

Unter dem Vorsitz von Ludwig Brucker behandelte der Ausschuß für die Reform der Sozialversicherung Anfang 1934 die von der Nationalsozialistischen Betriebszellenorganisation (NSBO) verfolgte Umgestaltung der Sozialversicherung zu einer Einheitsversicherung. Von Ende 1934 bis 1944 befaßte sich der in Ausschuß für Sozialversicherung umbenannte Ausschuß unter Alfred Anders (Leiter der Barmer Ersatzkasse) und Franz Wischer in Absprache mit dem Reichsarbeitsministerium mit aktuellen Reformfragen, die die Grundlage des Sozialversicherungssystems unberührt ließen.
Als Anhang werden wiedergegeben die Entwürfe von Robert Ley von 1940 zu einem Sozialwerk des Deutschen Volkes sowie von Ley und Reichsgesundheitsführer Conti zu einem Gesundheitswerk des Deutschen Volkes (1941), an denen die radikalisierten rechts- und bevölkerungspolitischen Ziele des späten Nationalsozialismus deutlich werden.

Aus dem Inhalt: Grundlagen der Umgestaltung der Sozialversicherung und Aufbau einer einheitlichen Altersversorgung nach den Plänen der NSBO · Vereinfachung des Beitragseinzugs · Vereinheitlichung des Kontrollwesens · Verfahren vor den Versicherungsträgern · Anwartschaften und Wartezeiten · Dienstrecht der Beschäftigten bei der Sozialversicherung · Versicherungspflicht der Handwerker · Sozialrechtliche Stellung der Handelsvertreter · Steigerungsbeträge im Kriege · Entgeltlose Zeiten im Arbeitsverhältnis · Pläne der DAF von 1940/41 zur Umgestaltung der Altersversorgung sowie der Gesundheitsfür- und Gesundheitsvorsorge

Frankfurt/M · Berlin · Bern · Bruxelles · New York · Oxford · Wien
Auslieferung: Verlag Peter Lang AG
Jupiterstr. 15, CH-3000 Bern 15
Telefax (004131) 9402131

*inklusive der in Deutschland gültigen Mehrwertsteuer
Preisänderungen vorbehalten

Homepage http://www.peterlang.de

www.ingramcontent.com/pod-product-compliance
Ingram Content Group UK Ltd.
Pitfield, Milton Keynes, MK11 3LW, UK
UKHW021128041026
8980IPUK00033B/1285

9 783631 393512